平台零售运营管理决策：模型与方法

卞亦文　严　帅　孙燕红　韩小花　著

科学出版社
北　京

内 容 简 介

平台零售运营管理是近年来管理科学领域兴起的一个重要研究主题与热点话题。基于网络平台零售运营管理中面临的挑战与实际问题，本书聚焦于平台零售运营管理中消费者渠道迁移行为与渠道策略、渠道策略与模式选择决策、线上购买线下取货与线上购买线下退货等全渠道策略，以及退货、质保与以旧换新等服务策略等具体决策问题，综合运用博弈论、机制设计、优化理论方法等，建立了系统性的运营管理决策模型与方法体系。

本书适合高等院校、科研机构的研究生、研究者与相关企业管理者阅读，也可作为管理科学、系统工程等领域的教学参考书。

图书在版编目（CIP）数据

平台零售运营管理决策 ：模型与方法 / 卞亦文等著. --北京 ：科学出版社，2024. 6. -- ISBN 978-7-03-079002-6

Ⅰ. F713.32

中国国家版本馆 CIP 数据核字第 2024VX1118 号

责任编辑：魏如萍 / 责任校对：姜丽策

责任印制：张 伟 / 封面设计：有道设计

科学出版社 出版

北京东黄城根北街 16 号

邮政编码：100717

http://www.sciencep.com

北京盛通数码印刷有限公司印刷

科学出版社发行 各地新华书店经销

*

2024 年 6 月第 一 版 开本：720×1000 1/16

2024 年 6 月第一次印刷 印张：15

字数：300 000

定价：180.00 元

（如有印装质量问题，我社负责调换）

前 言

在社会经济变革与信息技术的驱动下，零售业运营模式不断创新发展，网络平台零售日益成为现代零售业的主流运营模式。网络平台零售的发展有效地推动了中国零售业乃至世界零售业的创新转型发展，促使零售业向以“全渠道”为核心特征的“新零售”转变，催生出诸多亟待解决的管理问题，需要新的运营管理理论与方法，以有效支持企业管理决策，更好地推动平台零售业的发展。本书正是基于这一背景，在有限目标、重点突破的原则下，综合运用博弈论与运营管理的理论方法，针对平台零售运营管理问题展开研究，建立了相关的运营管理决策模型与方法。

本书作者团队长期关注平台零售运营管理的科学研究，在平台零售渠道管理、运营模式管理、质保服务、退货服务以及以旧换新服务等方面开展了深入的探索性研究，系统性地构建了相应的决策模型与方法，初步建立了平台零售运营管理决策理论与方法体系，并在国内外重要期刊发表了系列学术论文。本书遵循“行为—渠道—服务”这一逻辑主线，基于团队现有相关研究成果总结撰写而成。全书主要内容概括为五篇，共 13 章，具体内容如下。

第一篇为绪论，主要包括平台零售运营管理概述与相关研究现状综述，简要回顾了零售业发展历程，并对研究挑战与研究现状进行了简要总结，由第 1、2 章构成。第二篇为渠道迁移行为与渠道策略，主要考虑线上、线下渠道迁移行为，开展平台环境下零售商或平台供应链的线上渠道策略、线下渠道策略与运营模式选择、线下渠道竞争策略，以及线上数字展厅渠道策略与相关协调机制设计等，由第 3～7 章构成。第三篇为全渠道策略，主要针对线上购买线下取货、线上购买线下退货两类全渠道决策理论方法展开研究，分别针对平台零售商线上购买线下取货的竞争策略，以及垄断与竞争环境下双渠道零售商的线上购买线下退货策略进行了深入的探讨，由第 8～10 章构成。第四篇为服务管理，主要针对平台零售商的包邮与退货服务、平台供应链的产品延长质保与以旧换新服务策略展开探讨，由第 11、12 章构成。第五篇为总结与展望，由第 13 章构成。

本书的主要撰写工作由卞亦文教授、严帅副教授、孙燕红教授与韩小花教授共同完成，闫欣博士、肖璠博士、侯会军博士、程文超博士生与王子涵硕士、叶榕盛硕士，以及侯夏晴、王雅琪等六名硕士生参与了本书的资料收集与整理等相关工作，并得到了浙江大学华中生教授的指导。本书的研究工作得到了国家自然科学基金重点项目（72031004）与国家自然科学基金重点国际（地区）合作研究项目（72210107002）的大力支持。在此，一并表示衷心的感谢！

推动并大力发展平台零售业是促进中国零售业进一步创新发展的重要驱动力，对中国经济发展的重要性不言而喻。本书从这一背景出发，为平台零售运营管理提供了系统性的决策模型与方法，力求为相关决策问题的解决提供科学的理论方法支持。限于知识范围与理论水平，书中难免有不足之处，敬请广大读者不吝指教。

作　者

2023 年 9 月

目　录

第一篇　绪　论

第二篇　渠道迁移行为与渠道策略

第三篇　全渠道策略

第四篇　服务管理

第五篇 总结与展望

第一篇

绪　　论

第 1 章　平台零售运营管理概述

近 20 年来，全球社会经济发生了深刻的变革。这一变革伴随着信息技术的快速发展与深入应用，推动了平台经济的迅猛发展，并已成为推动全球经济进一步发展的新引擎。在这一时代发展趋势下，零售业运营模式不断创新演化，网络零售平台日益成为现代零售业的主流运营模式，对活跃市场与推动全球经济发展具有重要的积极作用。基于此背景，开展平台零售运营管理问题研究，构建相应的运营管理理论与方法，具有重要的理论与现实意义。本章首先详细阐述了平台零售业发展的背景与现状；其次，在此基础上简要介绍了平台零售管理的基本概念与内涵，以及主要研究问题与面临的挑战；最后，简要介绍了本书的结构。

1.1　平台零售业发展的背景与现状

在社会经济变革与信息技术发展的驱动下，全球零售业运营模式不断演化，先后经历了四次历史性变迁。图 1.1 描述了中国零售业的四次历史性变迁过程。

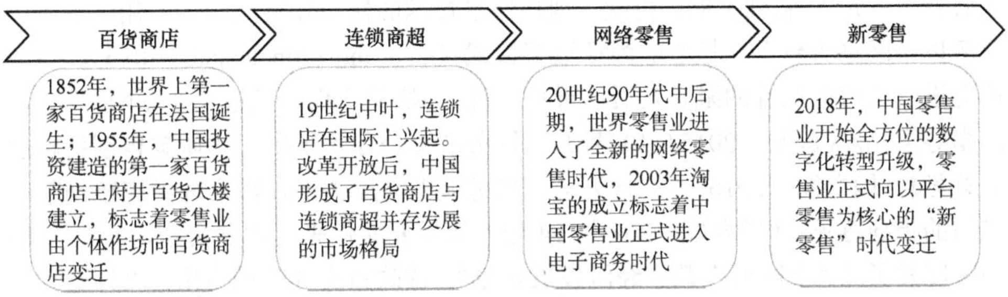
百货商店
1852年，世界上第一家百货商店在法国诞生；1955年，中国投资建造的第一家百货商店王府井百货大楼建立，标志着零售业由个体作坊向百货商店变迁
连锁商超
19世纪中叶，连锁店在国际上兴起。改革开放后，中国形成了百货商店与连锁商超并存发展的市场格局
网络零售
20世纪90年代中后期，世界零售业进入了全新的网络零售时代，2003年淘宝的成立标志着中国零售业正式进入电子商务时代
新零售
2018年，中国零售业开始全方位的数字化转型升级，零售业正式向以平台零售为核心的“新零售”时代变迁

图 1.1　零售业的历史性变迁

如图 1.1 所示，零售业的第一次历史性变迁是由个体作坊向百货商店演化。零售业的原始阶段正如《木兰辞》中描述的场景：东市买骏马，西市买鞍鞯，南市买辔头，北市买长鞭。卖方是前店后厂的个体作坊，消费者为了凑齐想买的商品跑遍整个街市。随着城市化和工业化兴起，1852 年世界上第一家百货商店在法国诞生，标志着零售业的第一次重大变革，零售业由个体作坊向百货商店正式变迁。中国零售业早期发展较慢，1955 年第一家百货商店——王府井百货大楼建立，

标志着中国零售业的第一次历史性变迁。

19 世纪中叶，连锁店兴起，标志着零售业由百货商店逐步向连锁商超的第二次历史性变迁正式拉开序幕。中国零售业第二次历史性变迁于改革开放初期逐步开始，形成了百货商店与连锁商超并存发展的市场格局。20 世纪 90 年代中后期，随着互联网的普及和电子商务技术的发展，世界零售业进入了全新的网络（电子商务）零售时代，标志着第三次历史性变迁的开始。自 2003 年淘宝成立，中国零售业正式进入电子商务时代，完成了由连锁商超向网络零售业的变迁。此后，中国电子商务发展迅速，逐渐成为世界电商行业的领头羊。网络零售的快速发展高度依赖以网络用户为核心的人口红利，而随着网络用户规模快速增长，逐渐触碰天花板，人口红利逐渐消失。与此同时，以移动互联网、大数据、云计算等为核心的新一代信息技术快速发展，极大地推动了平台经济的发展，也推动了零售业的进一步转型发展。2018 年，中国零售业开启了营销渠道与方式、供应链管理、物流服务与售后服务等全方位的数字化转型升级，线上线下渠道融合，网络零售平台、移动商务平台、社交电商平台等逐步融合发展，零售业正式向以平台零售为核心的“新零售”时代变迁。

近年来，中国零售业的快速发展，以及其由传统运营方式向平台零售方式转变有其必然的深层次原因。首先，实体零售呈现运营方式粗放、有效供给不足、经营成本不断上涨、运行效率日益低下等明显劣势，创新转型升级迫在眉睫。其次，消费者诉求从单纯地追求产品核心功能转向更多地追求品质、服务与用户体验，购物方式呈现出明显的全时空与“全渠道”特征，促使线上零售融合创新势在必行（王先庆等，2018）。再次，现代信息技术的快速发展与深入应用，催生出众多以“网络平台”为核心的商业运营模式（Chu and Manchanda，2016），有效地促进了零售产业链的融合发展。最后，《国务院关于积极推进“互联网+”行动的指导意见》（国发〔2015〕40 号）、《国务院办公厅关于推动实体零售创新转型的意见》（国办发〔2016〕78 号）与《国务院办公厅关于积极推进供应链创新与应用的指导意见》（国办发〔2017〕84 号）等重要文件先后印发实施，2021 年国务院印发了《“十四五”数字经济发展规划》，该政策文件明确指出：“打造大数据支撑、网络化共享、智能化协作的智慧供应链体系。健全电子商务公共服务体系，汇聚数字赋能服务资源，支持商务领域中小微企业数字化转型升级。提升贸易数字化水平。引导批发零售、住宿餐饮、租赁和商务服务等传统业态积极开展线上线下、全渠道、定制化、精准化营销创新。”

基于上述原因，中国网络零售快速发展，平台企业优势日益显著。2023 年 6 月商务部发布《中国电子商务报告（2022）》，报告显示：2022 年，全国电子商务交易额达 43.83 万亿元，按可比口径计算，比上年增长 3.6%（图 1.2）。

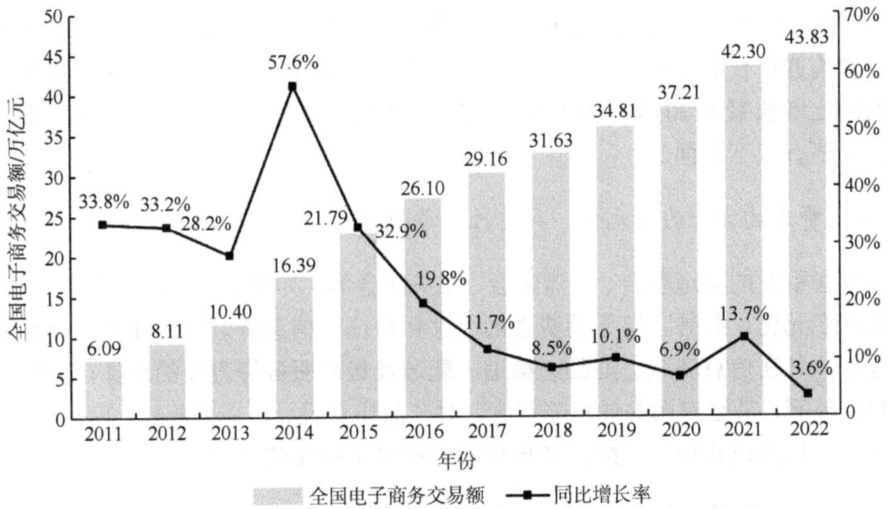

图 1.2　2011～2022 年全国电子商务交易额及同比增长率

1.2　平台零售运营管理面临的挑战

网络平台企业是指通过网络连接社会系统中互动的人、机构和资源，创造价值并进行价值交换的企业（Parker et al.，2016）。网络零售平台是平台企业提供的紧密连接消费者和产品/服务供应商群体的网络中介，其在资源整合与用户价值创造方面具有独特的优势，日益成为零售市场的主体。当前，中国网络平台零售业呈现出大型综合网络零售平台（如京东商城、天猫商城与腾讯电商等）主导的、专业/行业型网络零售平台（如京东到家、每日优鲜与盒马鲜生等）补充的市场格局。

网络零售平台的发展推动了中国零售业向以“全渠道”运营为核心特征的“新零售”模式转变。“新零售”模式运营旨在将线上线下渠道与现代物流深度融合，为消费者提供卓越的无缝式消费体验（陈晓红，2018）。“新零售”为网络零售平台的发展提供了新的契机，如增加产品销量（Avery et al.，2012）、提高企业绩效（Oh et al.，2012）与改善顾客口碑（Lee et al.，2019）等。在此背景下，平台零售呈现出典型的多模式并存、跨渠道融合、参与主体众多、关注顾客体验等典型特征，催生出运营管理中诸多有待探索的科学问题，如渠道管理问题、模式设计与选择问题、需求管理问题、库存管理问题、物流服务升级与转型问题、售后服务管理问题等。国内外学者对相关问题进行了大量的探索性研究，并取得了系列卓有成效的研究成果。

尽管如此，实践中平台零售的发展仍面临着新的挑战，包括经营主体/渠道间冲突激烈、线上线下互补优势难以发挥、资源配置不合理、库存与物流管理成本高且效率低、顾客满意度低、退换货率居高不下等问题。正因为如此，中国平台零售规模快速增长的同时，增速却大幅度下降。如图 1.2 所示，全国电子商务交易额的同比增长率由 2014 年的 57.6%下降到 2022 年的 10%以下。这些现象背后的原因主要有以下方面。

1）消费者选择行为多元化，异质性异常明显

新零售引发的渠道融合、物流融合、服务融合等，为消费者提供了多元体验，使其选择多元化。此外，鉴于消费者的个性化特征、信息获取与认知能力及行为偏好差异，其在信息获取、产品、渠道、配送及售后服务等方面的选择行为的异质性日益显著，甚至有明显的策略行为，对产品质量设计、需求管理、库存管理、渠道管理、运营模式设计、配送及售后服务提出了更高的要求。

2）主体/渠道间竞争激烈，协同运营困难

零售平台系统中参与主体众多，呈现复杂的网络结构。平台企业、供应商与实体零售商往往是独立的利益主体，其运营策略（定价、营销、产品布局、库存与配送服务等）存在明显差异，导致主体间的冲突，且不同渠道之间也存在相应的冲突，协同运营面临极大的挑战。

3）信息不对称显著，管理策略交互影响

平台零售运营管理过程中信息不对称问题异常显著，尤其是质量与需求信息在平台供应链不同层级间的不对称，加剧了主体与渠道协同运营的复杂性，导致平台运营效率低下。为降低产品相关信息不对称对运营绩效的影响，平台企业积极采取措施披露或展示产品信息，如提供线下展厅服务、线上数字展厅服务、在线评论、视频直播等。然而，这些信息服务策略与其他运营管理策略之间存在一定的交互影响，使运营管理决策问题更加复杂。例如，平台产品信息发布策略将影响产品的退货率与退货政策设计，而退货政策设计直接影响平台承担的退货成本，进而影响平台信息发布策略（张涛等，2017）。

发展的瓶颈促使业界与学术界不断寻求新的解决方案。例如，人们尝试利用大数据与人工智能方法解决相关问题，包括产品/服务创新、库存与物流优化、渠道协同、运营模式创新以及用户体验提升等（冯芷艳等，2013；Bradlow et al.，2017）。尽管这些研究能从一定程度上解决部分问题，但并未从根本上把握这些问题产生的内在原因，难以从本质上解释消费者个性化需求差异与决策行为的异质性、渠道协同、信息不对称和服务策略交互的内在机理。因此，亟须对平台零售运营管理中产生的现象进行深入分析，剖析其背后的理论机理，构建相应的管理决策理论与方法，为相关问题的解决提供科学的理论依据与决策支持。

1.3　全书内容结构

本书以平台零售运营管理中的现实问题为背景，遵循“有限目标，重点突破”的原则，重点关注平台零售环境下的渠道迁移行为与渠道策略、全渠道管理策略以及服务管理策略，构建相应的管理决策与方法体系。本书涉及面较广、内容新颖，体现了当前平台零售运营管理领域的热点问题与研究趋势。

全书主要内容概括为五篇，包括绪论篇、渠道迁移行为与渠道策略篇、全渠道策略篇、服务管理篇、总结与展望篇；具体内容涉及消费者渠道迁移行为与平台零售商或供应链的线上线下渠道策略、数字展厅策略与协调机制设计、线上购买线下取货与线上购买线下退货的全渠道策略，以及包邮与退货、延长质保与以旧换新服务交互策略等决策问题。具体内容结构如图 1.3 所示。

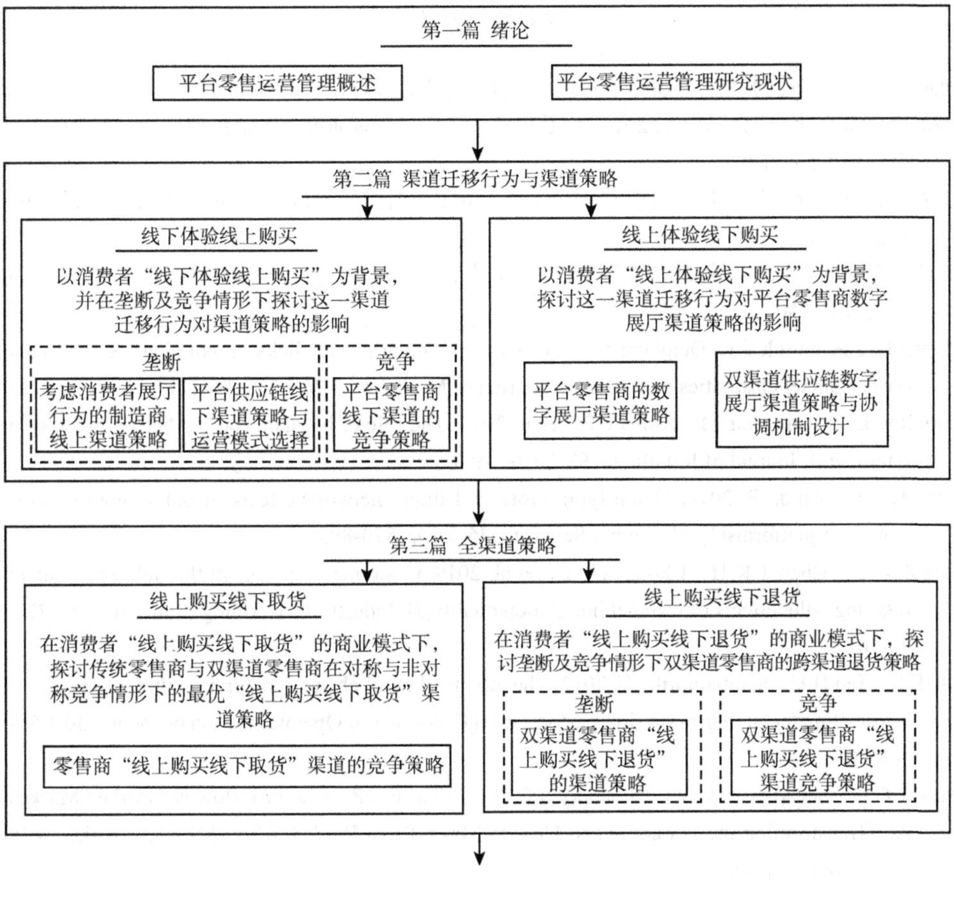

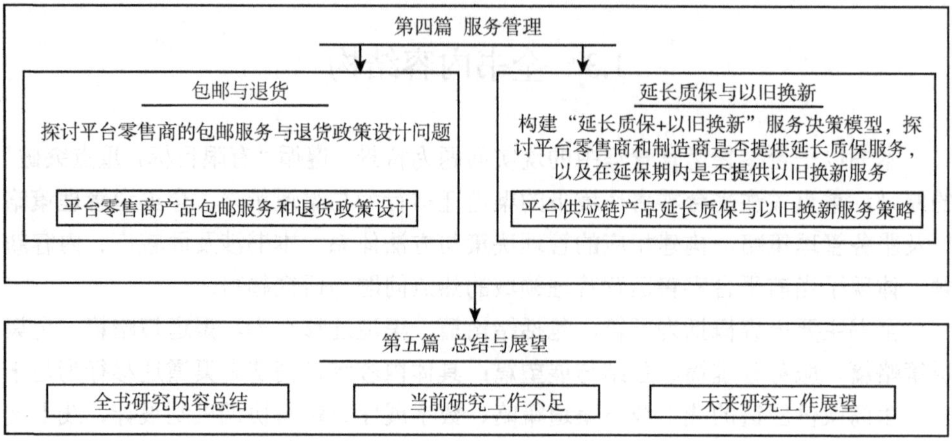

图 1.3 全书内容结构

参考文献

陈晓红. 2018. 新技术融合必将带来管理变革[J]. 清华管理评论，66（11）：6-9.

冯芷艳，郭迅华，曾大军，等. 2013. 大数据背景下商务管理研究若干前沿课题[J]. 管理科学学报，16（1）：1-9.

王先庆，彭雷清，曹富生. 2018. 全渠道零售：新零售时代的渠道跨界与融合[M]. 北京：中国经济出版社.

张涛，李刚，罗美玲，等. 2017. 考虑无缺陷退货的在线商品信息发布策略[J]. 运筹与管理，26（3）：123-130.

Avery J，Steenburgh T J，Deighton J，et al. 2012. Adding bricks to clicks：predicting the patterns of cross-channel elasticities over time[J]. Journal of Marketing，76（3）：96-111.

Bradlow E T，Gangwar M，Kopalle P，et al. 2017. The role of big data and predictive analytics in retailing[J]. Journal of Retailing，93（1）：79-95.

Chu J，Manchanda P. 2016. Quantifying cross and direct network effects in online consumer-to-consumer platforms[J]. Marketing Science，35（6）：870-893.

Lee Z W Y，Chan T K H，Chong A Y L，et al. 2019. Customer engagement through omnichannel retailing：the effects of channel integration quality[J]. Industrial Marketing Management，77：90-101.

Oh L B，Teo H H，Sambamurthy V. 2012. The effects of retail channel integration through the use of information technologies on firm performance[J]. Journal of Operations Management，30（5）：368-381.

Parker G G，van Alstyne M W，Choudary S P. 2016. Platform Revolution：How Networked Markets Are Transforming the Economy and How to Make Them Work for You[M]. New York：W.W. Norton & Company.

第2章　平台零售运营管理研究现状

平台零售运营管理是近 10 年来运营管理领域中一个重要的研究方向与热点话题，相关细分领域较多，包括零售/电商平台运营模式管理、定价问题、库存管理、渠道管理与服务管理等。本章主要聚焦零售/电商平台运营模式管理、渠道管理策略与平台服务管理策略等方面，针对国内外研究动态进行简要总结。

2.1　零售/电商平台运营模式管理

电商平台形成的市场是一种典型的双边/多边市场，相关运营管理研究都是在平台经济的双边市场理论基础上开展的。双边市场最早是由法国图卢兹学派两位著名学者 Rochet 和 Tirole（2006）提出，其将双边市场定义为基于一个或多个平台的两侧终端用户能在平台中交互，并向两侧用户适当收取一定费用的市场；并由此定义和区分了使用外部性和成员外部性两种典型网络效应，分析了其对平台定价决策及利润的影响。以此为基础，学术界在零售/电商平台运营模式管理方面开展了大量研究，相关研究主要涉及零售运营模式选择、零售/电商平台定价决策与平台协调契约设计等三个方面。

2.1.1　零售运营模式选择

零售/电商平台中，参与主体主要涉及平台企业、入驻商家（包括制造商/供应商与零售商）、服务提供商（如物流企业）及消费者。根据平台参与规则及形成的组织结构，零售/电商平台呈现出不同的运营模式，主要有“转售”、“代理”及“混合”零售模式三类（Abhishek et al.，2016；李佩和魏航，2018）。代理模式又称纯平台模式（如天猫商城、唯品会、苹果的 App Store），该模式下供应商以“零售商”角色入驻平台并制定产品/服务价格，通过平台销售产品/服务，而平台企业通过收取供应商的交易佣金获利；转售模式又称自营模式（如国美在线），供应商以“纯供应商”角色入驻平台，向平台企业供应产品/服务，平台企业制定产品/服务价格，通过销售产品/服务获利（Abhishek et al.，2016；Hagiu and Wright，2015）。基于这两种基本模式，“混合”零售模式（如京东商城与亚马逊等）形成。

有关平台运营模式选择的研究主要侧重分析最优运营模式及其对应的理论条

件。Hagiu（2007）研究了平台转售模式与代理模式的差异，研究发现制造商（供应商）之间的产品竞争较强时，平台企业会倾向于选择转售模式。Jiang 等（2011）研究发现：当面临产品需求不确定时，电商企业可通过销售大数据分析遴选畅销品作为自营产品，并倾向于选择转售模式；而供应商可隐藏其私有信息以抑制电商企业的信息优势，此时电商企业倾向于选择代理模式。Abhishek 等（2016）研究发现：当网络渠道促进实体渠道产品销售时，平台企业愿意选择转售模式，反之，愿意选择代理模式；此外，定价、服务与管理的控制权影响网络零售商的运营模式选择。李佩和魏航（2018）研究了供应商竞争情形下网络零售商模式选择问题，发现当市场环境（如产品间价格影响系数、佣金率、固定成本与间接网络效应等）变化时，网络零售商在转售、代理与混合模式间不断调整。Kwark 等（2017）在考虑了消费者可通过第三方平台获取产品质量与匹配度信息的情况下，研究了电商平台企业的运营模式选择问题，研究发现：当消费者感知产品质量信息占优且信息越精确时，电商平台企业越愿意选择转售模式，反之，则选择代理模式；针对匹配度信息，结论则相反。从消费者行为角度出发，Johnson（2020）研究发现消费者对电商平台的锁定行为及其差异将直接影响零售平台运营模式选择。

基于上述研究，后续研究进一步考虑其他因素对平台企业运营模式选择的影响并给出决策条件，包括消费者公平关切行为（Yi et al.，2018）、服务相关因素（效率、敏感度与成本）（赵菊等，2019）、网络零售商信息分享与供应商入侵行为（Zhang S and Zhang J，2020）、物流服务成本效率（Qin et al.，2021），以及区块链技术与交叉影响（Xu et al.，2023）等。这些研究主要关注平台企业的运营模式选择，供应商/零售商入驻模式选择方面的研究较少。考虑拥有传统实体门店的B2C（business to consumer，企业对消费者）电商平台企业以代理模式运营时，李佩和魏航（2017）研究了网络零售商是否入驻平台及平台开放策略，并给出了相应的选择条件。针对类似问题，Song 等（2020）考虑平台溢出效应，研究了网络零售商在转售模式基础上是否以代理模式开放平台，以及第三方卖家是否选择以代理模式入驻平台，研究发现：第三方卖家是否选择以代理模式入驻平台取决于主要市场条件，如溢出效应程度与平台收取的佣金率等。此外，刘震等（2022）探讨了数据驱动营销使能下制造商平台运营模式选择问题，并给出了相应的理论条件。

2.1.2 零售/电商平台定价决策

零售/电商平台定价决策研究主要是在 Rochet 和 Tirole（2006）提出的双边市场定价决策范式基础上开展的；在转售模式下，平台企业主要确定产品零售价格，而在代理模式下主要确定平台交易佣金率。

马汉武和刘兴祥（2013）研究了价格结构对亚马逊、Costco（开市客）和天猫等 B2C 平台收益的影响，建立了三个平台的定价模型并给出价格策略。Abhishek 等（2016）在分析电商平台运营模式选择时，针对转售模式下产品价格与代理模式下平台佣金率决策展开研究，并给出了最优决策。Ryan 等（2012）以亚马逊为背景，在研究以产品自营为导向的转售模式下是否引入代理模式的选择问题时，分析了平台佣金率对平台主体利润与模式选择的影响，并探讨了产品价格与佣金决策问题。Mantin 等（2014）提出了引入代理模式在一定程度上为电商平台提供了一个外部选择，可以提升其与上游供应商谈判时的议价能力。Li 等（2019）实证分析了代理模式对采用混合经营模式的电商平台的影响，研究表明代理模式对转售模式具有正向影响效应。文悦等（2019）研究了零售平台代理模式下需求信息分享与平台佣金策略，给出了最优佣金决策的理论条件。Jiang 和 Zou（2020）研究了平台模式下消费者在零售平台上的搜索和过滤行为对平台、第三方卖家和消费者的影响。Hagiu 和 Wright（2020）研究了转售模式和代理模式下的平台定价差异问题，并给出了最优定价策略。

此外，研究者从不同角度开展了零售/电商平台的产品定价与佣金决策问题研究，包括零售企业平台化与双边定价决策（骆品亮和傅联英，2014）、产品与服务组合定价（Cachon et al.，2017）、共享平台定价（陈靖等，2022）、物流服务与平台定价（Ding and Liu，2022）以及考虑异质产品竞争的平台模式选择与定价决策等。

2.1.3　平台协调契约设计

契约主要是用以激励或协调网络零售平台中主体协同运营。在供应链领域，相关学者对协调契约设计进行了大量研究，契约涉及批发价契约、成本共担契约、收益共享契约、回购契约、销售回扣契约和数量折扣契约等（Cachon，2003）。

在电子商务环境下，相关研究主要集中于线上电商供应链或双渠道供应链的协调问题。例如，Chiang（2010）提出共享直销渠道收益与分担库存持有成本的组合契约机制可有效实现双渠道供应链的协调。David 和 Adida（2015）探讨了制造商入侵市场引发的渠道冲突与协调问题，发现数量折扣契约可以实现供应链的整体协调。考虑消费者策略性行为，陈志松和方莉（2018）研究了不同 O2O（online to offline，线上到线下）模式下双渠道供应链的协调问题，发现收益共享契约可有效实现供应链的协调。李诗杨等（2019）研究了药品双渠道供应链定价与协调问题，在分析限价政策与公益性等因素对供应链绩效的影响的基础上，设计了“指导定价+固定支付”与“政府补贴+指导定价+固定支付”的协调契约。Zhang 和 Choi（2021）研究发现，在制造商竞争的环境下，消费者展厅行为将导致渠道冲突，服务补偿契约可以实现“双赢协调”与“供应链系统协调”。赵帅等（2021）探讨了预售模式下供应链协调问题，研究发现“批发价+固定补偿费用契约”可有效实现供应链协调。

上述研究主要针对线上或双渠道供应链协调问题展开，从网络零售平台角度展开的相关研究较少。目前主要有：Dellarocas（2003）考虑电商平台基于商家产品质量收取产品展示费的盈利模式和产品质量激励机制，研究发现如果商家的产品质量可靠，成交反馈奖励能有效激励商家质量诚信。王玉燕和于兆青（2018）分析了电商平台企业采用代理模式时主导模式差异与佣金对平台利润的影响，给出了各成员的产品价格策略、平台的佣金决策与佣金协调机制。王道平和周玉（2022）考虑电商平台拼购问题，探讨了双渠道供应链协调问题。Xu 等（2023）引入区块链技术，分别探讨了电商平台在代理模式与转售模式情形下的协调问题，研究发现引入区块链技术有利于促进供应链协调。

2.2　渠道管理策略

渠道问题一直是供应链管理领域中的重要问题，是制造商/供应商与零售商共同关注的重要问题，直接影响各参与主体及供应链的整体绩效。信息技术的发展推动了供应链渠道结构的转型升级，主要涉及双渠道与全渠道两种结构；若考虑产品信息服务策略，又涉及实体展厅与数字展厅策略。本章将对上述渠道的现有研究进行简要总结。

2.2.1　双渠道策略

双渠道策略是指制造商或零售商同时通过线上和线下两种渠道进行产品销售，现有研究主要聚焦于制造商或供应商引入线上直销渠道的策略，以及由此引发的渠道竞争问题与协调问题两大类。

在引入线上渠道方面，现有研究主要探讨制造商开通线上渠道或零售商在传统实体渠道下增设线上渠道的问题，由此实现双渠道产品销售。Chiang 等（2003）研究表明即使没有销售，制造商也能通过引入直销渠道受益，原因在于直销渠道可以防止零售商定价过高，从而为零售商带来更多的需求。Chen 等（2012）探究了制造商增设线上渠道对供应链双方都有利的条件，并关注了如何通过价格合同实现双渠道下的供应链双方共赢。Chen B 和 Chen J（2017）研究表明线下零售商是否开设线上渠道取决于渠道间相对效率的高低。胡劲松等（2020）探究了消费者线上渠道接受程度对传统零售商线上渠道开设决策的影响。Liu 等（2022）研究了线上渠道对线下渠道的溢出效应和产品创新如何共同影响制造商的线上渠道结构策略。此外，还有很多学者从其他角度继续研究线上渠道引入策略，如不同权力结构下双渠道产品定价（Soleimani，2016）、制造商双渠道模式选择（曹裕等，2021）以及考虑在线渠道的需求扩张水平和在线评论的渠道策略（Ye et al.，2022）等。

双渠道策略的采用会不可避免地导致供应链各主体、各渠道之间的激烈竞争，现有相关研究主要探讨相关竞争情形下的管理决策以及竞争缓解与协调问题。Chen 等（2008）从双渠道间服务竞争的角度分析了供应商的最优渠道策略。Xiao 等（2014）指出产品差异化能够缓解双渠道供应链中的价格竞争问题。Zhang 和 Wang（2017）考虑零售商在双渠道下销售短生命周期产品这一情形，研究发现零售商可以通过调整两种渠道的价格差异来减少渠道冲突。Chen 等（2018b）探究了制造商增设线上渠道对供应链双方都有利的条件，并关注了如何通过价格合同实现双渠道下的供应链双方共赢。与上述双渠道策略产生的积极影响不同，Yan 和 Pei（2009）研究表明线上渠道与线下渠道会因争夺更多市场需求而产生渠道冲突。Li 等（2018）分析发现，零售商自有品牌和制造商线上渠道的同时引入会导致双方陷入囚徒困境。有关如何实现双渠道供应链的协调研究，前文已进行了简要总结，这里不再详述。

2.2.2　全渠道策略

全渠道模式是线下渠道、电商平台及移动商务高度整合的一种零售模式，强调协调多种零售渠道的优势，通过提供丰富多样的融合式场景体验，优化消费者购物体验和提高跨渠道整体运营绩效（Verhoef et al.，2015）。全渠道策略的实施将必然引发消费者在跨渠道购物中不同阶段使用不同渠道的跨渠道转换行为，称之为渠道转换、迁移或“搭便车”行为（Chiu et al.，2011）。根据产品流通渠道，全渠道模式主要包括“线上购买线下取货”（buy online and pick up in store，BOPS）与“线上购买线下退货”（buy online and return to store，BORS）两种。

针对 BOPS 策略，Gao 和 Su（2017a）研究了线上零售商实施 BOPS 策略对线上线下渠道协同的影响，发现线下店铺销售较好的产品不适合该策略，将会导致零售商边际利润下降，且线上披露线下店铺的库存信息能调节消费者线下取货行为。消费者线下取货行为会带来一定的交叉销售（cross-selling），因此有利于增加线下店铺的利润。范辰等（2018）研究了双渠道零售商是否应提供 BOPS 策略，发现零售商实施 BOPS 策略会将交叉销售作用发挥到最大，有利于提高利润。Shi 等（2018）研究了实施 BOPS 策略对产品预售和产品退货的交互影响，发现实施 BOPS 策略将降低零售商的利润。Kong 等（2020）研究发现 BOPS 策略对零售商不总是有利的，零售商是否实施 BOPS 策略取决于 BOPS 渠道的单位运营成本、客户麻烦成本及交叉销售利润；同时，研究发现当采用线上线下不同价策略且单位运营成本较低时，BOPS 策略对零售商更有利。此外，相关研究进一步探讨了 BOPS 订单履约调度决策问题（Wu and Chen，2022）与考虑顾客异质多重交互行为的 BOPS 竞争决策（葛晨晨和朱建军，2023）等。

针对 BORS 策略，相关研究主要集中于该策略对产品销售及定价策略的影响、零售商转运策略等方面。Radhi 和 Zhang（2018）研究了零售商提供 BORS 策略将如何影响双渠道供应链中产品价格和利润，研究发现当产品的退货率较高时，分散决策模型下，零售商可以获取更高的收益。Dijkstra 等（2019）通过构建静态和动态的库存分配模型，研究了 BORS 策略产品转运到线上保存或在实体店保留的库存分配问题，研究发现动态库存分配的转运策略使零售商的利润得以提升。针对是否实施 BORS 策略，Nageswaran 等（2020）研究了实施 BORS 策略及退货政策（全额退款或部分退款）对零售商利润的影响，并在实施 BORS 策略下确定了实施退货政策的条件。此后，研究者探讨了 BORS 策略下不同的运营管理问题，如考虑交叉销售的跨渠道退货策略（Yang and Ji，2022）以及订单履约与退货渠道策略（Liu et al.，2023）等。结合 BOPS 与 BORS 策略，赵菊等（2022）探讨了双渠道零售商的全渠道策略，以及其对企业线上线下产品定价、渠道需求等营销策略的影响。

此外，基于全渠道策略的基本思想，相关研究进一步探讨了全渠道背景下的产品定价决策、库存管理策略等决策问题。Harsha 等（2019）考虑库存约束和交叉渠道需求约束，研究了零售商的动态定价问题。在库存管理策略方面，Zhao 等（2016）考虑线上线下渠道合作，研究了“线上下单线下送货”的库存管理模式，围绕渠道订单利润分配和线下渠道库存共享等问题制定了合作策略。Hu 等（2022）研究了 BOPS 策略对全渠道零售中地方仓库及中央仓库库存水平的影响，发现该策略是否对零售商有利取决于线下店铺密度和线上渠道配送效率。Gallino 等（2017）研究了一种典型的全渠道模式——STS（ship-to-store，送货到店）模式对线下店铺库存及销售量的影响，发现 STS 模式将增加实体店的产品间销售差异与零售商的安全库存。

2.2.3 基于信息服务的展厅策略

网络购物环境下，消费者难以有效体验产品，对产品质量与估值具有一定的不确定性。全渠道有利于整合不同渠道的产品/服务信息，消费者可从不同渠道获取多源差异性信息，从而降低产品/服务的不确定性，消除渠道边界而提高渠道透明度（Kireyev et al.，2017）。因此，企业积极采取措施展示产品信息以消除消费者对产品估值与质量属性的不确定性，从而提升运营绩效。根据实体渠道与线上渠道信息展示或提供策略的差异，展厅策略主要包括实体展厅与数字展厅两种策略。

在实体展厅策略方面，Brynjolfsson 等（2013）认为消费者可结合不同渠道获取产品质量及相关信息，从而降低对产品价值的不确定性，或寻求价格、质量与服务的最佳匹配。展厅服务有利于消除产品信息不对称，通过价格比较，消费者容易产生线下体验线上购物的展厅行为。Balakrishnan 等（2014）研究了线下展厅服务和线上线下价格差异导致的消费者“线下向线上迁移”的行为，研究发现这种迁移行为将加剧零售商间的竞争，降低线下零售商的利润。类似地，马德青和胡劲松（2022）研究发现，展厅行为会降低制造商和实体店的利润；Basak 等（2020）发现，消费者的展厅行为会降低线下零售商提供服务的积极性，导致制造商和供应链总体绩效受损。与展厅行为导致的消极影响不同，Bell 等（2018）发现线下渠道开设展厅有利于吸引顾客到线下体验，尽管存在渠道迁移行为，但有利于提高全渠道的总需求。Kuksov 和 Liao（2018）重点关注了制造商对线下零售信息服务的需求，发现当制造商与实体零售商合同内生时，消费者的展厅行为可能导致实体零售商的盈利能力提高。Gao 和 Su（2017b）指出，实体展厅可以有效消除消费者与产品匹配的不确定性，但当零售商线上披露线下店铺的库存水平时，“线上向线下迁移”的跨渠道行为得以调节，进而导致线下展厅失效。此外，为抑制渠道迁移行为，降低其对线下店铺的损害，Mehra 等（2018）分析了两种主要的抑制策略，即价格匹配（price-matching）策略和产品专售（product exclusivity）策略。相关研究主题还有很多，如考虑展厅效应的推荐策略（王阳和王国庆，2022）与渠道竞争策略（马勇等，2024）等。

在数字展厅策略方面，现有相关研究较少，主要通过实证研究分析其对消费者行为及企业的影响。Gallino 和 Moreno（2018）采用田野实验研究发现提供虚拟试衣信息（virtual fitting information）可以提高线上订单转化率，降低退货率并促进消费者重复购买。Yang 和 Xiong（2019）探究了虚拟试衣间对商家销售量以及消费者购物体验的影响，研究发现该技术有助于提高客户满意度并降低产品退货率；但如果使用不当，也会适得其反。与消费者展厅行为类似，当零售商提供数字展厅服务时，消费者可能产生由线上体验到线下购买产品的“反展厅”行为。Pun 等（2020）也分析发现，消费者的“反展厅”购物行为可能会引发供应链内部潜在的“双重边际”问题。Gao 和 Su（2017a）认为，垄断的双渠道零售商通过其线上渠道为消费者提供信息服务，虽然能有效提高渠道的吸引力，但是消费者的“反展厅”行为可能会造成更多的需求损失。与上述研究不同，Yang 等（2021）分析发现，当线上和线下提供水平差异的产品时，随着消费者的“反展厅”行为的出现，线上信息能够缓解两渠道之间的竞争关系。Zhong 等（2023）研究了“反展厅”行为下线上零售商的最优数字展厅提供决策，发现零售商的最佳信息水平随着考虑“反展厅”行为的消费者比例的降低而降低。

此外，Jing（2018）研究了线上和线下渠道间互相“搭便车”的现象，发现由于数字展厅不能完全消除产品匹配的不确定性，部分消费者呈现“线上向线下迁移”的行为；“线下向线上迁移”行为将降低两个零售商的利润，而数字展厅有利于吸引更多消费者，可增加两个零售商的利润。在数字展厅方面，还有一些研究，如“反展厅”行为与消费者质量期望关系（王战青等，2021）、数字展厅与平台运营模式选择等。

2.3 平台服务管理策略

产品零售过程中，服务贯穿“售前—交付—售后”全过程，涉及售前阶段的产品设计、研发与营销服务，交付阶段的支付与配送服务，以及售后阶段的质保、退换货、维修及以旧换新等服务。本节主要关注产品质保、产品退货与产品以旧换新等服务，下文将进行简要总结。

2.3.1 产品质保服务策略

产品质保是制造商（或零售商）对消费者所购买的产品的质量担保服务，如退货、换货和维修服务等，包括基础质保（base warranty）和延长质保（extended warranty，以下简称延保）两类（Blischke and Murthy，1994）。质保服务策略主要涉及保证类型（时间与内容）、保证期限、产品范围及延保价格等管理策略。

现有研究主要集中于传统制造商/零售商或供应链系统中的质保服务管理问题，具体涉及四个方面的内容。首先，在消费者行为方面，相关研究认为质保是产品质量信号，质保期限越长，质量越好；主要研究质保期限对消费者购买与质量感知行为及对营销的影响（Balachander，2001）。其次，在服务策略设计方面，主要研究质量与质保的交互关系，以及质保期限长度、产品价格与延保价格决策等（Jiang and Zhang，2011）。再次，在服务提供方式方面，主要研究服务提供主体/渠道选择决策（制造商、零售商、第三方服务商或制造商直销渠道与传统零售商渠道等）（He et al.，2018）及供应链协调问题（Dai et al.，2012）。最后，在服务提供/更新时间方面，Gallego 等（2014）在考虑消费者可通过使用产品感知产品质量的情形下，探究延保服务提供/更新的时间并设计相应的柔性策略（按月销售或产品购买及基础质保结束时销售等）。此外，相关研究还进一步探讨了基础质保与延保交互策略（谭德庆等，2019）、质保服务需求预测（张瑞洁等，2019）等问题。

平台零售环境下，质保服务相关研究较少，主要侧重质保努力水平与价格决策，以及少量平台质保服务策略等方面。桂云苗等（2018）考虑平台双边市场努力，探讨了电商平台的质保服务策略，主要关注质保努力水平与平台定价决策问题。Cui 等（2023）探讨了制造商的产品回收策略与电商平台的延保服务之间的交互决策问题，并提炼出相应的最优决策与理论条件。Li 等（2023）探讨了代理模式下双边平台的最优质保服务策略，并提炼出相应的最优服务策略。

2.3.2　产品退货服务策略

退货服务是商家提供给消费者的一种允许消费者有/无条件退货的售后服务。在网络平台购物环境中，消费者难以有效体验产品，导致其对产品质量与估值具有不确定性，退货率一直居高不下，成为电商平台企业与供应商面临的一个重要挑战。调查研究显示：线上渠道的产品退货率总体超过 30%，远高于传统线下渠道的退货率（约 10%）；而对于时尚产品，其线上渠道退货率甚至高达 75%（Feinleib，2017）。如此之高的产品退货率，导致电商平台企业与供应商承担了大量的退货处理成本，因而提供退货服务并如何科学地设计退货政策成为电商运营相关企业的一个重要决策问题，也成为学术界的一个热点研究话题。相关研究主要涉及退货政策与消费者行为的关系、退货政策设计两个方面。

在消费者行为方面，相关研究主要探讨退货政策对消费者购买意愿与退货行为的影响。例如，Pei 等（2014）研究了退货政策与消费者购买行为的关系，发现：退货政策的退款额与消费者购买意愿具有显著的正相关关系，较为宽松的退货政策有利于提升顾客的信心与满意度。Jeng 等（2014）指出退货政策可传递产品质量信号，能显著影响消费者对产品的感知质量和对商家的信任，研究发现：消费者对零售商名称熟悉度越高，退货政策产生的影响越强。Oghazi 等（2018）则研究了退货政策对消费者产品购买与退货行为的影响，研究发现：宽松的退货政策能有效增加消费者信任，促进产品销售，但也导致了较高的退货率；而严格的退货政策则有利于降低退货率，减少商家损失。

基于消费者行为与退货政策关系的实证研究，大量研究主要探讨平台零售环境下的退货政策设计问题。退货政策设计主要是根据市场情况确定退货产品的退款金额（即全额退款、部分退款以及不退款）与相应条件。Hsiao 和 Chen（2014）研究了全额退款与部分退款的政策选择决策问题，发现其与退货处理成本及消费者异质性密切相关，并给出了政策选择条件、部分退款最优决策及条件。Chen 等（2018a）探讨了两个零售商竞争环境下的退货问题，研究发现：当产品残值可以有效补偿退货处理成本时，企业倾向于采用全额退款政策。基于这种决策逻辑，研究者进一步研究了供应链与全渠道情境下退货相关决策问题。例如，Batarfi 等（2017）研究了双渠道逆向供应链中的退货政策设计问题，并探讨了其与产品定价、库存策略之间的关系以及对供应链整体绩效的影响。Letizia 等（2018）探讨了产品退货对制造商渠道策略的影响，并提炼出相应的最优渠道策略。相关研究主题还有很多，如特定消费者行为（如定制行为、风险偏好等）下退货政策设计（Choi，2013）、面临质量不确定性风险时的退货政策与价格决策等（Hsiao and Chen，2012）、零售商的退货费用承担策略（赵晓敏和胡淑慧，2019）、无理由退货政策与产品概率销售（毛可等，2020）、数字展厅与退货及换货政策的替代效应（Ma et al.，2023），以及考虑消费者机会主义情形下的退货政策设计（Khouja and Hammami，2023）等。

2.3.3 产品以旧换新服务策略

随着科技的不断进步，产品更新换代的速度不断提升，市场竞争日益激烈。为获取竞争优势，企业纷纷推出以旧换新服务，直接给予消费者一定的折价服务或现金券，用于以旧产品换购新产品。该服务不仅有利于回收废旧产品，促进资源良性循环使用，也有利于促进新产品销售，得到业界与学术界的广泛关注。相关研究主要涉及以旧换新服务的影响与以旧换新策略两个方面。

在以旧换新服务的影响方面，早期的研究大都关注这个主题，并采用实证方法开展研究。Klemperer（1987）研究发现以旧换新可以降低消费者转换企业的意愿；van Ackere 和 Reyniers（1995）指出，提供换新折扣可以提升消费者的购买频率；Rao 等（2009）则从理论与实证角度探讨了企业提供以旧换新折扣的动机，并发现以旧换新服务可有效提高企业的盈利能力。这些研究还有很多，主要探讨了以旧换新服务对消费者购买动机、意愿以及对企业运营绩效的影响等方面。

在以旧换新服务的影响相关研究的基础上，后续研究者开始进行以旧换新的折扣价格与产品定价等相关策略研究。Ray 等（2005）假定产品生产技术稳定，探讨了如何同时设置产品价格与以旧换新折扣的决策问题，并确定了最优决策与条件。与此决策情境不同，Zhu 等（2016）提出了一种两阶段动态决策模型探讨最优的以旧换新折扣与新产品价格。基于这两种决策逻辑，研究者探讨了不同情境下的以旧换新折扣与产品定价决策问题，如供应链中以旧换新策略优化（李鸿媛等，2019）、考虑策略性消费者的以旧换新策略（Wu et al.，2022）以及以旧换新与产品再利用决策（丁珮琪等，2022）等。值得注意的是，消费者的以旧换新折扣可以被等价视为企业对复购消费者的歧视定价。Agrawal 等（2016）发现企业通过提供以旧换新折扣可以很好地实现歧视定价。Kwon 等（2015）也得出类似结论，发现通过提供以旧换新折扣可以制定更高的新车价格。此外，部分学者还探讨了以旧换新与以旧换再（再制造产品购买者交回旧件并以置换价购买再制造产品的行为）的服务差异，并探讨了相关决策问题，如以旧换新与以旧换再服务策略对碳排放的影响（Ma et al.，2017）等。

上述研究均是针对传统制造商或供应链环境开展的，在平台或网络零售环境下进行的相关研究较少，近年来逐步兴起。Cao 等（2019）探讨了混合运营模式的 B2C 平台中以旧换新策略问题，提出了最优礼品卡与现金券的采用策略。Cao 等（2020）进一步探讨了碳税政策下新产品与再制造产品的以旧换新和质保期限的最优决策问题，并提炼出相应的最优策略，发现产品价格、以旧换新市场规模等均会影响 B2C 平台以旧换新优惠定价决策。Xiao 等（2020）探讨了制造商和零售商在传统销售渠道和双销售渠道实施以旧换新服务等内容，发现最优回收渠道选择取决于消费者对直接在线渠道的接受程度。李四杰和郑斌（2022）探究了 P2P（peer-to-peer，个人对个人）市场（eBay、闲鱼等个人二手产品市场）存在时的以旧换新策略，并发现以旧换新需求受到旧产品残值的影响。Li 等（2022）探讨了回收平台中合作伙伴的选择与定价决策问题。

2.4　本章小结

本章主要针对平台零售环境下运营管理决策相关研究进行了回顾与分析，内容主要涉及零售/电商平台运营模式管理、渠道管理策略与平台服务管理策略等，相关研究简要总结如下。

（1）在零售/电商平台运营模式管理方面，现有研究主要聚焦于零售运营模式选择、零售/电商平台定价决策与平台协调契约设计等问题；从不同视角探讨了相关决策模型，构建了相应的模型，并提炼出最优策略与理论条件；这些研究为平台运营管理决策研究提供了重要借鉴。随着零售业的发展与模式不断创新，影响平台运营模式选择、定价与协调的因素日益复杂，如渠道融合、产品与服务组合以及信息策略等因素，因此亟须进一步探讨相关研究问题，需要新的决策方法。

（2）在渠道管理策略方面，现有研究主要聚焦于双渠道策略、全渠道策略以及基于信息服务的展厅策略等问题；在具体过程中，学者基于消费者不同的跨渠道行为，开展相关策略研究，重点探讨了双渠道策略与相关竞争和协调问题、BOPS、BORS，以及实体展厅与数字展厅等策略选择问题，构建模型并探讨了相应的最优策略。在平台零售环境下，渠道融合成为提升消费者购买体验的关键，也必然引发了消费者的跨渠道行为以及复杂的市场竞争，从而对现有渠道策略产生显著影响，这些问题并未很好地解决，有待进一步开展研究。

（3）在平台服务管理策略方面，现有相关研究主要涉及产品质保服务策略、产品退货服务策略与产品以旧换新服务策略等问题；从同一视角探讨了最优策略设计问题，但大都考虑相关策略与价格等交互关系。在平台零售商环境下，消费者的需求日益精细化与多样化，为获取竞争优势，平台企业往往提供多种服务，这些服务之间存在一定的交互关系，如何考虑服务交互以及其与定价等的关联关系，成为复杂的决策问题，亟须新的决策方法。

参考文献

曹裕，易超群，万光羽. 2021. 基于制造商网络渠道选择的双渠道供应链定价与服务决策研究[J]. 管理工程学报，35（2）：189-199.

陈靖，张晨曦，吴一帆. 2022. 考虑消费行为的共享经济平台定价模式研究[J]. 管理评论，34（9）：181-194.

陈志松，方莉. 2018. 线上线下融合模式下考虑战略顾客行为的供应链协调研究[J]. 中国管理科学，26（2）：14-24.

丁珮琪，夏维力，杨柏. 2022. 以旧换新下产品再利用及耐用性投资策略[J]. 系统工程学报，37（5）：701-720.

范辰，刘咏梅，陈晓红. 2018. 考虑渠道竞争和消费者行为的 BOPS 定价与服务合作[J]. 系统工程学报，33（3）：388-397.

葛晨晨，朱建军. 2023. 考虑异质性顾客多重交互行为的全渠道竞争策略研究[J]. 系统工程理论与实践，43（5）：1395-1413.

桂云苗，龚本刚，程永宏. 2018. 双边努力情形下电子商务平台质量保证策略研究[J]. 中国管理科学，26（1）：163-169.

胡劲松，纪雅杰，马德青. 2020. 基于消费者效用的电商供应链企业的产品质量和服务策略研究[J]. 系统工程理论与实践，40（10）：2602-2616.

李鸿媛，颜波，刘艳萍. 2019. 考虑消费者效用的供应链自主以旧换新策略优化[J]. 管理工程学报，1：159-169.

李佩，魏航. 2017. 基于信誉的 B2C 平台开放和网络零售商进驻策略研究[J]. 中国管理科学，25（3）：172-180.

李佩，魏航. 2018. 分销，平台还是混合?：零售商经营模式选择研究[J]. 管理科学学报，21（9）：50-75.

李诗杨，但斌，周茂森，等. 2019. 限价政策与公益性影响下药品双渠道供应链定价与协调策略[J]. 管理工程学报，33（2）：196-204.

李四杰，郑斌. 2022. 存在 P2P 二手产品市场时企业以旧换新策略研究[J]. 管理科学学报，25（7）：29-40.

刘震，郭强，聂佳佳. 2022. 数据驱动营销使能下制造商平台模式选择研究[J]. 系统工程理论与实践，42（8）：2160-2173.

骆品亮，傅联英. 2014. 零售企业平台化转型及其双边定价策略研究[J]. 管理科学学报，17（10）：1-12.

马德青，胡劲松. 2022. 消费者展厅行为和参考质量效应对 O2O 供应链动态运营策略的影响[J]. 中国管理科学，30（4）：167-183.

马汉武，刘兴祥. 2013. B2C 平台的价格结构及其收益的比较研究[J]. 中国管理科学，21（11）：513-518.

马勇，张翠华，李春雨，等. 2024. 匹配不确定下考虑展厅现象的电子零售商渠道竞争策略[J]. 中国管理科学，32（4）：153-163.

毛可，傅科，徐佳焱. 2020. 无理由退货政策下的概率销售策略[J]. 系统工程理论与实践，40（4）：964-977.

谭德庆，王艳，张翔. 2019. 耐用品垄断企业产品质保服务和延保服务研究[J]. 系统工程学报，34（4）：459-468.

王道平，周玉. 2022. 考虑电商平台拼购折扣的双渠道供应链协调定价[J]. 系统工程学报，37（4）：535-548.

王阳，王国庆. 2022. 展厅效应下考虑服务努力的制造商推荐策略研究[J]. 管理学报，19（11）：1683.

王玉燕，于兆青. 2018. 考虑网络平台服务、消费者需求差异的混合供应链决策[J]. 系统工程理论与实践，38（6）：1465-1478.

王战青，杨德锋，冉伦. 2021. 反展厅现象与消费者质量期望的关系研究[J]. 管理科学学报，24（1）：71-88.

文悦，王勇，士明军. 2019. 网络平台销售模式中的需求信息共享策略与博弈结构决策研究[J]. 系统工程理论与实践，39（6）：1449-1468.

张瑞洁，钟远光，谢维. 2019. 考虑维修时间的总质保需求预测模型[J]. 运筹与管理，28（5）：108-116.

赵菊，程薇嘉，邱菊，等. 2022. 考虑跨渠道退货的 BOPS 全渠道策略[J]. 系统工程学报，37（1）：104-116.

赵菊，刘龙，王艳，等. 2019. 基于电商平台的供应商竞争和模式选择研究[J]. 系统工程理论与实践，39（8）：2058-2069.

赵帅，李文立，曹晓宁，等. 2021. 预售模式下的生鲜农产品双渠道供应链协调机制[J]. 管理工程学报，35（4）：162-177.

赵晓敏，胡淑慧. 2019. 网购环境下在线零售商的退货运费承担策略研究[J]. 中国管理科学，27（1）：53-62.

Abhishek V，Jerath K，Zhang Z J. 2016. Agency selling or reselling? Channel structures in electronic retailing[J]. Management Science，62（8）：2259-2280.

Agrawal V V，Ferguson M，Souza G C. 2016. Trade-in rebates for price discrimination and product recovery[J]. IEEE Transactions on Engineering Management，63（3）：326-339.

Balachander S. 2001. Warranty signalling and reputation[J]. Management Science，47（9）：1282-1289.

Balakrishnan A，Sundaresan S，Zhang B. 2014. Browse-and-switch：retail-online competition under value uncertainty[J]. Production and Operations Management，23（7）：1129-1145.

Basak S，Basu P，Avittathur B，et al. 2020. Manufacturer driven strategic coordination as a response to “showrooming”[J]. Decision Support Systems，133：113305.

Batarfi R，Jaber M Y，Aljazzar S M. 2017. A profit maximization for a reverse logistics dual-channel supply chain with a return policy[J]. Computers & Industrial Engineering，106：58-82.

Bell D R，Gallino S，Moreno A. 2018. Offline showrooms in omnichannel retail：demand and operational benefits[J]. Management Science，64（4）：1629-1651.

Blischke W R，Murthy D N P. 1994. Warranty Cost Analysis[M]. New York：Marcel Dekker.

Brynjolfsson E，Hu Y J，Rahman M S. 2013. Competing in the age of omnichannel retailing[J]. MIT Sloan Management Review，54（4）：23-29.

Cachon G P. 2003. Supply chain coordination with contracts[J]. Handbooks in Operations Research and Management Science，11：227-339.

Cachon G P，Daniels K M，Lobel R. 2017. The role of surge pricing on a service platform with self-scheduling capacity[J]. Manufacturing & Service Operations Management，19（3）：368-384.

Cao K，Xu B，Wang J. 2020. Optimal trade-in and warranty period strategies for new and remanufactured products under carbon tax policy[J]. International Journal of Production Research，58（1）：180-199.

Cao K，Xu X，Bian Y，et al. 2019. Optimal trade-in strategy of business-to-consumer platform with dual-format retailing model[J]. Omega，82：181-192.

Chen B，Chen J. 2017. When to introduce an online channel，and offer money back guarantees and personalized pricing?[J]. European Journal of Operational Research，257（2）：614-624.

Chen J，Chen B，Li W. 2018a. Who should be pricing leader in the presence of customer returns?[J]. European Journal of Operational Research，265（2）：735-747.

Chen J，Pun H，Li W. 2018b. Using online channel to defer the launch of discount retailing store[J]. Transportation Research Part E：Logistics and Transportation Review，120：96-115.

Chen J，Zhang H，Sun Y. 2012. Implementing coordination contracts in a manufacturer Stackelberg dual-channel supply chain[J]. Omega，40（5）：571-583.

Chen K Y，Kaya M，Özer Ö. 2008. Dual sales channel management with service competition[J]. Manufacturing & Service Operations Management，10（4）：654-675.

Chiang W-Y K. 2010. Product availability in competitive and cooperative dual-channel distribution with stock-out based substitution[J]. European Journal of Operational Research，200（1）：111-126.

Chiang W-Y K，Chhajed D，Hess J D. 2003. Direct marketing，indirect profits：a strategic analysis of dual-channel supply-chain design[J]. Management Science，49（1）：1-20.

Chiu H C，Hsieh Y C，Roan J，et al. 2011. The challenge for multichannel services：cross-channel free-riding behavior[J]. Electronic Commerce Research and Applications，10（2）：268-277.

Choi T M. 2013. Optimal return service charging policy for a fashion mass customization program[J]. Service Science，5（1）：56-68.

Cui X，Zhou C，Yu J，et al. 2023. Interaction between manufacturer's recycling strategy and e-commerce platform's extended warranty service[J]. Journal of Cleaner Production，399：136659.

Dai Y，Zhou S X，Xu Y. 2012. Competitive and collaborative quality and warranty management in supply chains[J]. Production and Operations Management，21（1）：129-144.

David A，Adida E. 2015. Competition and coordination in a two-channel supply chain[J]. Production and Operations Management，24（8）：1358-1370.

Dellarocas C. 2003. The digitization of word of mouth: promise and challenges of online feedback mechanisms[J]. Management Science, 49 (10): 1407-1424.

Dijkstra A S, van der Heide G, Roodbergen K J. 2019. Transshipments of cross-channel returned products[J]. International Journal of Production Economics, 209: 70-77.

Ding X, Liu N. 2022. Effects of pricing schemes and platform types on platform-based logistics services[J]. Electronic Commerce Research and Applications, 56: 101217.

Feinleib D. 2017. From bricks to clicks to omnichannel[C]//Feinleib D. Bricks to Clicks. Berkeley: Apress: 139-150.

Gallego G, Wang R, Ward J, et al. 2014. Flexible-duration extended warranties with dynamic reliability learning[J]. Production and Operations Management, 23 (4): 645-659.

Gallino S, Moreno A. 2018. The value of fit information in online retail: evidence from a randomized field experiment[J]. Manufacturing & Service Operations Management, 20 (4): 767-787.

Gallino S, Moreno A, Stamatopoulos I. 2017. Channel integration, sales dispersion, and inventory management[J]. Management Science, 63 (9): 2813-2831.

Gao F, Su X. 2017a. Omnichannel retail operations with buy-online-and-pick-up-in-store[J]. Management Science, 63 (8): 2478-2492.

Gao F, Su X. 2017b. Online and offline information for omnichannel retailing[J]. Manufacturing & Service Operations Management, 19 (1): 84-98.

Hagiu A. 2007. Merchant or two-sided platform?[J]. Review of Network Economics, 6(2): 115-133.

Hagiu A, Wright J. 2015. Marketplace or reseller?[J]. Management Science, 61 (1): 184-203.

Hagiu A, Wright J. 2020. Platforms and the exploration of new products[J]. Management Science, 66 (4): 1527-1543.

Harsha P, Subramanian S, Uichanco J. 2019. Dynamic pricing of omnichannel inventories[J]. Manufacturing and Service Operations Management, 21 (1): 47-65.

He Z, Huang D, He S. 2018. Design of extended warranty service in a dual supply channel[J]. Total Quality Management & Business Excellence, 29 (9/10): 1089-1107.

Hsiao L, Chen Y J. 2012. Returns policy and quality risk in e-business[J]. Production and Operations Management, 21 (3): 489-503.

Hsiao L, Chen Y J. 2014. Return policy: hassle-free or your money-back guarantee?[J]. Naval Research Logistics, 61 (5): 403-417.

Hu M, Xu X, Xue W, et al. 2022. Demand pooling in omnichannel operations[J]. Management Science, 68 (2): 883-894.

Jeng S P, Huang L S, Chou Y J, et al. 2014. Do consumers perceive money-back guarantees as believable? The effects of money-back guarantee generosity, store name familiarity, and perceived price[J]. Service Science, 6 (3): 179-189.

Jiang B, Jerath K, Srinivasan K. 2011. Firm strategies in the "mid tail" of platform-based retailing[J]. Marketing Science, 30 (5): 757-775.

Jiang B, Zhang X. 2011. How does a retailer's service plan affect a manufacturer's warranty?[J]. Management Science, 57 (4): 727-740.

Jiang B, Zou T. 2020. Consumer search and filtering on online retail platforms[J]. Journal of

Marketing Research，57（5）：900-916.

Jing B. 2018. Showrooming and webrooming：information externalities between online and offline sellers[J]. Marketing Science，37（3）：469-483.

Johnson J P. 2020. The agency and wholesale models in electronic content markets[J]. International Journal of Industrial Organization，69：102581.

Khouja M，Hammami R. 2023. Optimizing price，order quantity，and return policy in the presence of consumer opportunistic behavior for online retailers[J]. European Journal of Operational Research，309（2）：683-703.

Kireyev P，Kumar V，Ofek E. 2017. Match your own price? Self-matching as a retailer's multichannel pricing strategy[J]. Marketing Science，36（6）：908-930.

Klemperer P. 1987. Markets with consumer switching costs[J]. The Quarterly Journal of Economics，2：375-394.

Kong R，Luo L，Chen L，et al. 2020. The effects of BOPS implementation under different pricing strategies in omnichannel retailing[J]. Transportation Research Part E：Logistics and Transportation Review，141：102014.

Kuksov D，Liao C. 2018. When showrooming increases retailer profit[J]. Journal of Marketing Research，55（4）：459-473.

Kwark Y，Chen J Q，Raghunathan S. 2017. Platform or wholesale? A strategic tool for online retailers to benefit from third-party information[J]. MIS Quarterly，41（3）：763-785.

Kwon O，Dukes A J，Siddarth S，et al. 2015. The informational role of product trade - ins for pricing durable goods[J]. The Journal of Industrial Economics，63（4）：736-762.

Letizia P，Pourakbar M，Harrison T. 2018. The impact of consumer returns on the multichannel sales strategies of manufacturers[J]. Production and Operations Management，27（2）：323-349.

Li H，Leng K，Qing Q，et al. 2018. Strategic interplay between store brand introduction and online direct channel introduction[J]. Transportation Research Part E：Logistics and Transportation Review，118：272-290.

Li J，He S，Chen J，et al. 2023. Optimal extended warranty strategy for a two-sided platform under agency selling[J]. Computers & Industrial Engineering，178：109129.

Li Q，Wang Q，Song P. 2019. The effects of agency selling on reselling on hybrid retail platforms[J]. International Journal of Electronic Commerce，23（4）：524-556.

Li S，Jia D，Zheng B. 2022. The manufacturer's trade-in partner choice and pricing in the presence of collection platforms[J]. Transportation Research Part E：Logistics and Transportation Review，168：102947.

Liu J，Wu X，Yang B，et al. 2022. Suppliers' online channel structure strategies under product innovation effect and spillover effect[J]. RAIRO-Operations Research，56（5）：2804-7303.

Liu Y，Xiao Y，Dai Y. 2023. Omnichannel retailing with different order fulfillment and return options[J]. International Journal of Production Research，61（15）：5053-5074.

Ma Y，Zhang C，Li Y. 2023. Strategies for the retail platform to counteract match uncertainty：virtual showroom and return or exchange policy[J]. Computers & Industrial Engineering，176：108832.

Ma Z J，Zhou Q，Dai Y，et al. 2017. Optimal pricing decisions under the coexistence of "trade old for new” and “trade old for remanufactured” programs[J]. Transportation Research Part E: Logistics and Transportation Review, 106: 337-352.

Mantin B, Krishnan H, Dhar T. 2014. The strategic role of third-party marketplaces in retailing[J]. Production and Operations Management, 23 (11): 1937-1949.

Mehra A, Kumar S, Raju J S. 2018. Competitive strategies for brick-and-mortar stores to counter “showrooming” [J]. Management Science, 64 (7): 3076-3090.

Nageswaran L, Cho S H, Scheller-Wolf A. 2020. Consumer return policies in omnichannel operations[J]. Management Science, 66 (12): 5558-5575.

Oghazi P, Karlsson S, Hellström D, et al. 2018. Online purchase return policy leniency and purchase decision: mediating role of consumer trust[J]. Journal of Retailing and Consumer Services, 41: 190-200.

Pei Z, Paswan A, Yan R. 2014. E-tailer's return policy, consumer's perception of return policy fairness and purchase intention[J]. Journal of Retailing and Consumer Services, 21(3): 249-257.

Pun H, Chen J, Li W. 2020. Channel strategy for manufacturers in the presence of service freeriders[J]. European Journal of Operational Research, 287 (2): 460-479.

Qin X, Liu Z, Tian L. 2021. The optimal combination between selling mode and logistics service strategy in an e-commerce market[J]. European Journal of Operational Research, 289 (2): 639-651.

Radhi M, Zhang G. 2018. Pricing policies for a dual-channel retailer with cross-channel returns[J]. Computers & Industrial Engineering, 119: 63-75.

Rao R S, Narasimhan O, John G. 2009. Understanding the role of trade-ins in durable goods markets: theory and evidence[J]. Marketing Science, 28 (5): 950-967.

Ray S, Boyaci T, Aras N. 2005. Optimal prices and trade-in rebates for durable, remanufacturable products[J]. Manufacturing & Service Operations Management, 7 (3): 208-228.

Rochet J C, Tirole J. 2006. Two-sided markets: a progress report[J]. The RAND Journal of Economics, 37 (3): 645-667.

Ryan J K, Sun D, Zhao X. 2012. Competition and coordination in online marketplaces[J]. Production and Operations Management, 21 (6): 997-1014.

Shi X, Dong C, Cheng T C E. 2018. Does the buy-online-and-pick-up-in-store strategy with pre-orders benefit a retailer with the consideration of returns?[J]. International Journal of Production Economics, 206: 134-145.

Soleimani F. 2016. Optimal pricing decisions in a fuzzy dual-channel supply chain[J]. Soft Computing, 20: 689-696.

Song W, Chen J, Li W. 2020. Spillover effect of consumer awareness on third parties' selling strategies and retailers' platform openness[J]. Information Systems Research, 32 (1): 172-193.

van Ackere A, Reyniers D J. 1995. Trade-ins and introductory offers in a monopoly[J]. The Rand Journal of Economics, 26 (1): 58-74.

Verhoef P C, Kannan P K, Inman J J. 2015. From multi-channel retailing to omni-channel retailing: introduction to the special issue on multi-channel retailing[J]. Journal of Retailing, 91 (2): 174-181.

Wu M，Ran Y，Zhu S X. 2022. Optimal pricing strategy：How to sell to strategic consumers?[J]. International Journal of Production Economics，244：108367.

Wu X，Chen Z L. 2022. Fulfillment scheduling for buy-online-pickup-in-store orders[J]. Production and Operations Management，31（7）：2982-3003.

Xiao L，Wang X J，Chin K S. 2020. Trade-in strategies in retail channel and dual-channel closed-loop supply chain with remanufacturing[J]. Transportation Research Part E：Logistics and Transportation Review，136：101898.

Xiao T，Choi T M，Cheng T C E. 2014. Product variety and channel structure strategy for a retailer-Stackelberg supply chain[J]. European Journal of Operational Research，233（1）：114-124.

Xu X，He P，Zhou L，et al. 2023. Coordination of a platform-based supply chain in the marketplace or reselling mode considering cross-channel effect and blockchain technology[J]. European Journal of Operational Research，309（1）：170-187.

Yan R，Pei Z. 2009. Retail services and firm profit in a dual-channel market[J]. Journal of Retailing and Consumer Services，16（4）：306-314.

Yang G，Ji G. 2022. The impact of cross-selling on managing consumer returns in omnichannel operations[J]. Omega，111：102665.

Yang S，Xiong G. 2019. Try it on! Contingency effects of virtual fitting rooms[J]. Journal of Management Information Systems，36（3）：789-822.

Yang W，Zhang J，Yan H. 2021. Impacts of online consumer reviews on a dual-channel supply chain[J]. Omega，101：102266.

Ye F，Liang L，Tong Y，et al. 2022. Brick-and-mortar or brick-and-click? The influence of online customer reviews on a retailer's channel strategy[J]. IISE Transactions，54（12）：1199-1210.

Yi Z，Wang Y，Liu Y，et al. 2018. The impact of consumer fairness seeking on distribution channel selection：direct selling vs. agent selling[J]. Production and Operations Management，27（6）：1148-1167.

Zhang L，Wang J. 2017. Coordination of the traditional and the online channels for a short-life-cycle product[J]. European Journal of Operational Research，258（2）：639-651.

Zhang S，Zhang J. 2020. Agency selling or reselling：e-tailer information sharing with supplier offline entry[J]. European Journal of Operational Research，280（1）：134-151.

Zhang T，Choi T M. 2021. Optimal consumer sales tax policies for online-offline retail operations with consumer returns[J]. Naval Research Logistics，68（6）：701-720.

Zhao F，Wu D，Liang L，et al. 2016. Lateral inventory transshipment problem in online-to-offline supply chain[J]. International Journal of Production Research，54（7）：1951-1963.

Zhong Y，Shen W，Ceryan O. 2023. Information provision under showrooming and webrooming[J]. Omega，114：102724.

Zhu X，Wang M，Chen G，et al. 2016. The effect of implementing trade-in strategy on duopoly competition[J]. European Journal of Operational Research，248（3）：856-868.

第二篇

渠道迁移行为与渠道策略

第 3 章　考虑消费者展厅行为的制造商线上渠道策略

随着信息技术的快速发展与应用，线上线下逐步融合成为现代零售业创新发展的必然趋势，越来越多的产品制造商（如苹果、宝洁、华为、小米等）纷纷“触网”，布局线上渠道。线上渠道消除了与消费者的物理距离，便于消费者跨时空购买，有助于企业扩大其市场覆盖范围，促进产品销售。一项调查研究显示，2016 年品牌制造商的线上销售约占其总销售额的 34%（Xia et al.，2017）。尽管如此，制造商布局线上渠道仍面临一定的挑战，具体包括两个方面：①开设线上渠道可能加剧线上渠道和实体零售商之间的需求竞争，降低实体零售商对制造商产品的支持力度，最终导致制造商利润率下降（Wolk and Skiera，2009）。②制造商无论是选择自建线上渠道（如惠普、戴尔、苹果等）还是基于第三方零售平台间接开设线上渠道（如宝洁、海尔、联想等），均会产生一定的运营成本或交易费用。

更为严重的是，线上渠道与实体渠道在产品信息传递和订单履行方面存在一定的差异，进一步激化了渠道冲突。线上渠道通常在产品价格方面具有一定的优势，但消费者通过线上渠道购买产品时无法直接接触和体验产品，很难判断产品是否符合自己的喜好和要求（Hua et al.，2016）。因此，越来越多的消费者选择先在实体店体验产品，进而转移到价格更低的线上渠道购买产品，消费者的这种跨渠道购买行为被称为“展厅行为”（Bell et al.，2014；Verhoef et al.，2015）。全球互联网信息服务提供商 ComScore 的一项调查显示，73%的美国消费者在购物过程中均存在展厅行为（Basak et al.，2017）。显然，消费者的跨渠道展厅行为将使实体渠道的部分产品需求转移到线上渠道，影响了实体渠道的收益（Mehra et al.，2018）。事实上，即使线上渠道能够从实体渠道提供的展厅相关服务（如雇用销售人员为客户提供产品使用指导等）中获益，这种展厅行为也未必能增加线上渠道的收益。例如，Basak 等（2017）研究表明，消费者频繁的展厅行为将导致传统零售商减少销售努力以降低销售成本，一定程度上缓解了消费者的展厅行为，进而对线上渠道的需求和利润产生负面影响。另外，消费者的展厅行为加剧了渠道之间的竞争，甚至会同时降低线上渠道和线下实体店的收益（Balakrishnan et al.，2014；Jing，2018）。可见，消费者展厅行为对线上线下渠道的影响存在一定的不确定性，进而对制造商开设线上渠道的决策产生一定的影响。由此引发了下列具体科学问题：①当消费者存在展厅行为时，制造商是否应选择布局线上渠道？②若考虑开设线上渠道，制造商应自建直接线上渠道还是通过第三方平台/线上零售商开设间接线上渠道？③制造商的渠道策略将如何影响其自身和实体零售商的定价决策？

基于上述挑战与具体科学问题，本章旨在构建一种制造商的线上渠道决策模型，探讨其线上渠道开设策略，并分析消费者展厅行为对线上渠道策略的影响。首先，介绍了模型描述与主要参数假设；其次，分别针对不引入线上渠道、引入直接线上渠道与引入间接线上渠道三种情形，构建相应的决策模型；再次，通过比较分析三种情形下制造商的利润与最优决策，探讨了制造商的线上渠道策略；最后，分析了消费者展厅行为对制造商渠道策略及相关最优决策的影响。

3.1 模型描述与主要参数假设

考虑由一个制造商和一个实体零售商组成的传统供应链，制造商通过零售商向市场销售一种产品。不失一般性，假定每个消费者最多购买一件产品，且市场需求规模标准化为 1。除实体渠道外，制造商决定是否引入线上渠道，以及如何引入线上渠道（自建直接线上渠道或通过第三方平台/线上零售商间接引入线上渠道），即制造商存在三种渠道选择策略：不引入线上渠道（R）、引入直接线上渠道（D）和引入间接线上渠道（I）。若制造商引入线上渠道，消费者存在三种渠道选择行为：直接从实体渠道购买产品、直接从线上渠道购买产品、先到实体店体验展品再转到线上渠道购买产品（即展厅行为）。为探讨制造商的线上渠道策略，假设制造商与零售商均是风险中性，以自身利益最大化为决策目标。本章所涉及的主要参数符号与说明如表 3.1 所示。

表 3.1 符号说明

符号	含义
v	消费者对产品质量的估值，$v \sim U[0,1]$
θ	消费者对线上渠道的接受程度，$0<\theta<1$
$\alpha(1-\theta)$	展厅行为对消费者接受线上渠道程度的影响，$0<\alpha<1$
$\beta(1-\beta)$	市场中远程（本地）消费者的比例，$0<\beta<1$
C	制造商自建线上渠道的固定成本
$w_r(w_e)$	线下（线上）渠道的批发价格
$p_r(p_e)$	线下（线上）渠道的销售价格
$d_r(d_e)$	线下（线上）渠道的需求
π_m、π_r、π_e	制造商、实体店、线上渠道的利润

产品在实体零售渠道和线上渠道（若存在）的销售价格分别为 p_r 和 p_e。一般来说，导致消费者产生展厅行为的主要原因在于线上渠道销售价格低于线下实体渠道的销售价格（Mehra et al.，2018），如 iPhone 13 在京东在线平台的售价为 5699 元，而在实体店的售价为 5999 元。因此，文中假定 $p_e \leqslant p_r$。本章研究中，产品的批发价格与线上线下销售价格为决策变量，其他变量均为外生变量。

假设消费者对产品质量的估值以及访问实体店的旅行成本两个方面具有一定的异质性。首先，假定消费者对产品质量的估值为 v，且满足 [0,1] 均匀分布，即 $v \sim U[0,1]$。其次，由于消费者访问实体店的旅行成本通常取决于其到实体店的旅行距离，据此将市场中的消费者划分为两类，即远程消费者和本地消费者，比例分别为 β 和 $1-\beta$。为简化分析，根据相关研究成果（Li et al.，2020；Mehra et al.，2018），将本地消费者的旅行成本归一化为 0，并假定远程消费者的旅行成本 t 足够大，以至于所有远程消费者均选择从线上渠道直接购买产品而不会访问线下实体店。

供应链成员的决策顺序如图 3.1 所示。首先，制造商决定其供应链渠道结构（R、D、I）。其次，制造商决定产品的批发价格，在此基础上线上和线下渠道同时决定产品销售价格。例如，在结构 D 情形下，制造商首先确定批发价格 w_r^D；其次，制造商和实体店分别确定线上和线下渠道的销售价格（p_e^D 和 p_r^D）。在结构 I 情形下，制造商首先确定线上渠道和实体零售渠道的批发价格（w_e^I 和 w_r^I）；其次，线上渠道和线下渠道分别确定产品销售价格（p_e^I 和 p_r^I）。

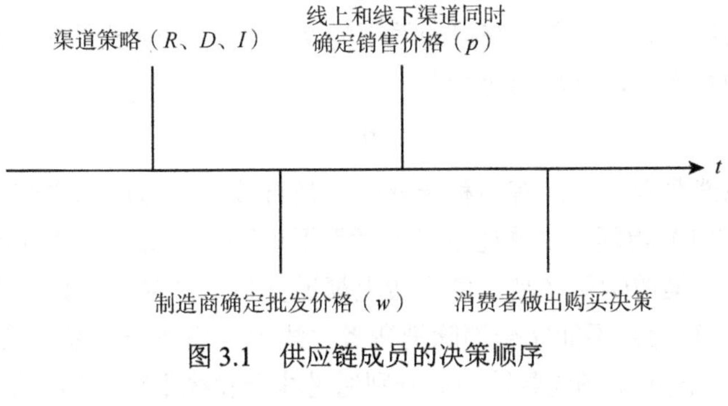

图 3.1　供应链成员的决策顺序

3.2　制造商线上渠道决策模型

本节分别针对制造者不引入线上渠道、引入直接线上渠道与引入间接线上渠道三种情形，考虑消费者的展厅行为，构建相应的线上渠道选择决策模型。

3.2.1 不引入线上渠道（*R*）

若不引入线上渠道，制造商仅通过实体零售商销售产品。此时本地消费者均选择前往实体店体验产品，并决定是否购买产品。这种情形下消费者购买产品的效用函数为

$$u^R = v - p_r \tag{3.1}$$

若$u^R \geqslant 0$，消费者将选择购买产品，实体零售商的需求可表示为$d_r^R = (1-\beta)\times(1-v^R)$，其中$v^R = p_r$。由于远程消费者不会访问实体店，所以制造商和零售商的利润函数分别为

$$\pi_m^R = w_r^R d_r^R,\ \ \pi_r^R = \left(p_r^R - w_r^R\right) d_r^R \tag{3.2}$$

通过逆向归纳法可得到零售商和制造商的最优决策与利润，即$w_r^{R*} = \dfrac{1}{2}$，$p_r^{R*} = \dfrac{3}{4}$，$\pi_m^{R*} = \dfrac{1-\beta}{8}$，$\pi_r^{R*} = \dfrac{1-\beta}{16}$。

3.2.2 引入直接线上渠道（*D*）

当制造商引入直接线上渠道，即自建线上渠道时，由于消费者无法感受线上渠道所销售的产品的质量，其对线上渠道的接受程度通常低于线下渠道。例如，Chiang 等（2003）通过实证研究发现消费者对线上渠道的接受程度为线下渠道的 0.834。本章用θ（$0<\theta<1$）表示消费者对线上渠道销售的接受程度，即消费者通过线上渠道购买估值为v的产品获得的效用为θv。此时，由于所有远程消费者均通过线上渠道购买产品，其效用函数为

$$u^E = \theta v - p_e \tag{3.3}$$

对于本地消费者而言，有两种选择：一是直接在实体店购买产品，此时其效用函数与式（3.1）相同；二是通过“展厅”渠道购买产品，即先在实体店体验产品，再转向线上渠道购买产品。由于线上渠道交付的产品与实体店展品之间往往存在差异，展厅行为并不能完全消除消费者对线上渠道所售产品估值的不确定性。例如，浙江省宁波市市场监督管理局分别通过线上和线下渠道购买了 40 组真空吸尘器样本进行比对，发现通过线上渠道购买的真空吸尘器的吸力直径比在实体店购买的同型号真空吸尘器小 1 厘米。基于此，假定展厅行为对消费者接受线上销售的程度的影响为$\alpha(1-\theta)$，且$0<\alpha<1$。此时，消费者通过展厅渠道购买产品的效用函数可表示为

$$u^S = [\theta + \alpha(1-\theta)]v - p_e \tag{3.4}$$

鉴于消费者存在一定的展厅行为，为分析其对制造商渠道策略及供应链成员决策的影响，本章将根据有无展厅行为两种情形，进一步分析各渠道的产品需求情况。

1. 消费者无展厅行为

为便于描述，用上标 N 表示消费者无展厅行为的基准情形。消费者以最大化自身净效用为目标选择购买渠道，即 $u^E \geqslant 0$ 的远程消费者和 $u^E \geqslant \max\{0,u^R\}$ 的本地消费者将选择线上渠道； $u^R \geqslant \max\{0,u^E\}$ 的本地消费者将选择在实体店购买。此外，为了避免无远程消费者购买产品的极端情况（即 $u^E<0$ ），假设 $p_e \leqslant \theta$ 。通过 $u^E=0$ 、 $u^R=0$ 和 $u^E=u^R$ ，可以得到阈值 $v^E=\dfrac{p_e}{\theta}$ 、 $v^R=p_r$ ，以及无差异点 $v^{ER}=\dfrac{p_r-p_e}{1-\theta}$ 。根据分析，可从以下情形讨论各渠道的产品需求情况。

情形 1：当 $p_r+\theta-1 \leqslant p_e<\theta p_r$ 时，可得 $v^{ER}\leqslant 1$ ， $v^{ER}-v^E>0$ ， $v^{ER}-v^R>0$ ，即 $0<\max\{v^E,v^R\}<v^{ER}\leqslant 1$ 。因此，估值满足 $v\in[v^E,v^{ER})$ 的本地消费者将选择线上渠道购买；估值满足 $v\in[v^{ER},1]$ 的本地消费者将选择在实体店购买。此时，线上渠道和线下渠道的需求函数可分别表示为

$$d_e^{DN}=\beta(1-v^E)+(1-\beta)(v^{ER}-v^E),\ d_r^{DN}=(1-\beta)(1-v^{ER}) \tag{3.5}$$

情形 2：当 $\theta p_r \leqslant p_e \leqslant \theta$ 时， $0\leqslant v^{ER}\leqslant \min\{v^E,v^R\}\leqslant 1$ ，所有本地消费者将直接通过实体店购买。此时，线上渠道和线下渠道的产品需求函数可表示为

$$d_e^{DN}=\beta(1-v^E),\ \ d_r^{DN}=(1-\beta)(1-v^R) \tag{3.6}$$

当 $p_e<p_r+\theta-1$ 时，可得 $v^{ER}>1$ 。此时，线下渠道的产品需求为 0，后续不考虑此情形。

2. 消费者存在展厅行为

根据式（3.3）和式（3.4），当本地消费者存在展厅行为时，消费者选择从展厅渠道购买产品的效用总是高于直接从线上渠道购买产品获得的效用。此时，本地消费者将先到实体店体验展品再选择购买渠道。因此，对于本地消费者，若 $u^S \geqslant \max\{0,u^R\}$ ，将存在展厅行为；若 $u^R \geqslant \max\{0,u^S\}$ ，将直接通过实体店购买产品。令 $u^S=u^R$ ，可以得到无差异点 $v^{SR}=\dfrac{p_r-p_e}{(1-\theta)(1-\alpha)}$ 。此外，净效用非负（即 $u^E\geqslant 0$ ）的远程消费者将直接通过线上渠道购买产品。类似地，可从以下情形讨论各渠道的需求。

情形 1：当 $p_r-(1-\theta)(1-\alpha)\leqslant p_e<(\alpha+\theta-\alpha\theta)p_r$ 时，可得 $0<v^S<v^R<v^{SR}\leqslant 1$。因此，估值满足 $v\in[v^S,v^{SR})$ 的本地消费者将存在展厅行为；估值满足 $v\in[v^{SR},1]$ 的本地消费者将直接通过实体店购买产品。此时，线上渠道和线下渠道的产品需求函数可表示为

$$d_e^D=\beta\left(1-v^E\right)+(1-\beta)\left(v^{SR}-v^S\right),\ d_r^D=(1-\beta)\left(1-v^{SR}\right) \tag{3.7}$$

情形 2：当 $(\alpha+\theta-\alpha\theta)p_r\leqslant p_e\leqslant\theta$ 时，可得 $v^{SR}\leqslant v^R\leqslant v^S$，$v^E\leqslant 1$。因此，所有本地消费者均不表现展厅行为。此时，线上渠道和线下渠道的产品需求函数可表示为

$$d_e^D=\beta(1-v^E),\ d_r^D=(1-\beta)(1-v^R) \tag{3.8}$$

当 $p_e<p_r-(1-\theta)(1-\alpha)$ 时，可以得到 $v^{SR}>1$。此时，线下渠道的产品需求或远程消费者的产品需求为 0，后续不再考虑此种情形。

3. 结构 *D* 情形下的最优决策

根据相关研究（Arya and Mittendorf，2013；Hagiu and Wright，2015），假定制造商引入直接线上渠道将产生相应的固定成本 C（$C>0$）。根据上述各情形下的产品需求函数，结构 D 情形下制造商和实体零售商的利润函数可分别表示为

$$\pi_m^D=p_e^D d_e^D+w_r^D d_r^D-C,\ \pi_r^D=\left(p_r^D-w_r^D\right)d_r^D \tag{3.9}$$

通过逆向归纳法可得到结构 D 情形下供应链成员的最优决策，如表 3.2 所示。

表 3.2　结构 *D* 情形下的最优决策

场景	条件	最优决策
不考虑消费者展厅行为	$p_r+\theta-1\leqslant p_e<\theta p_r$	$w_r^{DN*}=\dfrac{8+\theta^2-\beta\theta(8+\theta)}{2(8+(1-9\beta)\theta)}$，$p_e^{DN*}=\dfrac{\theta(-10+\theta+\beta(2+7\theta))}{2(-8+(-1+9\beta)\theta)}$，$p_r^{DN*}=\dfrac{-12+\theta(2+\beta(14-5\theta)+\theta)}{2(-8+(-1+9\beta)\theta)}$
	$\theta p_r\leqslant p_e\leqslant\theta$	Null
考虑消费者展厅行为	$p_r-(1-\theta)(1-\alpha)\leqslant p_e<(\alpha+\theta-\alpha\theta)p_r$	$w_r^{D*}=\dfrac{8\alpha^4\beta^2(1-\theta)^4+8\alpha^3\beta^2(1-\theta)^3(-2+3\theta)-2\alpha(-1+\theta)\theta A_1}{M_1}+\dfrac{\theta^2(8+\theta^2-\beta\theta(8+\theta))+\alpha^2(1-\theta)^2A_2}{M_1}$，$p_e^{D*}=\dfrac{(\alpha(1-\theta)+\theta)\theta A_3}{M_1}$，$p_r^{D*}=\dfrac{12\alpha^4\beta^2(1-\theta)^4+2\alpha^3\beta(1-\theta)^3(\theta+\beta(-12+19\theta))-2\alpha(-1+\theta)\theta A_4+\theta^2A_5+\alpha^2(1-\theta)^2A_6}{M_1}$
	$(\alpha+\theta-\alpha\theta)p_r\leqslant p_e\leqslant\theta$	Null

注：“Null”表示此情形下无均衡解

表 3.2 中的相关变量表示如下：

$$M_1 = 2(\alpha\beta(-1+\theta)-\theta)(8(-1+\alpha)\alpha\beta-(8+\alpha+\alpha(-25+16\alpha)\beta)\theta+(-1+\alpha) \times (1+(-9+8\alpha)\beta)\theta^2)$$

$$A_1 = 8\beta - 4\beta(3+\beta)\theta + (1+\beta(4\beta-1))\theta^2$$

$$A_2 = \theta^2 - \beta\theta(16+\theta) + 8\beta^2(1+3(-1+\theta)\theta)$$

$$A_3 = \alpha(\beta(10-2\beta(1-\theta)-17\theta)-\theta)(1-\theta) - 2\alpha^2(5-\beta)\beta(1-\theta)^2 + \theta(10-\theta-\beta(2+7\theta))$$

$$A_4 = 2\beta(6-\theta(10-3\theta)) - 7\beta^2\theta(1-\theta) - \theta(1+\theta)$$

$$A_5 = 12 + \theta(-2-\theta+\beta(-14+5\theta))$$

$$A_6 = -\theta^2 + \beta\theta(-26+9\theta) + 2\beta^2(6+\theta(-19+20\theta))$$

3.2.3　引入间接线上渠道（I）

若制造商基于第三方平台/线上零售商引入间接线上渠道，此时消费者存在三种渠道选择行为：直接从实体渠道购买产品、直接从线上渠道购买产品、先到实体店体验展品再转到线上渠道购买产品（即“展厅”行为）。相关效用函数和需求函数与式（3.1）～式（3.8）相同，此时供应链成员的利润函数为

$$\pi_m^I = w_e^I d_e^I + w_r^I d_r^I,\quad \pi_e^I = \left(p_e^I - w_e^I\right)d_e^I,\quad \pi_r^I = \left(p_r^I - w_r^I\right)d_r^I \tag{3.10}$$

由此，可以得到结构 I 情形下供应链成员的最优决策，如表 3.3 所示。

表 3.3　结构 I 情形下的最优决策

场景	条件	最优决策
不考虑消费者展厅行为	$p_r+\theta-1 \leqslant p_e < \theta p_r$	$w_r^{IN*}=\frac{1}{2}$，$w_e^{IN*}=\frac{\theta}{2}$，$p_r^{IN*}=\frac{6-(3+\beta(4-\theta))\theta}{2(4-\theta-3\beta\theta)}$，$p_e^{IN*}=\frac{\theta(5-2\theta+\beta(1-4\theta))}{2(4-\theta-3\beta\theta)}$
	$\theta p_r \leqslant p_e \leqslant \theta$	$w_r^{IN*}=\frac{1}{2}$，$w_e^{IN*}=\frac{\theta}{2}$，$p_e^{IN*}=\frac{3\theta}{4}$
考虑消费者展厅行为	$p_r-(1-\theta)(1-\alpha) \leqslant p_e < (\alpha+\theta-\alpha\theta)p_r$	$w_r^{I*}=\frac{(1-\alpha)\alpha\beta(1-\theta)^2+\theta}{2\theta-2\alpha\beta(-1+\theta)}$，$w_e^{I*}=\frac{\theta(\alpha+\theta-\alpha\theta)}{2(\theta+\alpha(\beta-\beta\theta))}$，$p_r^{I*}=\frac{6\alpha^4\beta^2(1-\theta)^4+\theta^2(6+(-3+\beta(-4+\theta))\theta)}{M_2}+\frac{\alpha^3\beta(1-\theta)^3(3\theta+4\beta(-3+4\theta))+\alpha^2\beta(1-\theta)^2A_7+\alpha\theta(1-\theta)A_8}{M_2}$，$p_e^{I*}=\frac{(\alpha(-1+\theta)-\theta)\theta A_9}{M_2}$

续表

场景	条件	最优决策
考虑消费者展厅行为	$(\alpha+\theta-\alpha\theta)p_r \leqslant p_e \leqslant \theta$	$w_r^{I*}=\dfrac{\theta-\beta(-1+\theta)(-2\alpha^2+(-1+\alpha)(1+2\alpha)\theta)}{2(\theta+\beta(-1+\theta)(\alpha^2(-1+\theta)+\theta-2\alpha\theta))}$，$w_e^{I*}=\dfrac{\theta(\theta+(-1+\theta)(-\alpha(3+(-3+\alpha)\beta)+(-1+\alpha)^2\beta\theta))}{2(\theta+\beta(-1+\theta)(\alpha^2(-1+\theta)+\theta-2\alpha\theta))}$，$p_r^{I*}=\dfrac{3\theta(1+\beta(-1+\alpha+\theta-\alpha\theta))}{4(\theta+\beta(-1+\theta)(\alpha^2(-1+\theta)+\theta-2\alpha\theta))}$，$p_e^{I*}=\dfrac{3(-1+(-1+\alpha)\beta(-1+\theta))(\alpha(-1+\theta)-\theta)\theta}{4(\theta+\beta(-1+\theta)(\alpha^2(-1+\theta)+\theta-2\alpha\theta))}$

表 3.3 中的相关变量表示如下：

$$M_2=2(\alpha\beta(\theta-1)-\theta)(4\alpha^2\beta(\theta-1)^2+\theta(-4+\theta+3\beta\theta)-\alpha(\theta-1)(\theta+\beta(7\theta-4)))$$

$$A_7=\theta(-15+7\theta)+2\beta(3+\theta(-8+7\theta))$$

$$A_8=-3\theta+\beta(12+\theta(-19+4\beta\ (-1+\theta)+5\theta))$$

$$A_9=\alpha^2\beta(5+\beta)(-1+\theta)^2+\alpha(1-\theta)(-\beta(5+\beta)+(2+\beta(9+\beta))\theta)+\theta(-5+2\theta+\beta(-1+4\theta))$$

通过表 3.1～表 3.3 可得，与引入直接线上渠道的结论有所不同，若制造商引入间接线上渠道，所有本地消费者均选择从实体店购买产品。

3.3 制造商线上渠道策略分析

本节针对不考虑消费者展厅行为与考虑消费者展厅行为两种情形，分别探讨制造商的线上渠道选择问题，通过不同情形的比较分析，提炼最优渠道策略。

3.3.1 不考虑消费者展厅行为的渠道策略

首先，将 R 分别和 D 、I 两种情形下的最优决策与利润进行比较，可得到命题 3.1。

命题 3.1：若不考虑消费者展厅行为，引入线上渠道对供应链各方最优定价、需求和利润的影响如表 3.4 所示。

表 3.4 无展厅行为时引入线上渠道的影响

结构		定价	需求	利润
D		$w_r^{DN*}<w_r^{R*}$，$p_r^{DN*}<p_r^{R*}$	$d_r^{DN*}>d_r^{R*}$	若 $C\leqslant C_1$，$\pi_m^{DN*}\geqslant\pi_m^{R*}$，$\pi_r^{DN*}<\pi_r^{R*}$；否则，$\pi_m^{DN*}<\pi_m^{R*}$
I	情形 1	$w_r^{IN*}=w_r^{R*}$，$p_r^{IN*}<p_r^{R*}$	$d_r^{IN*}>d_r^{R*}$	$\pi_m^{IN*}>\pi_m^{R*}$，$\pi_r^{IN*}<\pi_r^{R*}$
	情形 2	$w_r^{IN*}=w_r^{R*}$，$p_r^{IN*}=p_r^{R*}$	$d_r^{IN*}=d_r^{R*}$	$\pi_m^{IN*}>\pi_m^{R*}$，$\pi_r^{IN*}=\pi_r^{R*}$

表 3.4 中，$C_1=\dfrac{\theta((7-\beta^2-6\beta^2\theta)+(10\beta-10\beta\theta)+(2\theta-2\beta^2\theta))}{8(8+\theta-9\beta\theta)}$。

由命题 3.1 可知，制造商引入直接线上渠道（D）将降低批发价格和线下销售价格（$w_r^{DN*}<w_r^{R*}$，$p_r^{DN*}<p_r^{R*}$），从而增加了线下渠道的需求。当引入直接线上渠道的固定成本不高于特定阈值（$C\leqslant C_1$）时，引入线上渠道总是有益的，其原因在于引入线上渠道增加了来自远程消费者的需求。此外，阈值 C_1 随着参数 β 和 θ 递增，表明随着远程消费者的比例或消费者对线上渠道的接受程度的增加，引入直接线上渠道将提高制造商的利润。这反过来也为现实中许多线上零售商（如亚马逊、淘宝）引入虚拟展厅以提升消费者对线上渠道接受程度的行为提供了解释。

制造商若引入间接线上渠道（I），将维持批发价格不变（即 $w_r^{IN*}=w_r^{R*}$）。其原因在于，若不考虑消费者的展厅行为，此时线上和线下渠道的产品需求是相互独立的，因此实体店的最优定价策略与结构 R 情形相同。若部分本地消费者选择从实体店购买产品（情形 1），实体零售商有动机降低销售价格以增加消费者需求。然而，为避免渠道之间产生激烈的价格竞争，制造商将不会降低线下渠道的批发价格，而是通过调节线上渠道的批发价格以达到线上和线下渠道的需求均衡。这一结果与以往研究（Cai，2010）的不同之处在于，其研究结果表明在不存在消费者异质性的情况下，制造商在双渠道情形下收取的批发价格高于单一的实体渠道情形。

总体而言，命题 3.1 表明，若引入直接线上渠道的固定成本相对较低，双渠道策略将增加制造商的利润，但由于渠道之间的价格竞争和边际利润的下降，它对实体零售商的利润将产生负面影响。

通过比较结构 D 和 I 两种情形下制造商的利润，可得到下列命题。

命题 3.2：（1）若 $C\leqslant C_2$，则 $\pi_m^{DN*}\geqslant\pi_m^{IN*}$；反之，$\pi_m^{DN*}<\pi_m^{IN*}$，其中，

$$C_2=\frac{(1-\theta)\theta(2+12\beta+2\beta^2+\theta-3\beta\theta-11\beta^2\theta-3\beta^3\theta)}{4(4-\theta-3\beta\theta)(8+(1-9\beta)\theta)}。$$

（2）当 $\beta\leqslant\dfrac{10-\theta}{18\theta}-\dfrac{1}{18}\sqrt{\dfrac{100-92\theta+73\theta^2}{\theta^2}}$ 时，$\pi_r^{DN*}\geqslant\pi_r^{IN*}$，否则 $\pi_r^{DN*}<\pi_r^{IN*}$。

命题 3.2（1）表明，若不考虑消费者展厅行为，制造商的渠道策略取决于其引入线上渠道的固定成本；具体来说，若成本较低，应选择直接线上渠道策略；反之，应选择间接线上渠道策略。其原因在于，引入间接线上渠道时，第三方线上零售商与制造商共同分享线上渠道的销售收入。此外，阈值 C_2 随着 β 递增，且是 θ 的凹函数。这表明，随着远程消费者比例的增加，制造商更有可能引入直接线上渠道；当消费者对线上渠道的接受程度相对较高时，制造商更倾向于引入间接线上渠道，因为此时线上和线下渠道之间的竞争相对激烈。

命题 3.2（2）表明，若市场中远程消费者的比例相对较低，实体零售商在结构 D 情形下的利润损失低于结构 I 。这是因为，制造商在结构 D 情形下会制定更低的批发价格以提升线下渠道的需求，从而缓解两个渠道之间的价格竞争。若远程消费者的比例相对较高，制造商将通过降低线上产品销售价格来增加来自远程消费者的需求，这将加剧两个渠道之间的双重边际效用。这一结果与 Cai（2010）的结论相似，即引入直接线上渠道比引入间接线上渠道对实体零售商的负面影响更大。

3.3.2　考虑消费者展厅行为的渠道策略

消费者展厅行为通过影响线上和线下渠道的产品需求，对供应链成员的最优决策产生影响。通过比较双渠道结构（D、I）和单渠道结构（R）情形下的最优价格决策与产品需求，得到以下命题。

命题 3.3：若存在消费者展厅行为，引入线上渠道（结构 D 或 I ）总是降低制造商的线下渠道批发价格和实体零售商的销售价格（ $w_r^{i*}<w_r^{R*}$，$p_r^{i*}<p_r^{R*}$，$i=D$ 或 I ），但增加了线下渠道的产品需求（ $d_r^{i*}>d_r^{R*}$ ）。

相较于命题 3.1，命题 3.3 表明，若存在消费者展厅行为，制造商在结构 I 情形下将通过降低线下渠道的批发价格来引导线下渠道降低销售价格，进而消除消费者展厅行为。这在一定程度上为现实中实体零售店选择与线上渠道销售价格保持同步的做法提供了解释。例如，Target 表示，实体店产品的价格应该与亚马逊持平以挽救业绩；百思买推出价格回扣承诺以提升业绩。这些结论体现了制造商在渠道竞争方面的积极作用，有助于丰富双渠道管理相关的研究结果。

通过分析考虑消费者展厅行为时制造商引入线上渠道对供应链各成员利润的影响，可得命题 3.4 与命题 3.5。

命题 3.4：当存在消费者展厅行为时，若 $0<\alpha<\bar{\alpha}$ 且 $C<C_3$ ，引入直接线上渠道（结构 D）将增加制造商的利润；反之，将降低制造商的利润。然而，消费者展厅行为总是损害实体零售商的利润。其中，$C_3=\dfrac{\xi_4(\alpha)(\alpha(1-\theta)+\theta)}{8((\alpha\beta(1-\theta)+\theta)\xi_1(\beta))}$ ，$\bar{\alpha}$ 满足 $C_3(\bar{\alpha})=0$ ，

$$
\begin{aligned}
\xi_1(\beta)=\psi_3(\beta)=8(1-\alpha)\alpha\beta+\left(8+\alpha+\alpha(-25+16\alpha)\beta\right)\theta \\
+(1-\alpha)\left(1-(9-8\alpha)\beta\right)\theta^2
\end{aligned}
$$

$$
\begin{aligned}
\xi_4(\alpha)=\psi_6(\alpha)=8\alpha^3(-1+\beta)\beta^2(-1+\theta)^3-8\alpha^2\beta(-1+\theta)^2\left(\beta+\theta-\beta\theta+\beta^2(-1+2\theta)\right) \\
-\theta^2\left(-7-2\theta+\beta\left(\beta+10(-1+\theta)+8\beta\theta\right)\right)+\alpha(-1+\theta)\theta\left(-2\theta\right. \\
\left.+\beta\left(1+18\theta+\beta\left(-18+\beta+8(1+\beta)\theta\right)\right)\right)
\end{aligned}
$$

命题 3.4 说明，由于消费者展厅行为的影响，当 α 相对较高时，引入直接线上渠道将降低制造商的利润。其原因在于，当 α 相对较高时，消费者展厅行为提高了消费者对线上渠道的接受程度，加剧了渠道竞争，促使批发价格和销售价格同步降低。

基于命题 3.4 进一步分析参数对供应链成员利润的影响，可得到推论 3.1。

推论 3.1： 若引入直接线上渠道（结构 D），制造商和实体零售商的利润都是 β 的减函数 $\left(\dfrac{\partial \pi_m^{D*}}{\partial \beta}<0，\dfrac{\partial \pi_r^{D*}}{\partial \beta}<0\right)$。

一般来说，制造商引入线上渠道是为了增加来自远程消费者的需求，而推论 3.1 显示，当制造商引入直接线上渠道时，制造商和实体零售商的利润却随着远程消费者比例的增加而减少。其原因在于，随着 β 的增加，本地消费者在市场中的比例下降，实体零售商将降低实体销售价格来抵制本地消费者的展厅行为。因此，渠道竞争的加剧导致双方利润均降低。

为更好地说明命题 3.4 中的主要结论，令 $\theta=0.1$、$C=0.007$，可得制造商与实体零售商的利润，结果如图 3.2 所示。

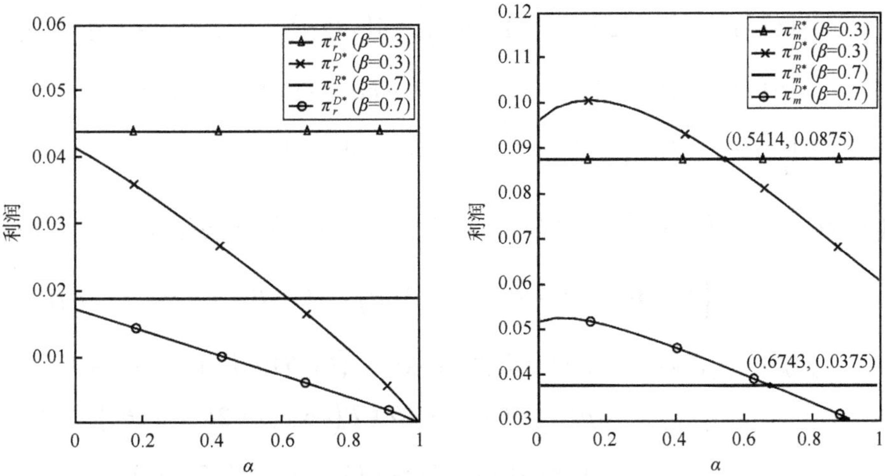

（a）结构 R 和 D 情形下实体零售商的利润　　（b）结构 R 和 D 情形下制造商的利润

图 3.2　制造商与实体零售商的利润

图 3.2 表明，当 $\alpha<\bar{\alpha}$ 时，引入直接线上渠道将增加制造商的收益，但始终损害实体零售商的收益。此外，当 β 从 0.3 增加到 0.7 时，阈值 $\bar{\alpha}$ 从 0.5414 增加到 0.6743，这意味着随着远程消费者比例的增加，制造商更有可能引入直接线上渠道。这与无消费者展厅行为的情况相一致。

命题 3.5： 存在消费者展厅行为时，引入间接线上渠道（结构 I）对供应链成员利润的影响如表 3.5 所示。

表 3.5　在展厅行为下引入间接线上渠道对利润的影响

结构	比较	条件
情形 1	$\pi_m^{I*} \leqslant \pi_m^{R*}$	$\Delta>0 \wedge f'''(\beta) \geqslant 0 \wedge \beta_6>0 \wedge \beta_4>0 \wedge \beta_7 \leqslant \beta \leqslant \beta_8$ 或 $\Delta>0 \wedge f'''(\beta)<0 \wedge ((\beta_6 \leqslant 0 \wedge \beta_4>0 \wedge \beta_8 \leqslant \beta \leqslant \beta_9) \vee (0<\beta_6<1 \wedge \beta_5 \leqslant 0 \wedge \beta_8 \leqslant \beta \leqslant \beta_9))$
	$\pi_r^{I*} > \pi_r^{R*}$	$h''(\beta)<0 \wedge h(1)>0 \wedge \beta_2 \geqslant 1 \wedge \beta>\beta_3$
情形 2	$\pi_m^{I*} < \pi_m^{R*}$	$\beta<\beta_1 \wedge \alpha \geqslant \max\left\{\dfrac{\theta}{3-3\theta}, \alpha_5\right\}$
	$\pi_r^{I*} > \pi_r^{R*}$	$0 \leqslant \beta \leqslant 1$

表 3.5 中，β_i（$i=7, 8, 9$）是 $f(\beta)=0$ 的根，β_4，β_5 是 $f'(\beta)=0$ 的根，β_6 满足 $f''(\beta)=0$，β_2 满足 $h'(\beta)=0$，β_3 满足 $h(\beta)=0$。

$$\alpha_5=\frac{\theta^2}{-9+8\theta+\theta^2}+\sqrt{\frac{9\theta^2-8\theta^3}{(-9+8\theta+\theta^2)^2}}$$

$$\begin{aligned}\Delta=\Delta_{10}=&\Big(8\alpha^2(-1+\theta)^2+8\alpha^3(-1+\theta)^3+12\alpha(-1+\theta)\theta-8\alpha^2(-1+\theta)^2\theta+\theta^2\\&-4\alpha(-1+\theta)\theta^2+2\theta^3+\theta^2(1+2\theta)\Big)^2-4\Big(-12\alpha^3(-1+\theta)^3-2\alpha(-1+\theta)\theta\\&-4\alpha(-1+\theta)\theta^2-\alpha(-1+\theta)\theta(1+2\theta)+6\alpha^2(-1+\theta)^2(-2+3\theta)\Big)\\&\times\Big(-\alpha(-1+\theta)\theta+2\alpha^2(-1+\theta)^2\theta-3\theta^2-4\alpha(-1+\theta)\theta^2+\theta^2(1+2\theta)\Big)\end{aligned}$$

$$\begin{aligned}h(\beta)=\psi_9(\beta)=&4(1-\alpha)(1-\theta)\Big(2\alpha^2\beta(1-\theta)^2+\theta(-2+\beta\theta)+\alpha\beta\big(-2+(5-3\theta)\theta\big)\Big)^2\\&-\Big(4\alpha^2\beta(1-\theta)^2-\theta(4-\theta-3\beta\theta)+\alpha(1-\theta)\big(\theta+\beta(-4+7\theta)\big)\Big)^2\end{aligned}$$

$$\begin{aligned}f(\beta)=\psi_{10}(\beta)=&-4\alpha^3(1-\beta)\beta^2(1-\theta)^3+(1+\beta)\theta^2(-3+\beta+2\beta\theta)\\&-\alpha\beta(-1+\theta)\theta\Big(1+4\theta+\beta\big(-6+\beta+2(1+\beta)\theta\big)\Big)\\&+2\alpha^2\beta(-1+\theta)^2\Big(\theta+\beta\big(2-2\theta+\beta(-2+3\theta)\big)\Big)\end{aligned}$$

命题 3.5 表明，引入间接线上渠道（结构 I）在一定条件下会增加实体零售商的利润而损害制造商的利润，但也可能实现共赢。该结论说明，消费者展厅行为对实体零售商来说也不完全是坏事。其原因在于，展厅行为能够消除本地消费者对产品估值的不确定性，进而提高自身的支付意愿和需求（命题 3.3）。这一结论与 Pozzi（2013）的实证研究观点相一致，即引入线上渠道可能对实体渠道的需求产生正向溢出效应。

为更好地说明命题 3.5 中的主要结论，设 $\alpha=0.6$；根据命题 3.5，考虑 $\theta=0.1$ 和 $\theta=0.4$ 两种情形，制造商的利润如图 3.3 所示。

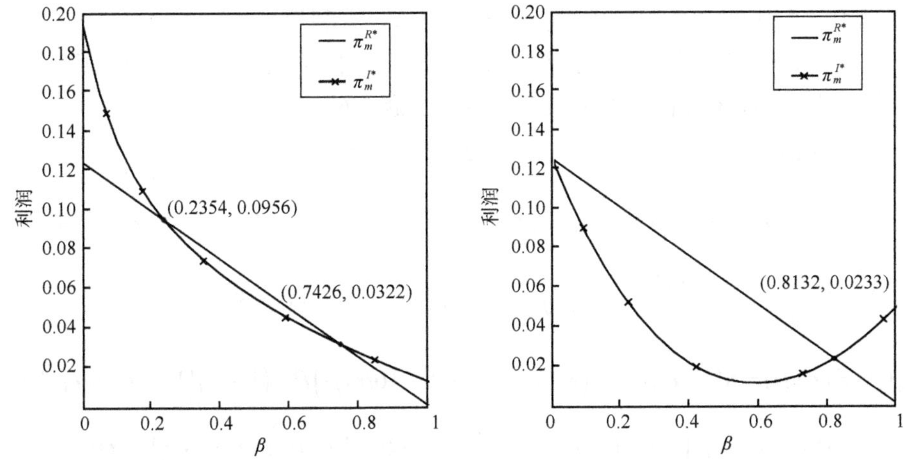

（a）结构 I 和 R 下 θ=0.1 时制造商的利润　（b）结构 I 和 R 下 θ=0.4 时制造商的利润

图 3.3　制造商的利润

图 3.3（a）表明，当 $\theta=0.1$ 时，$\Delta=0.4692$，$f'''(\beta)=-1.7807$，$\beta_6=0.1333$，$\beta_5=-0.2513$，由此可以得出，$\beta_8=0.2354$，$\beta_9=0.7426$。显然，当 $\beta_8\leqslant\beta\leqslant\beta_9$ 时，引入间接线上渠道总是损害制造商的利润。图 3.3（b）表明，当 $\theta=0.4$ 时，$\beta_1=0.8132$，$\alpha_5=0.1424$。此时，若 $\beta<\beta_1$，引入间接线上渠道也将损害制造商的利润。

图 3.4 分别展示了当 $\theta=0.7$ 和 $\theta=0.6$ 时，引入间接线上渠道前后实体零售商的利润变化情况。

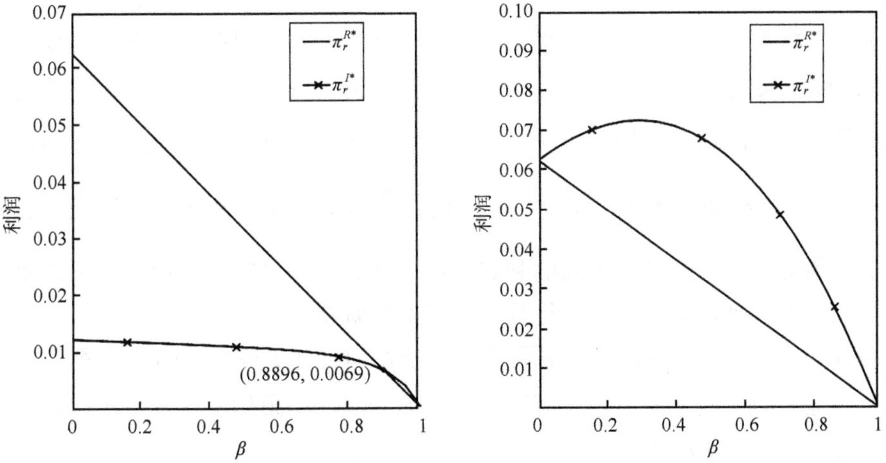

（a）结构 I 和 R 下实体零售商的利润（θ=0.7）　（b）结构 I 和 R 下实体零售商的利润（θ=0.6）

图 3.4　实体零售商的利润

图 3.4（a）表明，当 $\theta=0.7$ 时，$\beta_3=0.8896$。在 $\theta=0.7$ 的情形中，除了 $\beta<\beta_3$ 的情况，引入间接线上渠道总能增加实体零售商的利润。图 3.4（b）表明，在 $\theta=0.6$

的情形中，引入间接线上渠道对实体零售商总是有利的。

进一步比较制造商引入直接线上渠道和引入间接线上渠道（表 3.5 中的情形 1）的利润，以提炼最优的渠道策略，可得命题 3.6。

命题 3.6：（1）若 $C \leqslant C_4$，则 $\pi_m^{D*} \geqslant \pi_m^{I*}$；反之，$\pi_m^{I*} > \pi_m^{D*}$。

（2）当 $\beta \leqslant \frac{1}{5}$ 且 $\alpha \in (0, \alpha_4]$ 时，$\pi_r^{D*} \geqslant \pi_r^{I*}$；反之，$\pi_r^{I*} > \pi_r^{D*}$。其中，$C_4 = \frac{(1-\alpha)(\alpha-\alpha\theta+\theta)(1-\theta)\theta}{4\xi_1(\beta)\xi_2(\beta)}\xi_3(\beta)$，$\alpha_4$ 为 $\pi_r^{D*} - \pi_r^{I*} = 0$ 的根。

$$\xi_1(\beta)=\psi_3(\beta)=8(1-\alpha)\alpha\beta+\left(8+\alpha+\alpha(-25+16\alpha)\beta\right)\theta+(1-\alpha)\left(1-(9-8\alpha)\beta\right)\theta^2$$

$$\xi_2(\beta)=\psi_7(\beta)=\beta\left(4\alpha^2(1-\theta)^2+3\theta^2-\alpha(1-\theta)(4-7\theta)\right)-4\theta+\alpha(1-\theta)\theta+\theta^2$$

$$\begin{aligned}\xi_3(\beta)=\psi_{18}(\alpha)=&2\alpha^2\beta\left(1+\beta(6+\beta)\right)(1-\theta)^2+\theta\left(-2-2\beta(6+\beta)\right.\\&\left.-\theta+\beta\left(3+\beta(11+3\beta)\right)\theta\right)-\alpha(-1+\theta)\left(-2\beta\left(1+\beta(6+\beta)\right)\right.\\&\left.+\left(-1+\beta\left(5+\beta(23+5\beta)\right)\right)\theta\right)\end{aligned}$$

命题 3.6（1）表明，对于制造商而言，若引入直接线上渠道的固定成本相对较低（$C \leqslant C_4$），引入直接线上渠道总是有利的；反之，应引入间接线上渠道。命题 3.6（2）进一步表明，对于实体零售商而言，除非远程消费者的比例很小且展厅行为对线上渠道接受程度的影响甚微（$\beta \leqslant \frac{1}{5}$，$\alpha \in (0,\alpha_4]$），否则，引入直接线上渠道将导致实体零售商承受更多的利润损失。其原因在于，在结构 D 情形下，制造商将实施降价策略以吸引本地消费者购买产品（$p_m^{D*} < p_m^{I*}$），这迫使实体零售商降低自身的销售价格（$p_r^{D*} < p_r^{I*}$），进而加剧了双重边际效用。上述结论进一步表明，在一些条件下（如 $(C > C_4) \wedge (\beta > \frac{1}{5} \vee \alpha > \alpha_4)$），引入间接线上渠道能为制造商和实体零售商带来更高的利润。这一结果为许多制造商通过京东和亚马逊等第三方零售平台销售产品的行为提供了部分解释。

为直观地说明命题 3.6 中的主要结论，令 $\beta = 0.1, 0.5$ 或 $\theta = 0.3$，可得引入直接线上渠道和间接线上渠道时供应链各成员的利润，结果如图 3.5 所示（注意：图 3.5（a）中，$\alpha = 0.5$）。

图 3.5（a）表明，当 $C < C_4 = 0.0076$ 时，引入直接线上渠道对制造商是最有利的。当 β 从 0.1 增加到 0.5 时，阈值 C_4 从 0.0076 增加到 0.0095，这表明随着远程消费者比例的增加，制造商更有可能引入直接线上渠道，这与无消费者展厅行

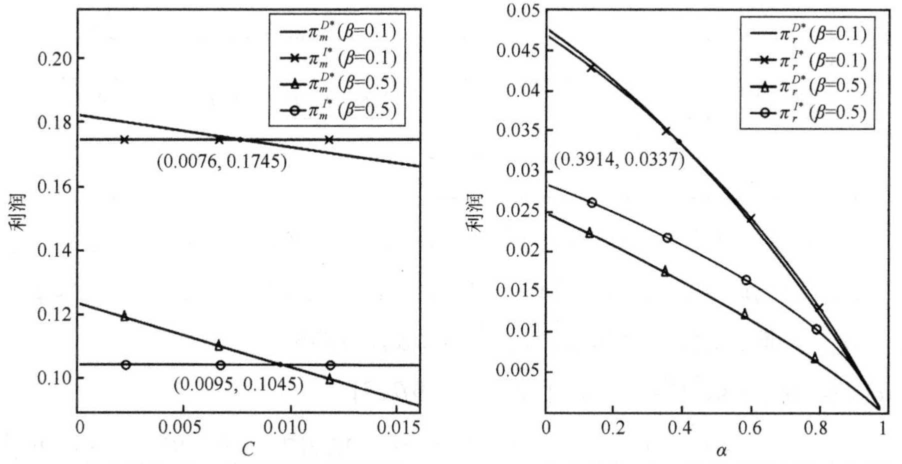

（a）结构 I 和 D 情形下制造商的利润　　（b）结构 I 和 D 情形下实体零售商的利润

图 3.5　制造商和实体零售商的利润

为的结论相一致。图 3.5（b）表明，当 $\alpha > \alpha_4 = 0.3914$ 时，引入间接线上渠道增加了实体零售商的利润，进而激励了实体零售商与制造商之间的合作。

3.4　消费者展厅行为的影响

本节通过分别比较两种结构（D 和 I）情形下存在和不存在消费者展厅行为时供应链各成员的利润，提炼消费者展厅行为的影响机理。通过比较分析，可得命题 3.7。

命题 3.7：消费者展厅行为对制造商和实体零售商利润的影响如表 3.6 所示。

表 3.6　消费者展厅行为的影响

结构		比较	条件
D		$\pi_m^{D*} < \pi_m^{DN*}$	$\left((0<\alpha_7<1)\vee(\alpha_7\geqslant 1\wedge\alpha_6<1\wedge\xi_4(1)<0)\right)\wedge\alpha>\alpha_8$
		$\pi_r^{D*} < \pi_r^{DN*}$	—
I	情形 1	$\pi_m^{I*} < \pi_m^{IN*}$	$\left(\xi_6'''(\beta)>0\wedge\beta_{15}<\beta<1\right)\vee\left(\xi_6'''(\beta)\leqslant 0\wedge B_2\leqslant 0\wedge \xi_6(1)<0\wedge\beta_{14}<\beta<1\right)\vee \left(\left(\xi_6'''(\beta)\leqslant 0\wedge B_2>0\right)\wedge \left(\left(\beta_{13}\leqslant 0\wedge\xi_6(1)<0\wedge\bar{\beta}<\beta<1\right)\vee \left(0<\beta_{13}<1\wedge\xi_6(1)\geqslant 0\wedge \xi_6(\beta_{13})<0\wedge\beta_{14}<\beta<\beta_{15}\right)\vee \left(0<\beta_{13}<1\wedge\xi_6(1)<0\wedge\beta_{14}<\beta<1\right)\vee \left(\beta_{13}\geqslant 1\wedge\xi_6(1)<0\wedge\beta_{14}<\beta<1\right)\right)\right)$

续表

结构		比较	条件
I	情形 1	$\pi_r^{I*} > \pi_r^{IN*}$	$\xi_5''(\beta)<0 \wedge B_1>0 \wedge 0<\beta_{10}<1 \wedge \beta_{10}<\beta<1$
	情形 2	$\pi_m^{I*} < \pi_m^{IN*}$	—
		$\pi_r^{I*} > \pi_r^{IN*}$	—

表 3.6 中，B_1 是 $\xi_5(\beta)$ 的根的判别式，β_{10} 是 $\xi_5(\beta)=0$ 的根，B_2 是 $\xi_6'(\beta)$ 的二次方系数，β_{13} 是 $\xi_6'(\beta)=0$ 的根，$\beta_{14}, \beta_{15}, \beta_{16}$ 是 $\xi_6(\beta)=0$ 的根，且 $\bar{\beta}=\beta_{14}$ 或 β_{16}。α_6, α_7 是 $\psi'_{23}(\alpha)=0$ 的根，α_8 是 $\psi_{23}(\alpha)=0$ 的根。

$$
\begin{aligned}
\xi_4(\alpha)=\psi_{23}(\alpha)=\;&4\alpha^3\beta^2(-1+\theta)^3\left(-8+(-1+9\beta)\theta\right)\\
&-4\alpha^2\beta(-1+\theta)^2\left(8\beta+\theta(8+\theta)-2\beta\theta(7+6\theta)+\beta^2\theta(-10+19\theta)\right)\\
&+\alpha(-1+\theta)\theta\Big(4(-1+\beta)^2\beta-8\big(1+\beta(-9+\beta(3+\beta))\big)\theta\\
&+\big(-1+\beta(14+5\beta(-17+8\beta))\big)\Big)\theta^2\\
&+\theta^2\left((2+\theta)(14+\theta)-2\beta(-4+\theta(44+5\theta))+\beta^2(-4+\theta(8+41\theta))\right)
\end{aligned}
$$

$$
\begin{aligned}
\xi_5(\beta)=\psi_{26}(\beta)=\;&\left(\sqrt{1-\alpha}\right)\left(\alpha\beta(1-\theta)(2-3\theta)+\theta(2-\beta\theta)-2\alpha^2\beta(-1+\theta)^2\right)(4-\theta-3\beta\theta)\\
&-(2-\beta\theta)\left(\theta(4-\theta-3\beta\theta)+\alpha(1-\theta)(\beta(4-7\theta)-\theta)-4\alpha^2\beta(-1+\theta)^2\right)
\end{aligned}
$$

$$
\begin{aligned}
\xi_6(\beta)=\psi_{27}(\beta)=\;&6\theta^2+\beta\begin{pmatrix}2\alpha(-1+\theta)\theta+\alpha^2(-4+\theta)(-1+\theta)^2\theta-4\theta^2\\+4\alpha(-1+\theta)\theta^2+2(-2+\theta)\theta^3-3\alpha(-1+\theta)\theta^3\end{pmatrix}\\
&+\beta^3\begin{pmatrix}2\alpha(-1+\theta)\theta+6\alpha^3(-1+\theta)^3\theta-4\alpha(-1+\theta)\theta^2\\+5\alpha(-1+\theta)\theta^3-\alpha^2(-1+\theta)^2\theta(-8+11\theta)\end{pmatrix}\\
&+\beta^2\begin{pmatrix}-\alpha^2(8-20\theta)(-1+\theta)^2-8\alpha^3(-1+\theta)^3+4\alpha(-1+\theta)\theta\\+2\alpha^3(-1+\theta)^3\theta-16\alpha(-1+\theta)\theta^2-6\alpha(-1+\theta)\theta^3\\+2\theta^2(-1+2\theta(1+\theta))\end{pmatrix}
\end{aligned}
$$

命题 3.7 表明，在结构 D 情形下，消费者展厅行为总是损害实体零售商的利润。其原因在于，直接线上渠道的低价策略加剧了消费者展厅行为。若消费者对线上渠道的接受程度较高（$\alpha>\alpha_8$），消费者展厅行为也总是损害制造商的利润。其原因在于，当 α 相对较高时，渠道间的替代性增加，此时消费者展厅行为加剧了渠道竞争，进而导致两个渠道的利润均下降。在结构 I 情形下，消费者展厅行为在降低制造商利润的同时可能会增加实体零售商的利润（表 3.6 中的情形 2），或同时增加供应链各成员的利润（表 3.6 中的情形 1 的特定条件下）。以上结论丰富和拓展了已有关于消费者展厅行为的影响的研究结果。

3.5 本 章 小 结

本章构建了一种制造商是否开设与如何开设线上渠道的选择决策模型，探讨了存在消费者展厅行为时的制造商线上渠道策略，提炼了制造商的最优渠道策略。通过分析，得到的主要结论包括下列三个方面。

（1）消费者展厅行为的影响。若不存在消费者展厅行为，引入间接线上渠道或在自建线上渠道成本较低时引入直接线上渠道，对制造商来说都是有利的。当消费者存在展厅行为时，无论是引入直接线上渠道还是引入间接线上渠道，对制造商都不一定有利；但若市场中远程消费者的比例较高，增加间接线上渠道将会同时提高制造商和实体零售商的利润。

（2）制造商的渠道调节作用。制造商能够运用批发价格机制间接调节消费者的跨渠道展厅行为。例如，在结构 I 情形下，制造商降低批发价格会促使实体零售商降低销售价格，进而缓解消费者的展厅行为。

（3）制造商渠道策略。若自建线上渠道的成本相对较低或市场中远程消费者的比例相对较高，制造商应选择引入直接线上渠道。若消费者能够通过展厅行为极大地提高他们对线上渠道的接受程度，制造商更应选择引入间接线上渠道。

本章结论揭示了消费者展厅行为对制造商渠道策略的影响，为现实中制造商双渠道策略的制定提供了一定的决策依据。未来研究主题主要包括两个方面：①线上渠道的退货政策。线上渠道的退货政策将影响消费者的购买决策与跨渠道行为，进而影响制造商渠道策略的选择。②本章主要结论显示引入线上渠道对实体零售商并不总是有利的，因此，如何通过机制设计对存在消费者展厅行为的供应链实现完美协调，也是值得进一步探究的问题。

参 考 文 献

Arya A, Mittendorf B. 2013. Discretionary disclosure in the presence of dual distribution channels[J]. Journal of Accounting and Economics，55（2/3）：168-182.

Balakrishnan A，Sundaresan S，Zhang B. 2014. Browse-and-switch：retail-online competition under value uncertainty[J]. Production and Operations Management，23（7）：1129-1145.

Basak S，Basu P，Avittathur B，et al. 2017. A game theoretic analysis of multichannel retail in the context of "showrooming" [J]. Decision Support Systems，103：34-45.

Bell D R，Gallino S，Moreno A. 2014. How to win in an omnichannel world[J]. MIT Sloan Management Review，56（1）：45-53.

Cai G G. 2010. Channel selection and coordination in dual-channel supply chains[J]. Journal of

Retailing，86（1）：22-36.

Chiang W K，Chhajed D，Hess J D. 2003. Direct marketing，indirect profits：a strategic analysis of dual-channel supply-chain design[J]. Management Science，49（1）：1-20.

Hagiu A，Wright J. 2015. Marketplace or reseller?[J]. Management Science，61（1）：184-203.

Hua Z，Hou H，Bian Y. 2016. Optimal shipping strategy and return service charge under no-reason return policy in online retailing[J]. IEEE Transactions on Systems，Man，and Cybernetics：Systems，47（12）：3189-3206.

Jing B. 2018. Showrooming and webrooming：information externalities between online and offline sellers[J]. Marketing Science，37（3）：469-483.

Li G，Zhang T，Tayi G K. 2020. Inroad into omni-channel retailing：physical showroom deployment of an online retailer[J]. European Journal of Operational Research，283（2）：676-691.

Mehra A，Kumar S，Raju J S. 2018. Competitive strategies for brick-and-mortar stores to counter "showrooming"[J]. Management Science，64（7）：3076-3090.

Pozzi A. 2013. The effect of Internet distribution on brick-and-mortar sales[J]. The RAND Journal of Economics，44（3）：569-583.

Verhoef P C，Kannan P K，Inman J J. 2015. From multi-channel retailing to omni-channel retailing：introduction to the special issue on multi-channel retailing[J]. Journal of Retailing，91（2）：174-181.

Wolk A，Skiera B. 2009. Antecedents and consequences of Internet channel performance[J]. Journal of Retailing and Consumer Services，16（3）：163-173.

Xia Y，Xiao T，Zhang G P. 2017. The impact of product returns and retailer's service investment on manufacturer's channel strategies[J]. Decision Sciences，48（5）：918-955.

第 4 章　平台供应链线下渠道策略与运营模式选择

面对传统实体店的“触网”威胁和消费者服务体验需求的不断升级，布局线下渠道已成为电商（平台）企业的重要战略决策。例如，2015 年 7 月知名互联网服装品牌商茵曼推出“千城万店”计划：五年内在全国一千座城市，开设一万家实体店。2017 年 4 月，京东宣布与贝全携手，3 年内在全国开设 5000 家“京东母婴体验店”。值得注意的是，京东母婴体验店由供应链下游企业京东开设，而茵曼的“千城万店”计划由上游品牌制造商茵曼自主实施。然而，业界对是否推行线下渠道策略存在一定的争议。例如，连咖啡线下店全部关闭，而三只松鼠线下店则持续扩张。由此引发如下科学问题：平台供应链中，电商（平台）企业进军线下渠道是否有利可图？电商（平台）企业与制造商开设线下渠道有何差异？平台供应链最优线下渠道策略是什么？

现实中，平台供应链的线下渠道策略受到多种因素的影响，如平台运营模式和消费者展厅行为等，其决策选择面临一定的挑战。首先，平台运营模式主要包括转售模式与代理模式两类。转售模式下，平台零售商从制造商批发商品后转卖给消费者，通过赚取差价获利，产品定价权归平台所有；而代理模式下，零售平台不参与产品经营，仅提供平台市场服务，产品定价权归制造商所有，平台通过收取交易佣金获取收益。平台运营模式决定了平台供应链成员的盈利结构和产品定价权，因而必将影响其最终收益，进而导致电商（平台）企业运营模式选择的差异。例如，叮咚买菜采用转售模式，而天猫、拼多多等均采用代理模式。这种盈利结构与产品定价权的差异必然会影响平台供应链的线下渠道开设策略。其次，就消费者展厅行为而言，多渠道零售为消费者跨渠道购买提供了契机，消费者可以在传统渠道体验产品后，转移到线上渠道购买产品。这种展厅行为将加剧线上与线下渠道间的竞争，直接影响平台供应链成员的线下渠道策略。

面对上述挑战，本章考虑平台运营模式和消费者展厅行为，旨在提出一种平台供应链成员最优线下渠道策略的决策方法，探讨平台企业与制造商的线下渠道开设策略与运营模式选择问题。首先，介绍模型描述与主要参数假设；其次，分别针对转售模式与代理模式，构建相应的决策模型，并分析特定模式下的线下渠道策略；最后，分析平台企业和制造商的运营模式选择策略。

4.1 模型描述与参数假设

本章考虑由一个制造商（M）和一个平台企业（R）组成的平台供应链，平台企业可采用转售模式或代理模式销售产品。在转售模式下，平台企业从制造商处以批发价 w 购入产品，然后通过平台企业以零售价 p_o 销售给消费者；而在代理模式下，产品定价权归制造商所有，平台企业仅提供平台和技术支持，并向制造商收取一定比例的交易佣金。假设平台企业与制造商是风险中性的，以各自利益最大化为决策目标。本章所涉及的主要参数符号与说明如表 4.1 所示。

表 4.1 主要参数符号与说明

符号	相关说明
v	消费者对产品的估值，$v\in[0,1]$
θ	消费者通过线上渠道购买到适配产品的概率，$\theta\in[0,1]$
α	代理模式下的交易佣金比例，$\alpha\in\left[0,\frac{1}{2}\right]$
h	消费者线上购买的麻烦成本，$h\in[0,1]$
t	消费者访问实体店的出行成本，$t\in[0,1]$
s	线下实体店的建设成本，$s\in[0,1]$
u_i	$i=o,s,\mathrm{os}$ 时，分别代表消费者线上购买、线下购买、线下体验线上购买的效用函数
p_i	$i=o,s$ 时，分别代表线上渠道、线下渠道的产品价格
d_i	$i=o,s,\mathrm{os}$ 时，分别代表线上渠道、线下渠道、跨渠道的产品需求
π_R^k	$k=\mathrm{NS},\mathrm{RS},\mathrm{MS}$ 时，分别代表无实体店、平台企业开店、制造商开店时的平台企业利润
π_M^k	$k=\mathrm{NS},\mathrm{RS},\mathrm{MS}$ 时，分别代表无实体店、平台企业开店、制造商开店时的制造商利润
π_R^g	$g=r,a$ 时，分别代表转售模式下和代理模式下的平台企业利润
π_M^g	$g=r,a$ 时，分别代表转售模式下和代理模式下的制造商利润

假设消费者对产品的估值为 v（$v\in[0,1]$），服从均匀分布。依据 Jing（2018）的研究，假设消费者通过线上渠道购买到适配产品的概率为 θ（$\theta\in[0,1]$）。产品匹配的不确定性可以通过在线下实体店体验完全消除。消费者若选择线上渠道购买产品，则需要承担搜索与等待等麻烦成本 h，且 $h\in[0,1]$；若选择线下实体店购买产品，则需要承担访问实体店的出行成本 t，且 $t\in[0,1]$。假定平台企业针对每次交易设置的佣金比例为 α，且 $\alpha\in\left[0,\frac{1}{2}\right]$，这主要是因为现实中平台企业制定的佣

金率通常不超过 50%。例如，京东和亚马逊所收取的最高佣金率分别为 10%和 45%。为便于分析，假设产品生产成本为 0，平台企业和制造商开设实体店的建设成本均为s（$s\in[0,1]$），实体店的产品价格 p_s 由其开设方确定。

当仅存在线上渠道时，消费者线上购买产品的效用函数为$u_o=\theta v-p_o-h$，其产品需求为$d_o=1-\dfrac{p_o+h}{\theta}$。开设线下渠道后，消费者面临三种选择，即线上购买、线下购买或线下体验线上购买。若消费者选择线上购买，其效用函数为u_o；若消费者选择线下购买，其效用函数为$u_s=v-p_s-t$；若消费者选择线下体验线上购买，其效用函数为$u_{\rm os}=v-p_o-h-t$。由此可得消费者购买决策，具体内容如下。

（1）当$p_s-p_o\geqslant h$且$\dfrac{p_o+h}{\theta}\geqslant\dfrac{t}{1-\theta}$时，$v\in[p_o+h+t,1]$的消费者将选择跨渠道购买，其余消费者不购买，故此时的渠道需求为：$d_{\rm os}=1-p_o-h-t$；$d_o=0$；$d_s=0$。

（2）当$p_s-p_o\geqslant h$且$\dfrac{p_o+h}{\theta}<\dfrac{t}{1-\theta}$时，$v\in\left[\dfrac{p_o+h}{\theta},\dfrac{t}{1-\theta}\right)$的消费者将选择线上购买；$v\in\left[\dfrac{t}{1-\theta},1\right]$的消费者将选择线下体验线上购买。此时渠道需求为：$d_o=\dfrac{t}{1-\theta}-\dfrac{p_o+h}{\theta}$；$d_{\rm os}=1-\dfrac{t}{1-\theta}$；$d_s=0$。

（3）当$p_s-p_o<h$且$\dfrac{p_o+h}{\theta}<\dfrac{p_s-p_o-h+t}{1-\theta}$时，$v\in\left[\dfrac{p_o+h}{\theta},\dfrac{p_s-p_o-h+t}{1-\theta}\right)$的消费者将选择线上购买；$v\in\left[\dfrac{p_s-p_o-h+t}{1-\theta},1\right]$的消费者将选择线下购买。此时渠道需求为：$d_o=\dfrac{p_s-p_o-h+t}{1-\theta}-\dfrac{p_o+h}{\theta}$；$d_s=1-\dfrac{p_s-p_o-h+t}{1-\theta}$；$d_{\rm os}=0$。

4.2 转售模式下线下渠道策略

本节考虑平台采用转售模式这一情形，分别就无实体店、平台企业与制造商分别开设实体店三种情形建立相应的渠道决策模型，并探讨平台企业与制造商的线下渠道策略。

4.2.1 决策模型与均衡解

（1）无实体店时，平台企业利润来源于线上平台转售，制造商利润则来源于产品批发，其利润函数如下：

$$\pi_R^{\mathrm{NS}} = d_o(p_o - w) \text{，} \ \pi_M^{\mathrm{NS}} = d_o w \tag{4.1}$$

（2）平台企业开店时的平台企业与制造商的利润函数如下：

$$\pi_R^{\mathrm{RS}} = (d_o + d_{\mathrm{os}})(p_o - w) + d_s(p_s - w) - s \text{，} \ \pi_M^{\mathrm{RS}} = (d_o + d_{\mathrm{os}} + d_s)w \tag{4.2}$$

可见，平台企业的利润分别由线上渠道、跨渠道和线下渠道的产品转售利润组成，且需承担实体店建设成本 s；制造商的利润来源于三种渠道需求下的产品批发。

（3）制造商开店时的平台企业与制造商的利润函数如下：

$$\pi_R^{\mathrm{MS}} = (d_o + d_{\mathrm{os}})(p_o - w) \text{，} \ \pi_M^{\mathrm{MS}} = (d_o + d_{\mathrm{os}})w + d_s p_s - s \tag{4.3}$$

此时，平台企业的利润包括线上渠道和跨渠道的转售利润；制造商的利润包括线上渠道与跨渠道产品批发和线下渠道直销所获的利润，且需承担成本 s。

转售模式下的成员决策顺序为：无实体店时，制造商先制定 w，而后平台企业制定 p_o；平台企业开店时，制造商先制定 w，而后平台企业对 p_o 和 p_s 进行联合决策；制造商开店时，制造商先对 w 和 p_s 进行联合决策，而后平台企业制定 p_o。

采用逆向归纳法求解，可得到无实体店时的最优决策与利润为：$w^{\mathrm{NS}*} = \frac{1}{2}(\theta - h)$；$p_o^{\mathrm{NS}*} = \frac{3}{4}(\theta - h)$；$p_s^{\mathrm{NS}*} = \frac{\theta - h}{4\theta}$；$\pi_R^{\mathrm{NS}*} = \frac{(\theta - h)^2}{16\theta}$；$\pi_M^{\mathrm{NS}*} = \frac{(\theta - h)^2}{8\theta}$。平台企业开设实体店时的最优决策与利润如表 4.2 所示；制造商开设实体店时的最优决策与利润如表 4.3 所示。

表 4.2 转售模式下平台企业开设实体店时的最优决策与利润

变量	$h \leqslant \theta < \theta_1$，$t \leqslant t_1$	$\theta_2 < \theta < \min\{\theta_3, \theta_4\}$	$\max\{\theta_3, \theta_4\} < \theta \leqslant \theta_5$
$w^{\mathrm{RS}*}$	$\frac{1}{2}(1-h-t)$	$\frac{1}{2}(\theta-h)$	$\frac{1}{2}(\theta-h)$
$p_o^{\mathrm{RS}*}$	$\frac{3}{4}(1-h-t)$	$\frac{3}{4}(\theta-h)$	$\frac{3}{4}(\theta-h)$
$p_s^{\mathrm{RS}*}$	—	—	$\frac{1}{2}\left(1-t+\frac{1}{2}(\theta-h)\right)$
$\pi_R^{\mathrm{RS}*}$	$\frac{1}{16}(1-h-t)^2-s$	$\frac{(\theta-h)^2}{16\theta}-s$	$\frac{1}{16}\left(4+6h-8t-\frac{4(h-t)^2}{-1+\theta}+\frac{h^2}{\theta}-3\theta\right)-s$
$\pi_M^{\mathrm{RS}*}$	$\frac{1}{8}(1-h-t)^2$	$\frac{(\theta-h)^2}{8\theta}$	$\frac{(\theta-h)^2}{8\theta}$

表 4.3　转售模式下制造商开设实体店时的最优决策与利润

变量	$h\leqslant\theta<\theta_1$ ，$t\leqslant t_1$	$\theta_2<\theta<\min\{\theta_3,\theta_4\}$	$\max\{\theta_3,\theta_4\}<\theta\leqslant\theta_5$
$w^{\text{MS*}}$	$\frac{1}{2}(1-h-t)$	$\frac{1}{2}(\theta-h)$	$\frac{1}{2}(\theta-h)$
$p_o^{\text{MS*}}$	$\frac{3}{4}(1-h-t)$	$\frac{3}{4}(\theta-h)$	$\frac{1}{4}((2+t)\theta-3h)$
$p_s^{\text{MS*}}$	—	—	$\frac{1-t}{2}$
$\pi_R^{\text{MS*}}$	$\frac{1}{16}(1-h-t)^2$	$\frac{(\theta-h)^2}{16\theta}$	$\frac{(h-t\theta)^2}{16(1-\theta)\theta}$
$\pi_M^{\text{MS*}}$	$\frac{1}{8}(1-h-t)^2-s$	$\frac{(\theta-h)^2}{8\theta}-s$	$\frac{2ht\theta-h^2+\theta\left(-2(t-1)^2+\left(2+(t-4)t\right)\theta\right)}{8(-1+\theta)\theta}-s$

表 4.2 和表 4.3 中，$\theta_1=\frac{1}{6}\left(3-h-4t+\sqrt{12h+(-3+h+4t)^2}\right)$；$\theta_2=\frac{3+h-3t}{3+h+t}$；$\theta_3=1-t$；$\theta_4=\frac{1}{2}\left(1+h-2t+\sqrt{4h+(-1-h+2t)^2}\right)$；$\theta_5=1+h-t$；$t_1=1-h$。

4.2.2　转售模式下均衡策略分析

对上述转售模式下无实体店、平台企业开店、制造商开店时的最优定价进行对比分析，可得下列命题。

命题 4.1：（1）当$h\leqslant\theta<\theta_1$且$t\leqslant t_1$时，$w^{\text{RS*}}=w^{\text{MS*}}>w^{\text{NS*}}$；$p_o^{\text{RS*}}=p_o^{\text{MS*}}>p_o^{\text{NS*}}$。

（2）当$\theta_2<\theta<\min\{\theta_3,\theta_4\}$时，$w^{\text{NS*}}=w^{\text{RS*}}=w^{\text{MS*}}$；$p_o^{\text{NS*}}=p_o^{\text{RS*}}=p_o^{\text{MS*}}$。

（3）当$\max\{\theta_3,\theta_4\}<\theta\leqslant\theta_5$时，$w^{\text{NS*}}=w^{\text{RS*}}=w^{\text{MS*}}$；$p_o^{\text{NS*}}=p_o^{\text{RS*}}\geqslant p_o^{\text{MS*}}$；$p_s^{\text{RS*}}>p_s^{\text{MS*}}$。

由命题 4.1 可知，当θ和t均足够小（$h\leqslant\theta<\theta_1$且$t\leqslant t_1$）时，消费者仅选择线下体验线上购买，实体店仅起到展厅作用而提高了消费者的购买意愿，故平台企业会提高线上价格p_o，制造商会提高批发价格w。当θ适中（$\theta_2<\theta<\min\{\theta_3,\theta_4\}$）时，实体店同样仅充当展厅，但此时存在线上购买和跨渠道购买，为平衡两种渠道需求，制造商与平台企业将保持其w和p_o不变。上述两种情形下，实体店均不发生实际交易，未形成渠道竞争，故平台企业开店与制造商开店时最优价格相等。当θ较大（$\max\{\theta_3,\theta_4\}<\theta\leqslant\theta_5$）时，制造商开设实体店后将与平台企业线上渠道竞争，迫使平台企业降低价格，故$p_o^{\text{RS*}}\geqslant p_o^{\text{MS*}}$。此外，由于制造商更具有成本优势，故制造商开店时的线下售价$p_s^{\text{MS*}}$低于平台企业开店时的线下售价$p_s^{\text{RS*}}$。

令 $s^R=\pi_R^{\mathrm{RS}}-\pi_R^{\mathrm{NS}}$，$s^M=\pi_M^{\mathrm{MS}}-\pi_M^{\mathrm{NS}}$。若 $s>s^R$，平台企业将不会开设实体店；若 $s>s^M$，制造商将不会开设实体店。通过比较分析三种实体店开设情形下平台企业利润，得到如下命题。

命题 4.2：（1）当 $h\leqslant\theta<\theta_1$ 时，若 $t_2<t\leqslant t_1$ 成立，则有 $\pi_R^{\mathrm{NS}*}>\pi_R^{\mathrm{MS}*}\geqslant\pi_R^{\mathrm{RS}*}$；若 $t\leqslant t_2$ 成立，当 $s\leqslant s^{\mathrm{R1}}$ 时，$\pi_R^{\mathrm{MS}*}\geqslant\pi_R^{\mathrm{RS}*}\geqslant\pi_R^{\mathrm{NS}*}$，当 $s^{\mathrm{R1}}<s\leqslant s^{\mathrm{M1}}$ 时，$\pi_R^{\mathrm{MS}*}\geqslant\pi_R^{\mathrm{NS}*}$。

（2）当 $\theta_2<\theta<\min\{\theta_3,\theta_4\}$ 时，$\pi_R^{\mathrm{NS}*}=\pi_R^{\mathrm{MS}*}\geqslant\pi_R^{\mathrm{RS}*}$。

（3）当 $\max\{\theta_3,\theta_4\}<\theta\leqslant\theta_5$ 时，若 $s\leqslant s^{\mathrm{R2}}$，则有 $\pi_R^{\mathrm{RS}*}\geqslant\pi_R^{\mathrm{NS}*}\geqslant\pi_R^{\mathrm{MS}*}$；若 $s^{\mathrm{R2}}<s\leqslant s^{\mathrm{M2}}$，则有 $\pi_R^{\mathrm{NS}*}\geqslant\pi_R^{\mathrm{MS}*}$。其中，

$$s^{\mathrm{R1}}=\frac{(1-h-t)^2}{16}-\frac{(\theta-h)^2}{16\theta}$$

$$s^{\mathrm{M1}}=\frac{(1-h-t)^2}{8}-\frac{(\theta-h)^2}{8\theta}$$

$$s^{\mathrm{R2}}=\frac{(t+\theta-h-1)^2}{4(1-\theta)}$$

$$s^{\mathrm{M2}}=\frac{h^2+2(t-1)^2-(t-3)(t-1)\theta+\theta^2-2h(t+\theta-1)}{8(1-\theta)}$$

$$t_2=\frac{\theta-h\theta-\sqrt{\theta(-h+\theta)^2}}{\theta}$$

命题 4.2 表明，平台企业的实体店开设策略与 θ、t、s 密切相关。当 θ 较小时，实体店仅发挥展厅作用，且具有双重效应。①价格提升效应：通过提供产品体验服务消除了匹配不确定性，平台企业将有机会提高线上价格。②需求降低效应：展厅的存在使消费者只有在产品完全匹配自身偏好时才选择购买，导致原本在线上直接购买的消费者退出市场，降低了产品需求。因此，平台企业的线下渠道策略取决于这两种效应的均衡，当消费者出行成本 t 较大（$t_2<t\leqslant t_1$）时，需求降低效应将主导价格提升效应，即使实体店建设成本 s 为 0，平台企业的最优策略依然是不开设实体店；当 t 足够小（$t\leqslant t_2$）时，价格提升效应将主导需求降低效应，即只要实体店建设成本 s 相对小，开设实体店就有利可图。此时若由制造商开设实体店，平台企业则可以在不承担 s 的同时享受价格提升效应，故其最优策略是在制造商开店时“搭便车”获利。当 θ 适中时，实体店的开设既不会提高价格也不会增加需求，故平台企业没有动机开设实体店。当 θ 较大时，消费者将在线上与线下两种渠道中选择，由于实体店可以消除匹配的不确定性，进而提高售价，因此，只要实体店建设成本 s 相对小，平台企业开设实体店就是有利可图的。值得注意的

是，此情形下若制造商开设实体店，其线下渠道将与平台企业线上渠道形成竞争，这不仅会导致线上渠道需求降低，还会迫使平台企业降低线上价格，导致平台企业利润受损。基于此，平台企业的最优策略是在特定 s 范围内，自行开设实体店。

现有研究中，Li 等（2020）、刘咏梅等（2019）均认为建设成本是影响实体展厅开设决策的重要因素。而命题 4.2 表明：当 θ 较低且 t 较高时，即使实体展厅建设成本为 0，平台供应链成员也不会开设实体店。此外，Basu 等（2017）、Mehra 等（2018）的研究认为消费者展厅行为具有负面影响，而命题 4.2 表明：当 θ 较低时，平台企业可以在消费者的展厅行为中"搭便车"获利。命题 4.2 在一定程度上解释了部分平台企业线下渠道运营的状况。在此基础上，继续深入探讨实体展厅对制造商的影响，结论如命题 4.3 所示。

命题 4.3：（1）当 $h \leqslant \theta < \theta_1$ 时，若 $t_2 < t \leqslant t_1$ 成立，则有 $\pi_M^{NS*} > \pi_M^{RS*} \geqslant \pi_M^{MS*}$；若 $t \leqslant t_2$ 成立，当 $s \leqslant s^{R1}$ 时，$\pi_M^{RS*} \geqslant \pi_M^{MS*} > \pi_M^{NS*}$，当 $s^{R1} < s \leqslant s^{M1}$ 时，$\pi_M^{MS*} \geqslant \pi_M^{NS*}$。

（2）当 $\theta_2 < \theta < \min\{\theta_3, \theta_4\}$ 时，$\pi_M^{NS*} = \pi_M^{RS*} \geqslant \pi_M^{MS*}$。

（3）当 $\max\{\theta_3, \theta_4\} < \theta \leqslant \theta_5$ 时，若 $s \leqslant s^{R2}$，则有 $\pi_M^{MS*} > \pi_M^{RS*} = \pi_M^{NS*}$；若 $s^{R2} < s \leqslant s^{M2}$，则有 $\pi_M^{MS*} \geqslant \pi_M^{NS*}$。

命题 4.3 表明，当 θ 较小时，实体展厅对制造商同样具有价格提升和需求降低的双重影响。因此，若 t 较大，制造商不会开设实体店。若 t 较小，制造商的线下渠道策略取决于 s：当 $s \leqslant s^{R1}$ 时，由于制造商可以在平台企业开店时"搭便车"获利，故其更倾向于平台企业开设实体店；当 $s^{R1} < s \leqslant s^{M1}$ 时，s 超出平台企业承受范围，但对制造商而言仍是有利可图的，故其最优策略是自行开设实体店。当 θ 适中时，制造商没有开店动机。当 θ 比较大时，平台企业开设实体店对制造商无影响，故在特定 s 范围内，制造商的最优决策是自行开设实体店。

命题 4.3 的结论既支持了已有研究（马德青和胡劲松，2020）得出的实体店是展厅行为受害方的结论，也证实了实体店可在某些条件下通过展厅行为获利（Li et al.，2020）。此外，命题 4.3 的主要结论很好地解释了一些管理实践。例如，线上适配率较高的三只松鼠成功从线上走到线下，截至 2021 年 1 月，线下实体店数量已达 1000 家；线上适配率相对适中的互联网咖啡品牌连咖啡在 2018 年大规模开设实体店后，于 2020 年宣布关闭全部线下门店，全面回归线上渠道。

4.3　代理模式下线下渠道策略

本节考虑平台采用代理模式这一情形，分别就无实体店、平台企业开设实体店、制造商开设实体店三种情形建立相应的决策模型，探讨平台企业与制造商的线下渠道策略。

4.3.1 决策模型与均衡解

（1）无实体店时，平台企业的利润来源于其收取的交易佣金，制造商的利润则来源于缴纳佣金后的产品销售利润，其利润函数如下：

$$\pi_R^{\mathrm{NS}}=\alpha d_o p_o，\ \pi_M^{\mathrm{NS}}=(1-\alpha)d_o p_o \tag{4.4}$$

（2）平台企业开店时，平台企业与制造商的利润函数如下：

$$\pi_R^{\mathrm{RS}}=\alpha(d_o+d_{\mathrm{os}})p_o+d_s(p_s-w)-s，\ \pi_M^{\mathrm{RS}}=(1-\alpha)(d_o+d_{\mathrm{os}})p_o+d_s w \tag{4.5}$$

由式（4.5）可知，平台企业的利润包括线上购买、跨渠道购买所产生的交易佣金和线下渠道转售利润，且需承担实体店建设成本 s；制造商的利润包括消费者线上购买和跨渠道购买所产生的销售利润，以及产品批发利润。

（3）制造商开店时，平台企业与制造商的利润函数如下：

$$\pi_R^{\mathrm{MS}}=\alpha(d_o+d_{\mathrm{os}})p_o，\ \pi_M^{\mathrm{MS}}=(1-\alpha)(d_o+d_{\mathrm{os}})p_o+d_s p_s-s \tag{4.6}$$

由式（4.6）可知，平台企业的利润包括消费者线上购买和跨渠道购买所产生的交易佣金；制造商的利润涉及消费者线上购买、跨渠道购买所产生的平台销售收益，以及线下渠道销售所获收益，同时，制造商还需承担实体店建设成本。

代理模式下的决策顺序为：无实体店时，p_o 由制造商制定；平台企业开店时，制造商先对 w 和 p_o 进行联合决策，然后平台企业决定 p_s；制造商开店时，p_o 和 p_s 由制造商联合决策。

采用逆向归纳法求解，可得到无实体店时的最优决策与利润为：$p_o^{\mathrm{NS}*}=\dfrac{1}{2}(\theta-h)$；$\pi_R^{\mathrm{NS}*}=\dfrac{\alpha(\theta-h)^2}{4\theta}$；$\pi_M^{\mathrm{NS}*}=\dfrac{(1-\alpha)(\theta-h)^2}{4\theta}$。平台企业和制造商开设实体店时的最优决策与利润分别如表 4.4 和表 4.5 所示。

表 4.4 代理模式下平台企业开设实体店时的最优决策与利润

变量	$h\leqslant\theta<\theta_6$，$t\leqslant t_1$	$\theta_7\leqslant\theta<\min\{\theta_3,\theta_8\}$	$\max\{\theta_3,\theta_8\}<\theta\leqslant\theta_5$，$t>t_3$
$w^{\mathrm{RS}*}$	—	—	$\frac{1}{2}(1-t+h\alpha-\alpha\theta)$
$p_o^{\mathrm{RS}*}$	$\frac{1}{2}(1-h-t)$	$\frac{\theta-h}{2}$	$\frac{\theta-h}{2}$
$p_s^{\mathrm{RS}*}$	—	—	$\frac{1}{4}(3+h-3t-\theta)$
$\pi_R^{\mathrm{RS}*}$	$\frac{\alpha(1-h-t)^2}{4}-s$	$\frac{\alpha(\theta-h)^2}{4\theta}-s$	$\frac{1}{16}\left(1+2h-2t-8h\alpha+\frac{(h-t)^2}{1-\theta}+\frac{4h^2\alpha}{\theta}+(4\alpha-1)\theta\right)-s$
$\pi_M^{\mathrm{RS}*}$	$\frac{\alpha(1-h-t)^2}{4}$	$\frac{(1-\alpha)(\theta-h)^2}{4\theta}$	$\frac{1}{8}\left(1-2h-2t+4h\alpha+\frac{(h-t)^2}{1-\theta}-\frac{2h^2(\alpha-1)}{\theta}+\theta-2\alpha\theta\right)$

表 4.5　代理模式下制造商开设实体店时的最优决策与利润

变量	$h \leqslant \theta < \theta_6$， $t \leqslant t_1$	$\theta_7 \leqslant \theta < \min\{\theta_3, \theta_8\}$	$\max\{\theta_3, \theta_8\} < \theta \leqslant \theta_5$， $t > t_3$
p_o^{MS*}	$\frac{1}{2}(1-h-t)$	$\frac{\theta-h}{2}$	$\frac{2h\alpha-2h+2\theta+2h\theta-\alpha\theta-h\alpha\theta-t\alpha\theta-2\theta^2+\alpha\theta^2}{4-4\alpha-4\theta+4\alpha\theta-\alpha^2\theta}$
p_s^{MS*}	—	—	$\frac{(\alpha-1)\left(2+h\alpha-2\theta-t\left(2+(\alpha-2)\theta\right)\right)}{4(\alpha-1)+(\alpha-2)^2\theta}$
π_R^{MS*}	$\frac{\alpha(1-h-t)^2}{4}$	$\frac{\alpha(\theta-h)^2}{4\theta}$	$\frac{\alpha\left(2h(1-\alpha)+\left(t(\alpha-2)+\alpha\right)\theta\right)\begin{pmatrix}h\left(2+\alpha(\theta-2)-2\theta\right)\\+\theta\left(\alpha-2+t\alpha+2\theta-\alpha\theta\right)\end{pmatrix}}{\theta\left(4(\alpha-1)+(\alpha-2)^2\theta\right)^2}$
π_M^{MS*}	$\frac{(1-\alpha)(1-h-t)^2}{4}-s$	$\frac{(1-\alpha)(\theta-h)^2}{4\theta}-s$	$\frac{(\alpha-1)\begin{pmatrix}h^2(1-\alpha)+h\left(t(\alpha-2)+\alpha\right)\theta\\+\theta\left((t-1)^2-\left(1+t(\alpha-2)\right)\theta\right)\end{pmatrix}}{\theta\left(4(\alpha-1)+(\alpha-2)^2\theta\right)}-s$

表 4.4、表 4.5 中，$\theta_6=\frac{1}{2}\left(1-h-2t+\sqrt{h^2+(1-2t)^2+h(2+4t)}\right)$；$\theta_7=\frac{1+h-t}{1+h+t}$；$\theta_8=\frac{2h(\alpha-1)}{\alpha+t\alpha-2t}$；$t_3=\frac{\alpha}{2-\alpha}$。

4.3.2　代理模式下均衡策略分析

对比代理模式下无实体店、平台企业开店、制造商开店时的最优定价，可得下列命题。

命题 4.4：（1）当 $h \leqslant \theta < \theta_6$ 且 $t \leqslant t_1$ 时，$p_o^{RS*}=p_o^{MS*}>p_o^{NS*}$。

（2）当 $\theta_7 \leqslant \theta < \min\{\theta_3,\theta_8\}$ 时，$p_o^{NS*}=p_o^{RS*}=p_o^{MS*}$。

（3）当 $\max\{\theta_3,\theta_8\} < \theta \leqslant \theta_5$ 且 $t>t_3$ 时，$p_o^{MS*} \geqslant p_o^{RS*}=p_o^{NS*}$；$p_s^{RS*} \geqslant p_s^{MS*}$。

由命题 4.4 可知，当线上产品适配率 θ 较小时，实体展厅的开设会提高线上价格 p_o，且平台企业开店与制造商开店的价格提升幅度相同；当 θ 适中时，p_o 不变；与转售模式不同，当 θ 较大时，平台企业开店会与制造商的线上渠道形成竞争，故平台企业开店时的 p_o^{RS*} 不高于制造商开店时的 p_o^{MS*}。

通过比较分析无实体店、平台企业开店、制造商开店时的平台企业的利润，得到如下命题。

命题 4.5：（1）当 $h \leqslant \theta < \theta_6$ 时，若 $t_2 < t \leqslant t_1$ 成立，则 $\pi_R^{NS*} > \pi_R^{MS*} \geqslant \pi_R^{RS*}$；若

$t \leqslant t_2$，当 $s \leqslant s^{\mathrm{R3}}$ 时，$\pi_R^{\mathrm{MS*}} \geqslant \pi_R^{\mathrm{RS*}} \geqslant \pi_R^{\mathrm{NS*}}$，当 $s^{\mathrm{R3}} < s \leqslant s^{\mathrm{M3}}$ 时，$\pi_R^{\mathrm{MS*}} \geqslant \pi_R^{\mathrm{NS*}}$。

（2）当 $\theta_7 \leqslant \theta < \min\{\theta_3, \theta_8\}$ 时，$\pi_R^{\mathrm{NS*}} = \pi_R^{\mathrm{MS*}} \geqslant \pi_R^{\mathrm{RS*}}$。

（3）当 $\max\{\theta_3, \theta_8\} < \theta \leqslant \theta_5$ 且 $t > t_3$ 时，若 $s \leqslant s^{\mathrm{R4}}$，则 $\pi_R^{\mathrm{RS*}} \geqslant \pi_R^{\mathrm{NS*}} > \pi_R^{\mathrm{MS*}}$；若 $s^{\mathrm{R4}} < s \leqslant s^{\mathrm{M4}}$，则 $\pi_R^{\mathrm{NS*}} > \pi_R^{\mathrm{MS*}}$。其中，

$$s^{\mathrm{R3}} = \frac{\alpha}{4}\left((1-h-t)^2 - \frac{(\theta-h)^2}{\theta}\right)$$

$$s^{\mathrm{M3}} = \frac{(1-\alpha)}{4}\left((1-h-t)^2 - \frac{(\theta-h)^2}{\theta}\right)$$

$$s^{\mathrm{R4}} = \frac{(t+\theta-h-1)^2}{16(1-\theta)}$$

$$s^{\mathrm{M4}} = \frac{(\alpha-1)\left(h(\alpha-2)-\alpha\theta+2(t+\theta-1)\right)^2}{16(\alpha-1)+4(\alpha-2)^2\theta}$$

命题 4.5 表明，代理模式下平台企业线下渠道策略与转售模式下的基本相同。当 θ 较大时，制造商开设实体店均会导致平台企业利润受损，但两种模式的影响机理存在差异。代理模式下，尽管平台企业并不参与产品运营，但其所获利润与平台销售额密切相关；制造商开设实体店后，部分线上渠道销售转移到线下渠道，故导致平台企业的利润降低。命题 4.6 进一步比较无实体店、平台企业开店、制造商开店时的制造商利润，得到如下结论。

命题 4.6：（1）当 $h \leqslant \theta < \theta_6$ 时，若 $t_2 < t \leqslant t_1$ 成立，则 $\pi_M^{\mathrm{NS*}} > \pi_M^{\mathrm{RS*}} \geqslant \pi_M^{\mathrm{MS*}}$；若 $t \leqslant t_2$，当 $s \leqslant s^{\mathrm{R3}}$ 时，$\pi_M^{\mathrm{RS*}} \geqslant \pi_M^{\mathrm{MS*}} > \pi_M^{\mathrm{NS*}}$，当 $s^{\mathrm{R3}} < s \leqslant s^{\mathrm{M3}}$ 时，$\pi_M^{\mathrm{MS*}} \geqslant \pi_M^{\mathrm{NS*}}$。

（2）当 $\theta_7 \leqslant \theta < \min\{\theta_3, \theta_8\}$ 时，$\pi_M^{\mathrm{NS*}} = \pi_M^{\mathrm{RS*}} \geqslant \pi_M^{\mathrm{MS*}}$。

（3）当 $\max\{\theta_3, \theta_8\} < \theta \leqslant \theta_5$ 且 $t > t_3$ 时，若 $s \leqslant s^{\mathrm{R4}}$，则 $\pi_M^{\mathrm{MS*}} > \pi_M^{\mathrm{RS*}} \geqslant \pi_M^{\mathrm{NS*}}$；若 $s^{\mathrm{R4}} < s \leqslant s^{\mathrm{M4}}$，则 $\pi_M^{\mathrm{MS*}} \geqslant \pi_M^{\mathrm{NS*}}$。

命题 4.6 表明，代理模式下制造商线下渠道策略与转售模式下的基本相同，不同之处在于：当 θ 较大时，转售模式下平台企业开店对制造商无影响；代理模式下平台企业开店会提高制造商的利润，这是因为两种模式下平台供应链成员的盈利结构存在差异。

4.4　模式选择策略

本节主要探讨平台企业和制造商的平台运营模式选择问题。当不存在实体店

时，对两种模式下平台企业和制造商的利润进行对比分析，得到如下命题。

命题 4.7： 若 $\alpha<\frac{1}{4}$，则有 $\pi_R^{r*}>\pi_R^{a*}$、$\pi_M^{a*}>\pi_M^{r*}$；若 $\frac{1}{4}\leqslant\alpha\leqslant\frac{1}{2}$，则有 $\pi_R^{a*}\geqslant\pi_R^{r*}$、$\pi_M^{a*}\geqslant\pi_M^{r*}$。

命题 4.7 表明，不存在实体店时，供应链成员的平台运营模式选择仅取决于佣金比例。若 $\alpha<\frac{1}{4}$，平台企业的最优选择是转售模式，制造商的最优选择是代理模式；若 $\frac{1}{4}\leqslant\alpha\leqslant\frac{1}{2}$，代理模式成为双方的共同选择。例如，天猫平台的佣金比例在 3%～5%，其商家以代理模式入驻平台。为了更好地说明命题 4.7，令 $\theta=0.55$、$h=0.2$，通过数值分析可得无实体店时的平台企业与制造商的利润，分别如图 4.1 与图 4.2 所示。

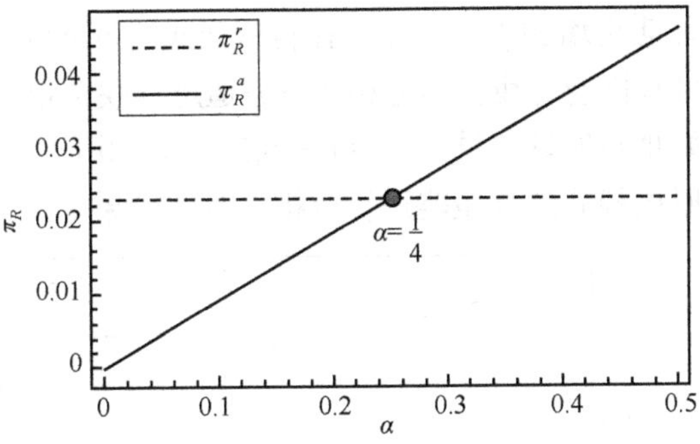

图 4.1　无实体店时平台企业的利润

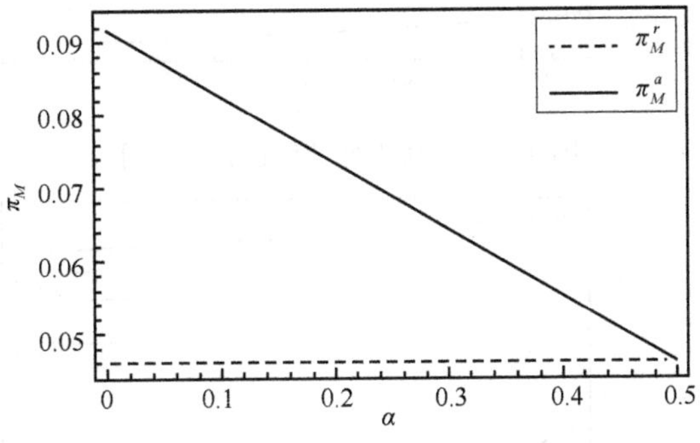

图 4.2　无实体店时制造商的利润

平台企业开设实体店时，对两种模式下的平台企业和制造商的利润进行比较分析，得到如下命题。

命题 4.8：（1）当实体店仅充当展厅时：若$\alpha<\frac{1}{4}$，则有$\pi_R^{r*}>\pi_R^{a*}$、$\pi_M^{a*}>\pi_M^{r*}$；若$\frac{1}{4}\leqslant\alpha\leqslant\frac{1}{2}$，则有$\pi_R^{a*}\geqslant\pi_R^{r*}$、$\pi_M^{a*}\geqslant\pi_M^{r*}$。

（2）当实体店发生实际交易时，①对平台企业：若$\alpha<\alpha_1$，则$\pi_R^{r*}>\pi_R^{a*}$；若$\alpha_1\leqslant\alpha\leqslant\frac{1}{2}$，则$\pi_R^{a*}\geqslant\pi_R^{r*}$。②对制造商：当$\alpha\leqslant\frac{1}{2}$时，恒有$\pi_M^{a*}\geqslant\pi_M^{r*}$。其中，

$$\alpha_1=\frac{h^2+3\theta+\left(4h+2h^2-6(1+h)t+3t^2\right)\theta+(6t-5-4h)\theta^2+2\theta^3}{4(h-\theta)^2(1-\theta)}$$

命题 4.8 表明，平台企业开设实体店时的运营模式选择策略与无实体店时的较为相似，Liu 等（2019）的研究也得出了类似结论。需要说明的是，当实体店发生实际交易时，平台企业的模式选择决策阈值为α_1，且α_1高于$\frac{1}{4}$。由此可见，自行开设交易型实体店会增加平台企业选择转售模式的可能性，这是因为，在转售模式下，平台企业将有机会对线上渠道和线下渠道进行联合定价，从而获取更多的消费者剩余。为更好地说明这一结论，令$\theta=0.55$、$h=0.1$，对平台企业开设实体店且店内发生交易时的模式选择策略进行分析，具体结果如图 4.3～图 4.6 所示。

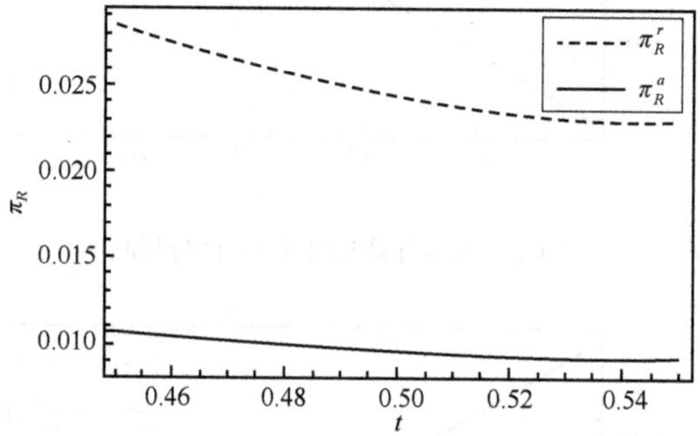

图 4.3　$\alpha=0.1$时平台企业的利润

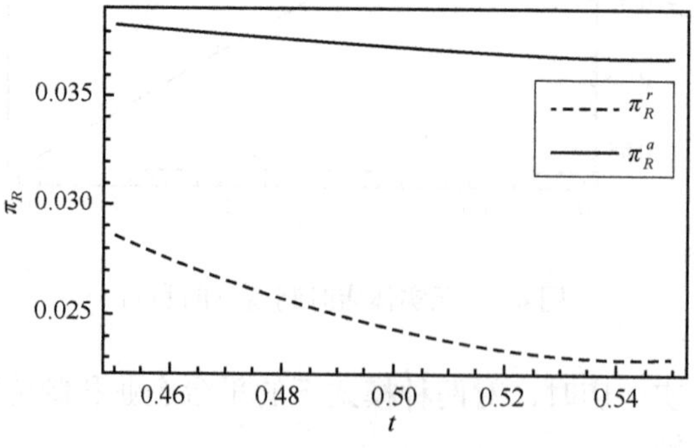

图 4.4　$\alpha=0.4$时平台企业的利润

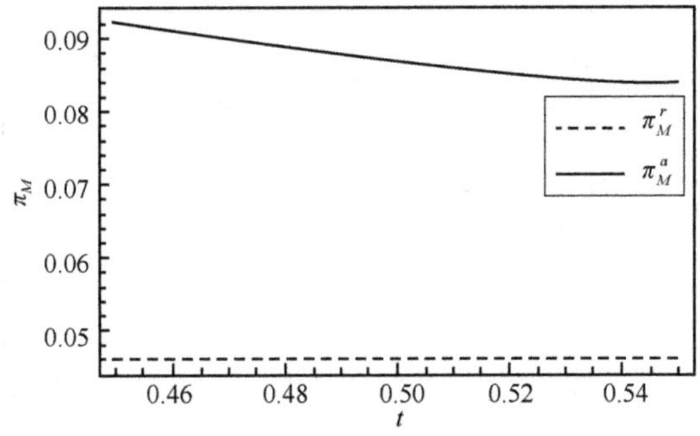

图 4.5　$\alpha = 0.1$ 时制造商的利润

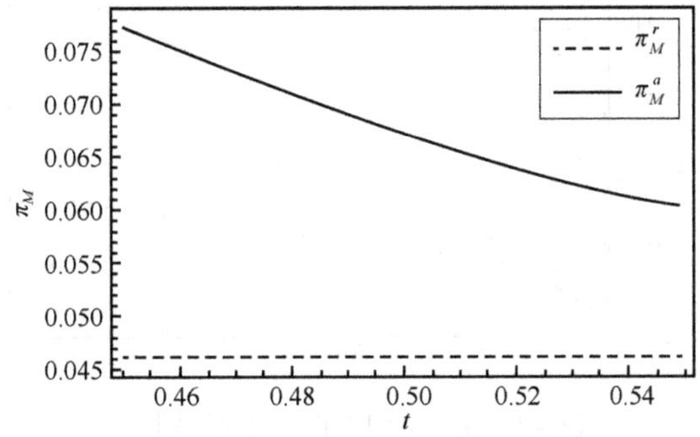

图 4.6　$\alpha = 0.4$ 时制造商的利润

制造商开设实体店时，若实体店仅充当展厅，则供应链成员的模式选择策略与无实体店时相同。若实体店发生交易，鉴于此情形下的利润函数较为复杂，令 $\theta = 0.55$、$h = 0.1$，得到平台企业与制造商的利润，分别如图 4.7～图 4.9、图 4.10～图 4.12 所示。

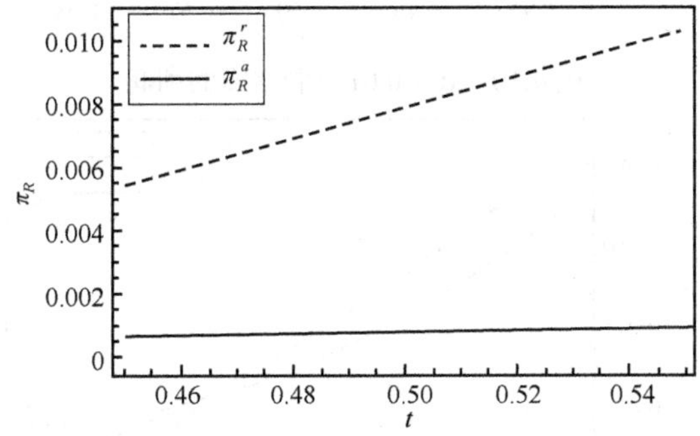

图 4.7　$\alpha = 0.01$ 时平台企业的利润

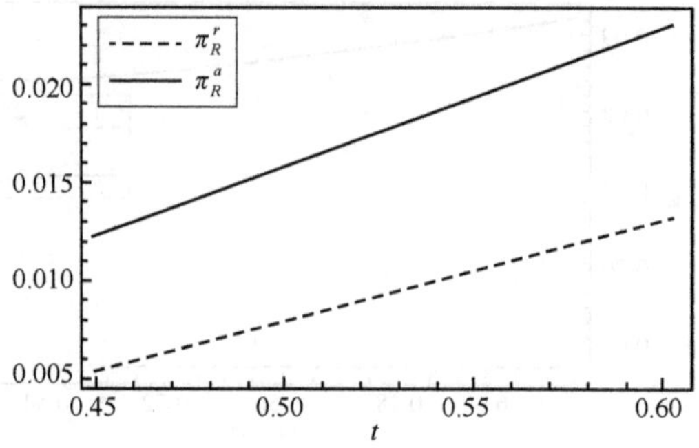

图 4.8　$\alpha=0.25$ 时平台企业的利润

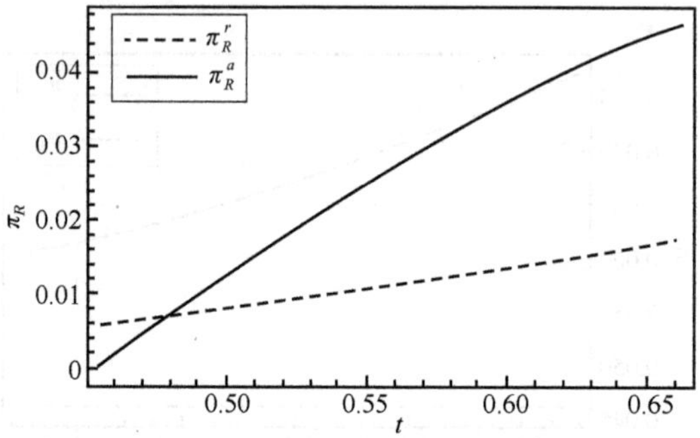

图 4.9　$\alpha=0.5$ 时平台企业的利润

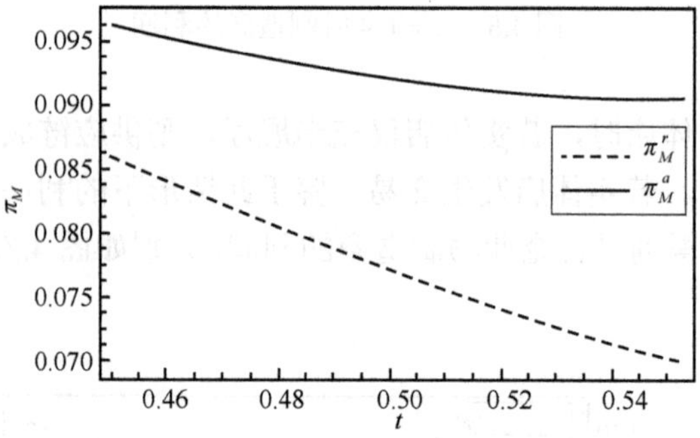

图 4.10　$\alpha=0.01$ 时制造商的利润

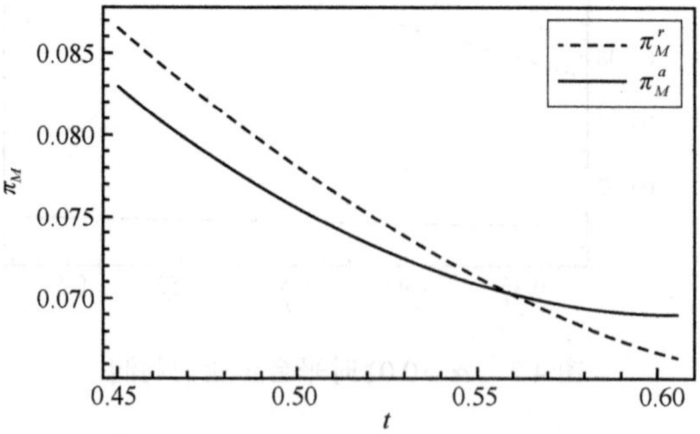

图 4.11　$\alpha=0.25$ 时制造商的利润

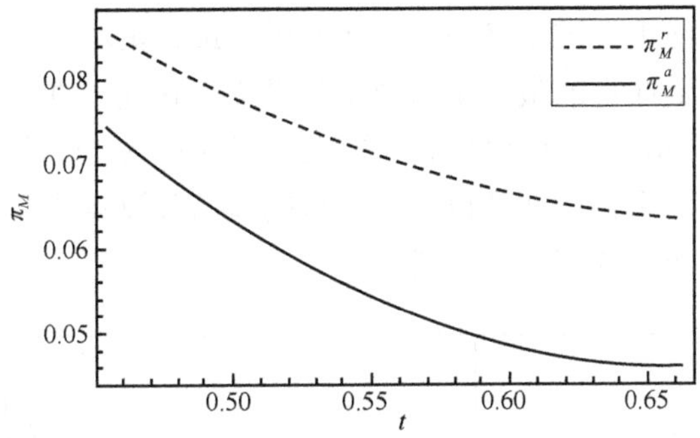

图 4.12　$\alpha=0.5$ 时制造商的利润

图 4.7～图 4.9 表明，制造商开店且店内发生实际交易时，交易佣金比例 α 是影响平台企业运营模式选择决策的重要因素。若 α 较小，转售模式是最优选择；若 α 适中，代理模式是最优选择；若 α 足够大，其模式选择还与消费者出行成本 t 密切相关。具体来说，当 t 较小时，实体店成为消费者的重要购买途径，若采用代理模式，制造商为规避线上平台的高额佣金，将通过对线上和线下渠道进行联合定价吸引消费者到实体店购买，从而导致平台企业无利可图，故转售模式是平台企业的最佳选择。当 t 较大时，实体店的吸引力降低，线上平台成为制造商的重要销售渠道；由于制造商能凭借成本优势捕获更大的消费者市场，故对平台企业而言，制造商直销时的利润高于其自行转售所获的利润，代理模式成为其最佳选择。可见，当 α 适中或 α 足够大且 t 较大时，代理模式优于转售模式。这在一定程度上解释了京东为何在最初单一转售模式的基础上引入了代理模式。

图 4.10～图 4.12 表明，制造商自行开设交易型实体店时，其最优平台运营模式选择将发生改变。当 α 较小时，代理模式依旧是其最优选择。当 α 较大时，制造商将更青睐转售模式，这是因为实体店的开设扩展了制造商的盈利渠道，其对线上渠道的依赖度降低，故其会在交易佣金比例较高时，战略性放弃线上渠道，专营线下实体店。当 α 适中时，若 t 较小，实体店成为制造商的主要销售渠道，此时制造商更倾向于选择转售模式，因为此种模式不仅能规避并不低廉的佣金，还能获取相对可观的产品批发收入；若 t 较大，实体店的吸引力降低，制造商若选用转售模式，渠道冲突将导致其利润受损，故其最优选择是代理模式，以期通过双渠道联合运营保障收益。

综上，模式选择策略不会改变平台供应链成员的线下渠道策略，但渠道策略显著影响双方的最优模式选择。具体来说，若开设的实体店仅发挥展厅作用，则对双方的模式选择均无影响；若开设的实体店发生交易，其对模式选择的影响因实体店开设主体不同而有所差异，具体来说，平台企业开设实体店将提高自身选择转售模式的概率，但对制造商的模式选择无影响；制造商开设实体店由于扩展了自身的销售途径并引发了渠道冲突，双方的模式选择都更加复杂。

为更好地分析线下渠道策略与平台运营模式选择策略的交互影响，本章对不同情形下平台供应链成员的最优渠道决策和最优模式选择进行组合分析，得到如图 4.13 与图 4.14 所示的最优策略组合分布图。其中，N、R 和 M 分别代表最优渠道策略为无实体店、平台企业开设实体店和制造商开设实体店；r 和 a 分别代表最优模式选择为转售模式和代理模式。

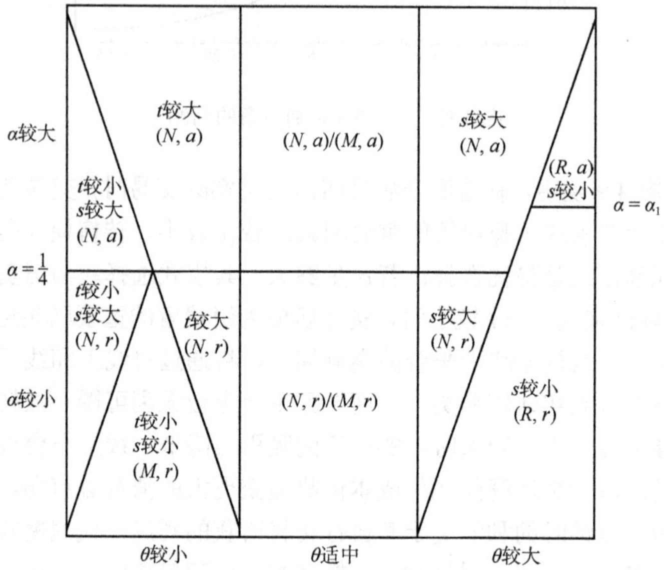

图 4.13　平台企业最优策略组合

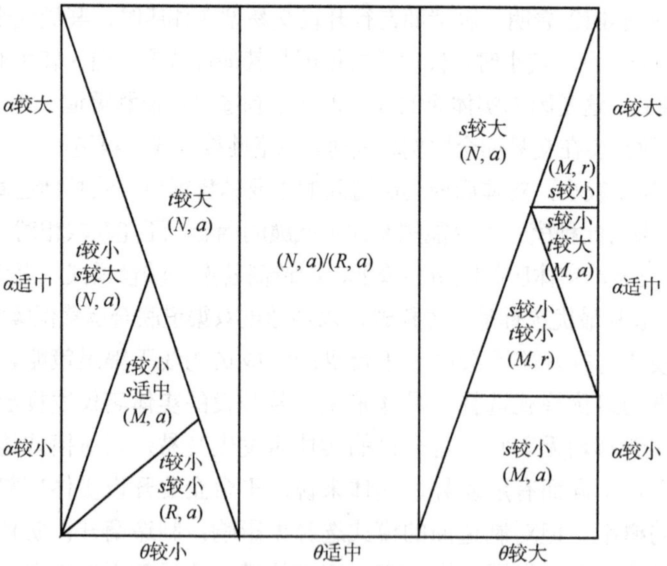

图 4.14　制造商最优策略组合

图4.13和图4.14揭示了渠道策略与平台运营模式选择策略的交互影响。首先，平台运营模式选择策略的引入可以丰富原本单一的渠道策略选择。以平台企业为例，当θ较大时，平台企业的最优渠道策略是无实体店或者自行开店，故N和R是θ较大情形下的全部主导策略。引入平台运营模式选择决策后，平台企业可依据所处条件将该区域划分为4个不同部分，并可对应选择(N, a)、(R, a)、(R, r)、(N, r)等四种差异化策略组合。此时，平台企业引入模式策略后，可以通过策略组合实现利润更大化。其次，渠道策略的引入直接影响原有平台运营模式选择策略的部署。以制造商为例，当佣金比例α较小时，代理模式是其唯一的主导策略；而在此基础上引入渠道策略后，原本单一的低α区域被划分为7个不同部分，并可分别对应(R, a)、(N, a)、(M, a)等三类差异化策略组合。可见，两种策略的交互性有利于丰富供应链成员的策略组合，可根据市场情形选择更为适合的策略组合。

4.5 本章小结

本章研究了平台供应链中上游制造商及下游平台企业的线下渠道策略及平台运营模式选择策略，构建了相应的决策模型，并提炼出相应的最优策略。通过分析，主要有以下三个结论。

（1）线下渠道策略：当线上产品适配率较高时，平台企业和制造商的最优渠道策略均为在实体店建设成本较低时自行开设实体店。当线上产品适配率适中时，平台供应链成员均没有动机开设实体店。当线上产品适配率较低时，若消费者出行成本较低，只要建设成本相对小，开设实体店就有利可图，值得注意的是，由于此时实体店仅充当展厅，故成员的最优策略是在对方开店时“搭便车”获利；若消费者出行成本较高，则成员均不会开设实体店。

（2）平台运营模式选择策略：当不存在实体店或实体店仅充当展厅时，平台企业在交易佣金比例较低时选择转售模式，在交易佣金比例较高时选择代理模式；制造商的最优模式选择则恒为代理模式。当实体店发生实际交易时，若实体店开设主体为平台企业，双方模式策略不变，但平台企业的模式选择决策阈值增大（选择转售模式的概率增大）；若实体店开设主体为制造商，双方的模式选择策略受交易佣金比例和出行成本的共同影响。

（3）平台运营模式选择策略和线下渠道策略具有一定的交互影响：平台运营模式选择策略改变了平台供应链的定价与利润，但两模式选择策略下的最优渠道策略是相同的；然而，线下渠道策略对平台供应链双方的模式选择具有明显影响，这种影响因实体店类型和实体店开设主体的不同而有所差异。但毋庸置疑的是，线下渠道策略与平台运营模式选择策略的组合应用打破了原有单一策略选择决策的局限性，为平台供应链成员提供了更丰富、更精准的策略选择。

本章研究不仅丰富了渠道管理的相关理论，还为平台企业和制造商的平台运营模式选择提供了决策依据。实践中，影响平台企业与制造商的线下渠道策略与平台运营模式选择策略的因素很多，如平台企业引入自有产品、多制造商竞争与多平台竞争等。未来研究中，可进一步考虑这些因素来开展线下渠道开设和平台运营模式选择的研究。

参考文献

刘咏梅，张琴义，范辰. 2019. 展厅模式下制造商的质量与价格竞争[J]. 运筹与管理，28（1）：176-186.

马德青，胡劲松. 2020. 消费者展厅行为和参考质量效应对O2O供应链动态运营策略的影响[J]. 中国管理科学，30（4）：167-183.

Basu P，Basak S，Avittathur B，et al. 2017. A game theoretic analysis of multichannel retail in the context of "showrooming" [J]. Decision Support Systems，103：34-45.

Jing B. 2018. Showrooming and webrooming：information externalities between online and offline sellers[J]. Marketing Science，37（3）：469-483.

Li G，Zhang T，Tayi G K. 2020. Inroad into omni-channel retailing：physical showroom deployment of an online retailer [J]. European Journal of Operational Research，283（2）：676-691.

Liu Y，Gao M，Fan C. 2019. The optimal type of online channel considering showrooming[R]. 2019 Chinese Control and Decision Conference.

Mehra A，Kumar S，Raju J S. 2018. Competitive strategies for brick-and-mortar stores to counter showrooming [J]. Management Science，64（7）：2973-3468.

第 5 章 平台零售商线下渠道的竞争策略

电子商务的快速发展使市场竞争日益激烈，涌现出京东商城、天猫商城、苏宁易购和腾讯电商等巨头。为获取竞争优势，越来越多的平台零售商布局线下渠道，为消费者提供丰富的产品体验，实现渠道引流，并促进产品销售。相关实例很多，如京东便利店、当当的实体书店等线下实体店，以及阿里巴巴的天猫小店、京东母婴体验店、亚马逊的 Amazon Books 等线下体验店等。这一现象背后有其必然的原因，一方面，线下市场规模巨大，仍然是产品销售的主要市场。例如，2019 年全国实物商品网上零售额约为 8.52 万亿元，同比增长 19.5%，但其仅占社会消费品零售总额的 20.7%。很多企业尽管已建立网络零售渠道，但其销售额主要来自线下渠道。另一方面，由于消费者在线上渠道无法有效体验产品，难以消除产品价值与质量属性的不确定性，退货量或换货量激增，使线上渠道的退/换货成本大幅增加。例如，传统线下店的产品退货率一般为 5%～10%，而线上产品退货率超过 18%，时尚产品的退货率甚至达到了 74%（Vlachos and Dekker，2000）。

线下渠道（体验店）的引入有利于开辟新市场，促进产品销售，但也极大地改变了市场结构和消费者行为，给企业运营带来一定的挑战。首先，开辟线下渠道，企业需要支付一定的运营成本，包括店铺租赁成本、货架成本、员工工资成本及停车场成本等。其次，消费者可以综合利用线上线下渠道的显著优势寻求其购买产品的最佳选择，其往往会在实体店体验以确定最适合的产品，转而向售价更低的线上渠道甚至其他零售商的线上渠道购买产品。消费者的这种跨渠道行为被称为消费者展厅行为（Balakrishnan et al.，2014；王战青等，2021）。调查研究显示：52%的购买图书、音响系统、机票和酒的消费者倾向于先去传统渠道体验产品，再从线上渠道购买产品（Gupta et al.，2004）。消费者展厅行为导致渠道间产生激烈冲突，造成实体店的巨大利润损失，实体零售商深受其害，如沃尔玛、梅西百货、百思买等（Zimmerman，2012）。最后，平台（网络）零售商纷纷选择开设线下渠道必然导致更加激烈的市场竞争，从而影响其线下渠道策略选择。由此引发出如下科学问题：竞争环境下，平台零售商布局线下渠道是否有利可图？线下渠道是线下展厅还是销售产品的实体店？消费者展厅行为如何影响平台零售商线下渠道的竞争策略？

面对上述挑战带来的不确定性，本章考虑消费者展厅行为与市场竞争，旨在提出一种平台零售商线下渠道的竞争决策方法，探讨平台零售商的线下展厅与产品销售的最优竞争决策问题。首先，介绍模型描述与主要参数假设；其次，分别就是否开设线下展厅及销售产品等情形，构建相应的决策模型；最后，分析平台零售商的线下展厅与产品销售的最优竞争策略。

5.1 模型描述与参数假设

假设两个相互竞争的平台零售商（零售商 1 与零售商 2）分别向同一消费者群体销售两种具有横向差异的产品，即产品 1 和产品 2。为分析其线下渠道竞争策略，主要考虑三种情形，即两个零售商都不提供展厅策略（NN）、两个零售商都提供展厅策略（SS）、两个零售商都提供展厅策略并销售产品（SB）；在此基础上，考虑仅一个零售商提供展厅并销售产品的策略，以及存在交叉展厅行为时的线下渠道策略。不失一般性，假设零售商完全理性并追求自身利润最大化。本章所涉及的主要参数符号与说明如表 5.1 所示。

表 5.1 主要参数符号与说明

参数符号	说明
v	消费者的产品估值
p_i	零售商 i 的产品价格（ $i=1,2$ ）
e_i	零售商 i 的线上服务水平（ $e_i<1$ ， $i=1,2$ ）
k	零售商的单位服务成本
ρ	线上购买产品的退货率（ $\rho<1$ ）
c	消费者的退货处理成本
h_o	消费者的线上购物成本
r	零售商的退货处理成本
ε	线下销售产品的库存及采购成本
Ω	实体展厅的建设成本
s	零售商的运营成本
m	零售商的服务成本系数
α	具有较高旅行成本的消费者所占比例
h_j	消费者的旅行成本， $j=H$ 与 $j=L$ 时分别表示较高和较低的旅行成本
t	单位不匹配成本（偏好成本）
u_i	消费者从零售商 i 购买产品所获得的效用（ $i=1,2$ ）
λ	跨产品展厅的强度
β	只选择线下渠道购物的消费者规模
π_i	零售商 i 的利润（ $i=1,2$ ）

两个零售商同时公布产品价格 p_i（$i=1,2$），消费者可从线上渠道购买产品；如果零售商提供线下渠道，消费者可从线下渠道购买产品或在线下渠道体验后在线上渠道购买产品。假设每个消费者最多购买一件产品，若消费者对产品不满意，可以选择更换产品。本章考虑产品更换受消费者个人因素的影响，而与产品本身的质量或功能无关，如消费者对产品不满意或无法正确使用产品等（Li et al.，2013）。于是，被换回的产品重新包装后可作为新产品重新销售，因此不考虑退回产品的残值问题。为简化问题，假设每个消费者退货时将会更换一个与原产品类似但更符合消费者个人偏好的产品。因产品退货，零售商需付出相应的处理成本，如再包装、入库、产品更换等成本，为简化计算，假设两个零售商的单位产品退货处理成本 r 相同，同时消费者退货需要承担一定的成本。

消费者在购物过程中呈现一定的异质性。假设不同消费者到体验店体验或购买产品的旅行成本不同。例如，距离体验店较远的消费者几乎不考虑到店体验产品。参考 Li 等（2020）的假设，将消费者分为两类——较高旅行成本（h_H）和较低旅行成本（h_L）的消费者，其所占比例分别为 α 和 $1-\alpha$；为了便于分析，本章假设 h_L 为0。另外，不同消费者从不同零售商购买产品具有不同的偏好成本（Li et al.，2020）。假设每个消费者对零售商 1 的偏好程度为 x，x 在区间 $[0,1]$ 内均匀分布；并假设零售商 1 位于 0 点处，零售商 2 位于 1 点处，则消费者对零售商 2 的偏好程度为 $1-x$。

5.2　模型构建与求解

本节分别考虑三种情形来建立相应的竞争决策模型，即两个零售商都不提供展厅策略、两个零售商都提供展厅策略、两个零售商都提供展厅策略并销售产品。

5.2.1　两个零售商都不提供展厅策略（NN）

两个零售商都不开设线下展厅，消费者无法进行产品体验，只能选择在线上渠道购买产品，因此退货概率为 $\rho(1-e_i)$。此外，零售商不需要承担线下展厅相关成本。基于 Hotelling 模型（Hotelling，1929），消费者从两个零售商的线上渠道购买产品的效用分别为

$$u_1^{\text{NN}} = v - tx - p_1 - c\rho(1-e_1) - h_o, \quad u_2^{\text{NN}} = v - t(1-x) - p_2 - c\rho(1-e_2) - h_o \tag{5.1}$$

其中，tx 与 $t(1-x)$ 分别表示消费者从零售商 1 和零售商 2 购买产品因不匹配而产生的偏好成本；$c\rho(1-e_i)$ 表示消费者退换货而产生的处理成本；u_1^{NN} 与 u_2^{NN} 分别表示消费者购买产品 1 与产品 2 的效用，消费者基于自身效用最大化原则选择渠道购买

产品。因此，可得到消费者选择两个零售商的无差异点为$\bar{x}=\dfrac{t+p_2-p_1+c\rho(e_1-e_2)}{2t}$，则两个零售商的产品需求函数分别为

$$D_{1o}^{\mathrm{NN}}=\frac{t+(p_1-p_2)-c\rho(e_1-e_2)}{2t},\quad D_{2o}^{\mathrm{NN}}=\frac{t-(p_1-p_2)+c\rho(e_1-e_2)}{2t} \tag{5.2}$$

基于上述需求函数，两个零售商的利润函数为

$$\max_{p_1,e_1}\pi_1=(p_1-r\rho(1-e_1))D_{1o}^{\mathrm{NN}}-\frac{1}{2}ke_1^2,\quad \max_{p_2,e_2}\pi_2=(p_2-r\rho(1-e_2))D_{2o}^{\mathrm{NN}}-\frac{1}{2}ke_2^2 \tag{5.3}$$

零售商线上为消费者提供信息服务需要付出一定程度的努力成本。例如，零售商设立虚拟展厅、使用虚拟现实技术、直播以及浏览消费者评论等。假设单位服务成本k相同，零售商的服务成本取决于服务水平的大小（Taleizadeh et al., 2016），则零售商i的服务成本为$\frac{1}{2}ke_i^2$。

该情形下的决策顺序为：两个零售商首先同时确定最优服务水平，然后再同时确定产品的最优价格。基于此，可得零售商的最优产品定价、服务水平与利润，如引理 5.1 所述。

引理 5.1：两个零售商的最优服务水平和产品定价为：$e_1^{\mathrm{NN}*}=e_2^{\mathrm{NN}*}=\dfrac{(c+r)\rho}{3k}$，$p_1^{\mathrm{NN}*}=p_2^{\mathrm{NN}*}=r\rho+t-\dfrac{r\rho^2(c+r)}{3k}$。最优利润为：$\pi_1^{\mathrm{NN}*}=\pi_2^{\mathrm{NN}*}=\dfrac{9kt-(c+r)^2\rho^2}{18k}$。

5.2.2　两个零售商都提供展厅策略（SS）

当两个零售商都提供线下展厅时，消费者从两个零售商的线上渠道购买产品所获得的效用与式（5.1）相同，分别为$u_1^{\mathrm{SS}}=u_1^{\mathrm{NN}}$和$u_2^{\mathrm{SS}}=u_2^{\mathrm{NN}}$。消费者从线下体验店体验后从线上渠道购买产品的效用函数分别为

$$u_1^{\mathrm{SS}}=v-tx-p_1-h_o-h_j,\quad u_2^{\mathrm{SS}}=v-t(1-x)-p_2-h_o-h_j \tag{5.4}$$

假设$c\rho e_i\leqslant h_H$，即当h_H足够大时，旅行成本较高的消费者总会选择线上渠道购买产品，而旅行成本较低的消费者将会从线下体验店体验后到线上渠道购买产品。在这种情况下，两个零售商的线上产品需求可根据 NN 情形的需求函数确定，即零售商 i 的线上渠道需求为$D_{io}^{\mathrm{SS}}=\alpha D_{io}^{\mathrm{NN}}$（$i=1,2$）。根据式（5.4）可得到体验渠道（即线下体验、线上购买）的需求函数分别为$D_{1\mathrm{ro}}^{\mathrm{SS}}=(t+p_2-p_1)(1-\alpha)/2t$和$D_{2\mathrm{ro}}^{\mathrm{SS}}=1-\alpha-D_{1\mathrm{ro}}^{\mathrm{SS}}$。基于上述需求函数，两个零售商的利润函数可表示为

$$\max_{p_i,e_i}\pi_i^{\mathrm{SS}}=D_{io}^{\mathrm{SS}}(p_i-r\rho(1-e_i))+D_{i\mathrm{ro}}^{\mathrm{SS}}(p_i-s)-\frac{1}{2}ke_i^{\,2} \tag{5.5}$$

该情形下的决策顺序为：两个零售商首先同时确定最优服务水平，然后再同时确定产品的最优价格。基于此，可得到两个零售商的最优决策及利润，如引理 5.2 所述。

引理 5.2：两个零售商的最优服务水平和最优定价为

$$e_1^{\mathrm{SS}*}=e_2^{\mathrm{SS}*}=\frac{\left(2rt+c\left(2t+3(s-r)\rho\left(1-\alpha\right)\right)\right)\alpha\rho}{6kt-3rc\left(1+\alpha\right)\alpha\rho^2}$$

$$p_1^{\mathrm{SS}*}=p_2^{\mathrm{SS}*}=\frac{6kt\left(t+r\rho\alpha+s(1-\alpha)\right)}{6kt-3cr\left(1-\alpha\right)\alpha\rho^2}-\frac{r\rho^2\alpha\left(c\left(t\left(3-\alpha\right)+3s\left(1-\alpha\right)\right)+2rt\alpha\right)}{6kt-3cr\left(1-\alpha\right)\alpha\rho^2}$$

最优利润为

$$\pi_1^{\mathrm{SS}*}=\pi_2^{\mathrm{SS}*}=\frac{t}{2}-\Omega-\frac{k\alpha^2\rho^2\left(2rt+c\left(2t+3s\left(1-\alpha\right)-3r\left(1-\alpha\right)\rho\right)\right)^2}{18\left(2kt-cr\left(1-\alpha\right)\alpha\rho^2\right)^2}$$

5.2.3 两个零售商都提供展厅策略并销售产品（SB）

当两个零售商都开设展厅并销售产品时，消费者即可在体验店体验产品后直接在体验店购买产品。假设市场中存在一定量的消费者只选择在线下渠道购物，其市场规模为 β 。此时，具有较低旅行成本的消费者选择线下体验后直接在店内购物。根据上述线上渠道效用函数，可得到零售商 i 的线上需求为 $D_{io}^{\mathrm{SB}}=\alpha D_{io}^{\mathrm{NN}}$（$i=1,2$）。消费者在线下渠道购买产品的效用为 $u_1^{\mathrm{SB}}=v-tx-p_1-h_j$ 和 $u_2^{\mathrm{SB}}=v-t(1-x)-p_2-h_j$，可得到线下渠道的需求函数分别为 $D_{1r}^{\mathrm{SB}}=(t+p_2-p_1)(1-\alpha+\beta)/2t$ 和 $D_{2r}^{\mathrm{SB}}=1-\alpha+\beta-D_{1r}^{\mathrm{SB}}$ 。基于上述需求函数，两个零售商的利润函数可表示为

$$\max_{p_i,e_i}\pi_i^{\mathrm{SB}}=D_{io}^{\mathrm{SB}}(p_i-r\rho(1-e_i))+D_{ir}^{\mathrm{SB}}(p_i-s-\varepsilon)-\frac{1}{2}ke_i^2 \tag{5.6}$$

其中，ε 表示线下销售产品的库存及采购成本。

该情形下的决策顺序为：两个零售商首先同时确定最优服务水平，然后再同时确定产品的最优价格。此时，两个零售商的最优决策及利润如引理 5.3 所述。

引理 5.3：两个零售商的最优服务水平与最优价格为

$$e_1^{\mathrm{SB}*}=e_2^{\mathrm{SB}*}=\frac{2\alpha\rho rt\left(1+\beta\right)}{6kt\left(1+\beta\right)-3cr\alpha\left(1-\alpha+\beta\right)\rho^2}+\frac{\alpha\rho c\left(2t\left(1+\beta\right)+s\left(3-3\alpha+3\beta\right)+3\left(1-\alpha+\beta\right)\left(\varepsilon-r\rho\right)\right)}{6kt\left(1+\beta\right)-3cr\alpha\left(1-\alpha+\beta\right)\rho^2}$$

$$p_1^{SB*}=p_2^{SB*}=\frac{t\left(6k\left(t+t\beta+r\alpha\rho\right)-r\alpha\left(2r\alpha+c\left(3-\alpha+3\beta\right)\right)\rho^2\right)}{6kt\left(1+\beta\right)-3cr\alpha\left(1-\alpha+\beta\right)\rho^2}+\frac{\left(1-\alpha+\beta\right)\left(\varepsilon+s\right)\left(2kt-cr\alpha\rho^2\right)}{2kt\left(1+\beta\right)-cr\alpha\left(1-\alpha+\beta\right)\rho^2}$$

最优利润为 $\pi_i^{SB*}(p_i^{SB*},e_i^{SB*})$。

5.3 对称竞争情形下最优渠道策略

基于上述情形的最优产品价格与服务水平，可分析网络零售商实施展厅策略对其价格与服务水平的影响，如下列命题所述。

命题 5.1：（1）两个零售商实施展厅策略时产品价格将上升，即 $p_i^{SS*}>p_i^{NN*}$。

（2）当 $\alpha>\alpha_1$ 且 $t>t_1$，或 $\alpha\leqslant\alpha_1$ 时，两个零售商的最优线上服务水平将下降，即 $e_i^{SS*}<e_i^{NN*}$；当 $\alpha>\alpha_1$ 且 $t\leqslant t_1$ 时，两个零售商的最优线上服务水平将上升，$e_i^{SS*}>e_i^{NN*}$。

命题 5.1 表明了两个零售商同时开设线下展厅对其最优决策的影响，其中，$\alpha_1=\frac{2\left(c+r\right)^3\rho^2}{9c\left(r\left(c+r\right)\rho^2+3k\left(s-r\rho\right)\right)}$、$t_1=\frac{\alpha c\left(r\left(c+r\right)\rho^2+3k\left(s-r\rho\right)\right)}{2k\left(c+r\right)}$。当零售商实施展厅策略时，一些消费者可能会选择从线下渠道体验后在线上购买产品，这会直接减少线下渠道的产品需求量。由于线下渠道的产品体验会给零售商带来更高的线下服务成本，在这种情况下，为了缓解线下服务成本，零售商将会相应地提高产品价格。这一结论与 Li 等（2020）的研究成果类似，即实施展厅策略会使得线上产品价格提升。

由于 α 表示具有较高旅行成本的消费者所占比例，α 比例的消费者花费时间和精力的机会成本较高且他们的时间价值远远高于其他消费者（Hsiao and Chen，2012），因此他们更可能通过线上渠道直接购买产品。t 表示消费者从两个零售商处购买产品的单位偏好成本，可用于描述零售商之间的竞争程度，若单位偏好成本 t 相对较低，则意味着消费者对不匹配成本的敏感度较低，此时零售商之间的竞争相对激烈。当 $\alpha\leqslant\alpha_1$ 时，具有较高旅行成本的消费者所占比例足够小，更多消费者可能会选择从线下渠道体验后在线上购买产品，这将大量减少直接线上渠道购买的产品需求量，线上渠道的服务水平因此而降低。当 t 相对较大（$\alpha>\alpha_1$）时，线下渠道的产品需求量相对较低。此时，大多数消费者仍然选择在线上渠道购买产品。

同时，当偏好成本 α 足够大（$t > t_1$）时，消费者对不匹配成本非常敏感，因此他们将选择偏好度高的零售商购买产品。这意味着零售商之间在线下渠道的竞争并不激烈。在这种情况下，零售商不会主动提高其服务水平。当 α 相对较大且 t 较小（$t \leqslant t_1$）时，大多数消费者选择在线上渠道购买产品且零售商之间存在着激烈的竞争。此时，每个零售商都可以努力提高线上服务水平以获得竞争优势。

通过比较分析 NN 情形与 SS 情形下两个零售商的利润，可得到下列结论。

命题 5.2：当 $\{\alpha > \alpha_1 \wedge t > t_1 \wedge \Omega \leqslant \Omega_1\}$ 或 $\{\alpha \leqslant \alpha_1 \wedge \Omega \leqslant \Omega_1\}$ 时，$\pi_i^{SS*} > \pi_i^{NN*}$；当 $\alpha > \alpha_1$ 且 $t \leqslant t_1$ 或 $\Omega > \Omega_1$ 时，$\pi_i^{SS*} \leqslant \pi_i^{NN*}$。

命题 5.2 表明了两个零售商开设展厅对其最优利润的影响，并给出了相应的条件。具体而言，当 α 大于特定阈值且 t 不大于特定阈值或 Ω 较大时，零售商实施展厅策略将会使其利益受损；否则，两个零售商将会获益。由命题 5.1 可知，当具有较高旅行成本的消费者所占比例足够小时，零售商将会提高产品价格并降低线上服务成本；此时，若实体展厅的建设成本较低时，两个零售商实施展厅策略均可获得更高的利润。当 α 相对较大且市场竞争强度较弱时，零售商不会主动提高其线上服务成本及产品价格。当 α 相对较大且 t 较小（$t \leqslant t_1$）时，意味着大多数消费者选择在线上渠道购买产品，且零售商之间存在着激烈的竞争。此时，零售商会同时提高线上服务水平和产品价格，而提升价格获得的利润难以弥补较高的线上服务成本，零售商提供展厅服务难以获利。此外，当建设成本较高时，它们同样不会实施展厅策略。

命题 5.2 中的条件 $t > t_1$ 可以转换为 $r < r_1$。根据命题 5.2 可知，若零售商处理退货的成本足够小，实施展厅策略将会提高零售商的利润；相反，若处理退货的成本较高，零售商就无法从该渠道中受益。

为更好地说明命题 5.2，设 $k = 0.2$、$\rho = 0.3$、$r = 1$、$s = 0.3$ 及 $c = 0.6$。根据命题 5.1，分别设 $\alpha = 0.4$、$\alpha = 0.9$，则零售商在 NN 与 SS 情形下的利润分别如图 5.1 和图 5.2 所示。

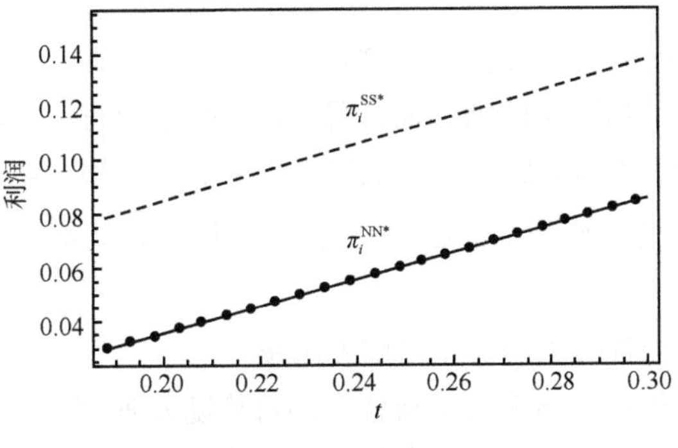

图 5.1　不同情形下零售商的利润（$\alpha = 0.4$）

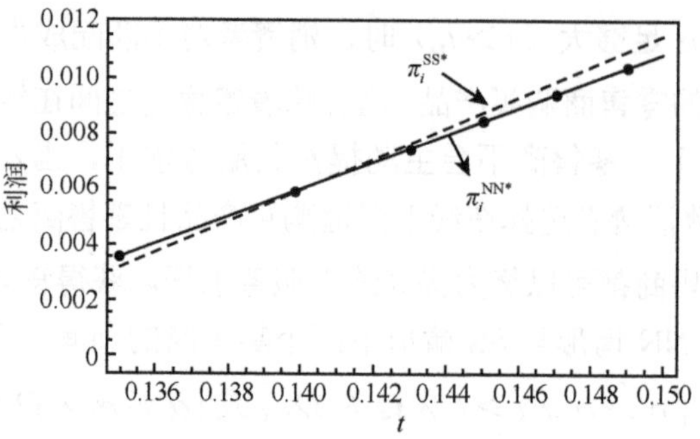

图 5.2　不同情形下零售商的利润（$\alpha=0.9$）

由图 5.1 可知，$\alpha=0.4<\alpha_1=0.84$，无论t是大于还是小于特定阈值$t_1=0.1412$，SS 情形下零售商的利润均高于 NN 情形下零售商的利润。由图 5.2 可知，$\alpha=0.9>0.84$，若$t>t_1=0.1412$，零售商在 SS 情形下获得的利润高于在 NN 情形下获得的利润；反之，零售商不实施线下展厅策略。

由命题 5.2 可知，相关阈值对零售商是否实施展厅策略具有显著影响。分析产品退货率对相关阈值的影响，可得到下列结论。

推论 5.1：当$\rho<\dfrac{3k}{2(c+r)}$时，$\dfrac{\partial t_1}{\partial \rho}<0$；当$\rho>\dfrac{3k}{2(c+r)}$时，$\dfrac{\partial t_1}{\partial \rho}>0$。

推论 5.1 表明，当产品退货率ρ相对较小时，ρ的增加将会导致阈值t_1的减小；当产品退货率ρ相对较大时，ρ的增加将会导致阈值t_1的增加。可见，退货率适中时，条件$t>t_1$更容易满足。这表明展厅策略更适用于退货率适中的产品。因此，零售商可能会根据产品的特点，判断是否实施展厅策略。例如，对于衣服和鞋子等需要体验的产品，消费者只能到线下实体店体验，而无法在线上渠道感知其是否匹配，因此退货率往往较高（Gao and Su，2017）。

市场中的重要参数α与k对零售商的最优决策及利润有显著影响，通过分析可得到下列结论。

命题 5.3：两个零售商实施展厅策略。

（1）最优产品价格随α的增加而下降，随k的增加而上升。

（2）当$t>t_2$时，零售商的最优线上服务水平随α递增；当$t\leqslant t_2$且$\alpha\leqslant\alpha_2$时，零售商的最优线上服务水平随α递增；当$t\leqslant t_2$且$\alpha>\alpha_2$时，零售商的最优线上服务水平随α递减。

（3）零售商的最优线上服务水平随k递减。

命题 5.3（1）表明，零售商的最优产品价格随α递减，但随k递增。当α较小时，更多消费者选择线下体验后在线上渠道购买产品，这可能给零售商带来更高的线下服务成本。为弥补不断增加的服务成本以获得更高的利润，零售商将相应地提高产品价格。对于单位服务成本而言，较大的k值将为零售商带来较高的线上服务成本。此时，零售商将提高产品价格以弥补损失。

命题 5.3（2）表明，当市场竞争激烈程度较弱时，随着α的增加，线上渠道的需求将增加。此时，线上退货量也相应上升，零售商将会提高线上服务水平以减少退货处理成本。然而，当$t \leqslant t_2$时，具有较低旅行成本的消费者所占比例上升，两个零售商都可能提升线上服务水平来应对激烈的市场竞争。可见，当α相对较大时，两个零售商实施展厅策略时均难以获得足够的利润，因此都会降低线上服务水平以缓解市场激烈的竞争。

命题 5.3（3）表明，当单位服务成本增加时，零售商将会降低线上服务水平。由于随着单位服务成本k增加，总服务成本也相应增加，因此零售商可能没有动力去提升线上服务水平。

命题 5.4：两个零售商实施展厅策略。

（1）当$t > t_2$时，最优利润随α递减；否则，当$\alpha > \alpha_2$时，最优利润随α递增，而当$\alpha \leqslant \alpha_2$时，最优利润随$\alpha$递减。

（2）最优利润随单位服务成本k递增。

命题 5.4（1）表明，当t大于特定阈值t_2时，即市场竞争强度较弱时，具有较低旅行成本的消费者将会选择在线下渠道体验后购买产品。此时，随着α的增加，线下体验人数将会减少，零售商将进一步降低产品价格（命题 5.3（1））。因此，零售商将获得较低的利润。然而，当t相对较小且α足够大时，随着α的增加，零售商的线上服务水平降低（命题 5.3（2）），而线下体验人数的减少使得线下服务总成本降低，这将使两个零售商的利润均增加。当t和α均相对较小时，产品价格降低，线上服务水平会显著增加，这将对每个零售商的利润产生负面影响。

命题 5.4（2）表明，零售商的最优利润随着单位服务成本的增加而增加。相关研究表明，由于服务成本增加，零售商的利润会下降。然而，当每单位服务成本增加时，每个零售商可能不会主动提高线上服务水平。在这种情况下，总服务成本将相应降低，零售商的利润增加。

为分析两个零售商在实施展厅策略时是否选择在体验店中进行产品销售，本章对 SS 情形与 SB 情形下零售商的利润进行比较分析，可得下列结论。

命题 5.5：当$\beta \geqslant \beta_1$时，$\pi_i^{SB*} \geqslant \pi_i^{SS*}$。

命题 5.5 表明，当只选择线下渠道购物的消费者较多时，零售商开设线下展厅并销售产品将会获得更多利润。这个结论可以说明两个方面的问题：首先，线下渠道的开设，一定会吸引一些附近（旅行成本较低）的消费者到店体验并购买产品，进而有利于扩大市场。其次，有一些消费者偏好于在线下渠道体验并购买产品，如线下渠道的忠实消费者，对这些消费者而言，线下渠道是其最好的选择。此时，当体验店提供产品销售时，能够有效提升零售商的总利润。

著名的线上眼镜销售商 Warby Parker 于 2013 年在美国纽约开设了一家线下旗舰店；全球知名的在线钻石和珠宝零售商 Blue Nile 于 2015 年 6 月在纽约花园城开设了第一家自营商店。这些线下店铺提供展厅服务并销售产品。国内天猫、京东等网络零售商也不约而同地为消费者提供线下展厅并销售产品。这些实例很好地支持了命题 5.5 的结论，并清晰地展示了该结论的应用价值。

5.4　拓展情形下最优渠道策略

前文分析了对称竞争情形下平台零售商的渠道竞争策略，本节主要考虑两种拓展情形，即不对称竞争与存在交叉展厅行为，进一步探讨平台零售商的渠道竞争决策问题。

5.4.1　不对称竞争情形下渠道竞争策略

在不对称竞争情形下，仅有一个零售商提供展厅（或提供展厅并销售产品）[SN（SNB）]，不失一般性，本章假设零售商 1 提供展厅，而零售商 2 不提供展厅。此时，消费者从两个零售商的线上渠道购买产品的效用函数和 NN 情形相同，即 $u_1^{\mathrm{SN}}=u_1^{\mathrm{NN}}$ 和 $u_2^{\mathrm{SN}}=u_2^{\mathrm{NN}}$。消费者从零售商 1 的线下渠道体验后在线上渠道购买产品的效用函数为 $u_1^{\mathrm{SN}}=v-p_1-tx-h_j-h_o$。与 SS 情形类似，可得两个零售商线上渠道的产品需求函数，即 $D_{1o}^{\mathrm{SN}}=\alpha D_{1o}^{\mathrm{NN}}$ 和 $D_{2o}^{\mathrm{SN}}=\alpha D_{2o}^{\mathrm{NN}}$；体验渠道的产品需求函数为 $D_{1\mathrm{ro}}^{\mathrm{SN}}=1-\alpha$。根据这些需求函数，可得到两个零售商的利润目标函数分别为

$$\max_{p_1,e_1}\pi_1^{\mathrm{SN}}=D_{1o}^{\mathrm{SN}}(p_1-r\rho(1-e_1))+D_{1\mathrm{ro}}^{\mathrm{SN}}(p_1-s)-\frac{1}{2}me_1^2-\Omega$$

$$\max_{p_2,e_2}\pi_2^{\mathrm{SN}}=D_{2o}^{\mathrm{SN}}(p_2-r\rho(1-e_2))-\frac{1}{2}me_2^2 \tag{5.7}$$

该情形下的决策顺序为：两个零售商首先同时确定最优线上服务水平，然后再同时确定产品的最优价格。基于此，可得两个零售商的最优决策与利润，如引理 5.4 所述。

引理 5.4： 两个零售商的最优线上服务水平和最优价格分别为

$$e_1^{\mathrm{SN}*}=\frac{3kt\left(c(4-\alpha)-r(5-8\alpha)\right)\rho}{3k\left(9kt-2(c+r)^2\alpha\rho^2\right)}-\frac{(c+r)^2\alpha\left(2c-r(1-3\alpha)\right)\rho^3}{3k\left(9kt-2(c+r)^2\alpha\rho^2\right)}$$

$$e_2^{\mathrm{SN}*}=\frac{(c+r)\rho}{3k\left(9kt-2(c+r)^2\alpha\rho^2\right)}\times\left(3kt(2+\alpha)-(c+r)\alpha\left(2c-r(1-3\alpha)\right)\rho^2\right)$$

$$p_1^{\mathrm{SN}*}=\frac{t(4-\alpha)}{3\alpha}+\frac{\left(c\left(e_1^{\mathrm{SN}*}-e_2^{\mathrm{SN}*}\right)+r\left(3-2e_1^{\mathrm{SN}*}-e_2^{\mathrm{SN}*}\right)\right)\rho}{3}$$

$$p_2^{\mathrm{SN}*}=\frac{t(2+\alpha)}{3\alpha}-\frac{\left(c\left(e_1^{\mathrm{SN}*}-e_2^{\mathrm{SN}*}\right)-r\left(3-e_1^{\mathrm{SN}*}-2e_2^{\mathrm{SN}*}\right)\right)\rho}{3}$$

最优利润为 $\pi_i^{\mathrm{SN}*}(p_i^{\mathrm{SN}*},e_i^{\mathrm{SN}*})$。

通过比较分析两个零售商在此情形下的最优决策与利润，可得下列结论。

命题 5.6：只有一个零售商开设展厅。

（1）产品价格高于其竞争对手（零售商 2），即 $p_1^{\mathrm{SN}*}>p_2^{\mathrm{SN}*}$。

（2）当 $r>\frac{2c}{7}$ 时，线上服务水平低于竞争对手，即 $e_1^{\mathrm{SN}*}<e_2^{\mathrm{SN}*}$；当 $r\leqslant\frac{2c}{7}$ 时，线上服务水平高于竞争对手，即 $e_1^{\mathrm{SN}*}>e_2^{\mathrm{SN}*}$。

（3）当 $t<t_3$ 或 $\Omega>\Omega_2$ 时，自身利润受损，其竞争对手的利润提升，即 $\pi_1^{\mathrm{SN}*}<\pi_2^{\mathrm{SN}*}$。

命题 5.6（1）表明，当零售商 1 开设展厅而零售商 2 不开设时，具有较低旅行成本的消费者将从线下渠道体验后在线上渠道购买产品，零售商 1 的产品需求量增加，而零售商 2 的产品需求量将会减少。零售商 1 将会提高产品价格来缓解线下服务成本。

命题 5.6（2）表明，当退货处理成本较高时，零售商 1 将会比零售商 2 投入更低的线上服务水平；否则，零售商 1 投入较高的线上服务水平。退货处理成本较高时，零售商 1 通过降低线上服务水平来服务更少的市场需求，以降低其服务总成本。然而，当 $r\leqslant 2c/7$ 时，零售商 1 提供更高的线上服务水平，由此进一步刺激它的产品需求量以提高利润。

命题 5.6（3）表明，当 $t<t_3$ 时，零售商 1 的利润低于其竞争对手；否则，零售商 1 相对于零售商 2 而言将获取更高的利润。当 $t<t_3$ 时，根据命题 5.6（1），零售商 1 的产品价格较高，这将使得其线上渠道的需求减少，从而损害了零售商 1 的利润。当实体展厅的建设成本较大（$\Omega>\Omega_2$）时，零售商开设展厅获取的利润无法弥补其展厅开设成本，故零售商 1 的利润降低。

为更好地说明命题 5.6，设 $k=0.2$、$\rho=0.3$、$r=1$、$s=0.33$、$\alpha=0.5$、$\Omega=0.05$ 及 $c=0.6$，则在 SN 情形下零售商 1 和零售商 2 的利润如图 5.3 所示。

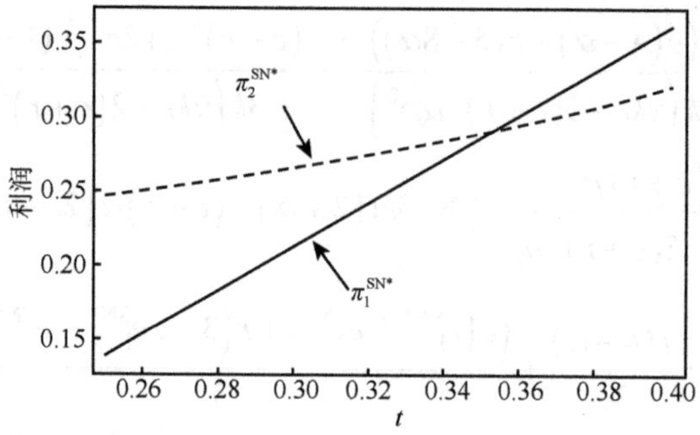

图 5.3　SN 情形下两个零售商的利润

由图 5.3 可知，当$t<t_3$或$\Omega>\Omega_2$时，零售商 1 所能获得的利润比零售商 2 低。然而，当$t\geqslant t_3$且$\Omega\leqslant\Omega_2$时，零售商 1 可以获得比零售商 2 更高的利润。

在不对称竞争情形下，零售商 1 是否一定要实施展厅策略，还需要其与两者都不实施展厅策略进行比较分析。为此，设$k=0.2$、$\rho=0.3$、$r=1$、$s=0.33$、$\alpha=0.7$、Ω=0.01 及$c=0.6$，则在 SN 和 NN 情形下零售商 1 和零售商 2 的利润如图 5.4 所示。

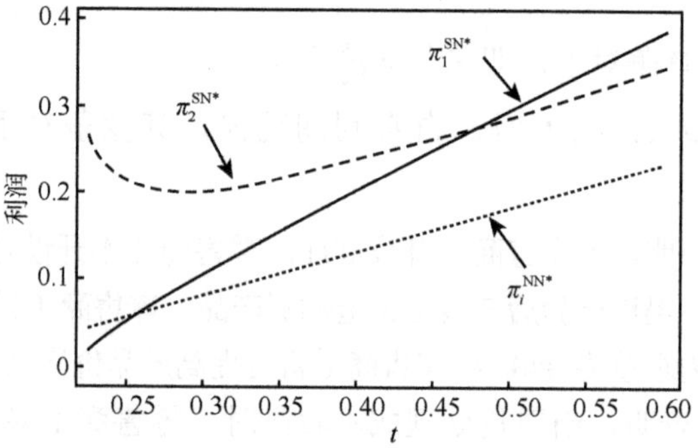

图 5.4　SN 与 NN 情形下零售商的利润

由图 5.4 可知，当t较小或Ω较大时，零售商 1 开设线下展厅将会降低自身利润，而零售商 2 的利润则增加。然而，当t较大且Ω较小时，零售商 1 开设线下展厅时，将会同时提高两个零售商的利润。可见，在此情形下，零售商 1 将更愿意提供线下展厅服务。

当仅有一个零售商开设展厅并销售产品时，消费者从两个零售商的线上渠道购买产品的效用函数和 NN 情形相同，即$u_1^{SNB}=u_1^{NN}$和$u_2^{SNB}=u_2^{NN}$。消费者从零售商 1 的线下渠道购买产品的效用函数为$u_1^{SNB}=v-p_1-tx-h_j$。与 SS 情形类似，可得两个零售商线上渠道的产品需求函数为$D_{io}^{SNB}=\alpha D_{io}^{NN}$；体验渠道（线下体验，线上购买）的产品需求函数为$D_{1ro}^{SNB}=1-\alpha+\beta$。根据这些需求函数，可得到两个

零售商的利润目标函数分别为

$$\max_{p_1,e_1} \pi_1^{\text{SNB}} = D_{1o}^{\text{SNB}}(p_1 - r\rho(1-e_1)) + D_{1ro}^{\text{SNB}}(p_1 - s - \varepsilon) - \frac{1}{2}me_1^2 - \Omega$$

$$\max_{p_2,e_2} \pi_2^{\text{SNB}} = D_{2o}^{\text{SNB}}(p_2 - r\rho(1-e_2)) - \frac{1}{2}me_2^2 \tag{5.8}$$

该情形下的决策顺序为：两个零售商首先同时确定最优线上服务水平，然后再同时确定产品的最优价格。基于此，可得两个零售商的最优决策与利润，如引理 5.5 所述。

引理 5.5：两个零售商的最优线上服务水平和最优价格分别为

$$e_1^{\text{SNB*}} = -\frac{\rho\left(c^3(2+\beta)\alpha\rho^2 + 3c^2 r\alpha(1+\beta+\alpha)\rho^2 + 3c\left(kt(\alpha-4-\beta) + r^2\alpha(\beta+2\alpha)\rho^2\right)\right)}{3k\left(9kt - 2(c+r)^2\alpha\rho^2\right)} + \frac{r\rho\left(-3kt(5-\beta-8\alpha) + r^2\alpha(1-\beta-3\alpha)\rho^2\right)}{3k\left(9kt - 2(c+r)^2\alpha\rho^2\right)}$$

$$e_2^{\text{SNB*}} = \frac{(c+r)\rho\left(3kt(2+2\beta+\alpha) - (c+r)\alpha\left(c(2+\beta) - r(1-\beta-3\alpha)\right)\rho^2\right)}{3k\left(9kt - 2(c+r)^2\alpha\rho^2\right)}$$

$$p_1^{\text{SNB*}} = \frac{t(4+4\beta-\alpha) + \alpha\left(c\left(e_1^{\text{SNB*}} - e_2^{\text{SNB*}}\right) + r\left(3 - 2e_1^{\text{SNB*}} - e_2^{\text{SNB*}}\right)\right)\rho}{3\alpha}$$

$$p_2^{\text{SNB*}} = \frac{t(2+2\beta+\alpha) - \alpha\left(c\left(e_1^{\text{SNB*}} - e_2^{\text{SNB*}}\right) - r\left(3 - e_1^{\text{SNB*}} - 2e_2^{\text{SNB*}}\right)\right)\rho}{3\alpha}$$

此时，两个零售商的最优利润为 $\pi_i^{\text{SNB*}}(p_i^{\text{SNB*}}, e_i^{\text{SNB*}})$。

为分析不对称竞争情形下零售商 1 在提供展厅时，是否选择在体验店中销售产品，设 $k=0.2$、$\rho=0.3$、$r=1$、$s=0.33$、$\alpha=0.7$、$\varepsilon=0.1$、$t=0.15$ 及 $c=0.6$，则在 SN 和 SNB 情形下零售商 1 和零售商 2 的利润如图 5.5 和图 5.6 所示。

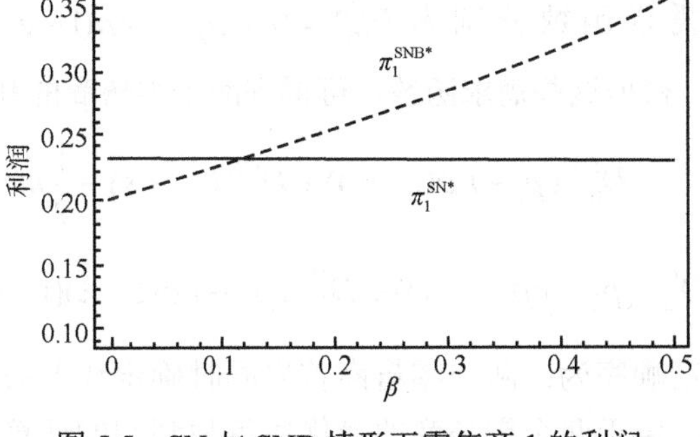

图 5.5　SN 与 SNB 情形下零售商 1 的利润

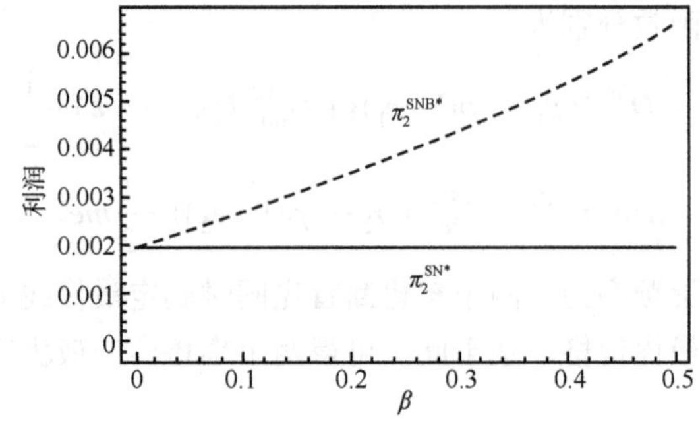

图 5.6　SN 与 SNB 情形下零售商 2 的利润

由图 5.5 可知，当线下渠道的消费者的人数较多时，零售商 1 开设线下展厅并销售产品将会获得更多利润。由图 5.6 可知，对于零售商 2 来说，随着线下渠道的消费者的人数增加，零售商 1 开设线下展厅并销售产品将会提升其利润水平。

5.4.2　存在交叉展厅行为时的渠道策略（CN）

前文未考虑消费者的交叉展厅行为，即在一个零售商的线下展厅体验后转而在另一个零售商的线上渠道购买产品，本节将考虑存在消费者交叉展厅行为时网络零售商的展厅策略。通过分析，对称情形下两个零售商的最优策略与前文相同，这里不再详述。

当仅有一个零售商开设展厅时，不失一般性，本章假设零售商 1 开设展厅，而零售商 2 不开设展厅。此时，消费者从两个零售商的线上渠道购买产品的效用函数和 NN 情形相同，即 $u_1^{CN}=u_1^{NN}$ 和 $u_2^{CN}=u_2^{NN}$。消费者从零售商 1 的线下展厅体验后到零售商 1 或零售商 2 的线上渠道购买产品的效用函数分别为 $u_1^{CN}=v-p_1-tx-h_j-h_o$，$u_2^{CN}=v-t(1-x)-p_2-c(1-\lambda)\rho(1-e_2)-h_o-h_j$，其中，$\lambda$ 表示跨产品展厅的强度。此时，两个零售商的线上渠道的产品需求函数分别为 $D_{1o}^{CN}=\alpha D_{1o}^{NN}$ 和 $D_{2o}^{CN}=\alpha D_{2o}^{NN}$；体验渠道的产品需求函数分别为 $D_{1ro}^{CN}=(t+p_2+c\lambda\rho(1-e_2)-p_1)(1-\alpha)/2t$ 和 $D_{2ro}^{CN}=1-\alpha-D_{1ro}^{CN}$。根据这些需求函数，可得到两个零售商的利润目标函数分别为

$$\max_{p_1,e_1}\pi_1^{CN}=D_{1o}^{CN}(p_1-r\rho(1-e_1))+D_{1ro}^{CN}(p_1-s)-\frac{1}{2}me_1^2-\Omega$$

$$\max_{p_2,e_2}\pi_2^{CN}=D_{2o}^{CN}(p_2-r\rho(1-e_2))+D_{2ro}^{CN}(p_2-r\rho(1-\lambda)(1-e_2))-\frac{1}{2}me_2^2 \quad (5.9)$$

该情形下的决策顺序为：两个零售商首先同时确定线上服务水平，然后再同时确定产品的价格。由于两个零售商的最优决策与利润的计算非常复杂，这里采

用数值实验分析两个零售商的展厅策略。设 $k=0.2$、$\rho=0.3$、$r=1$、$s=0.33$、$\alpha=0.7$、$t=0.15$、$\Omega=0.01$ 及 $c=0.6$，则两个零售商的利润如图 5.7 所示。

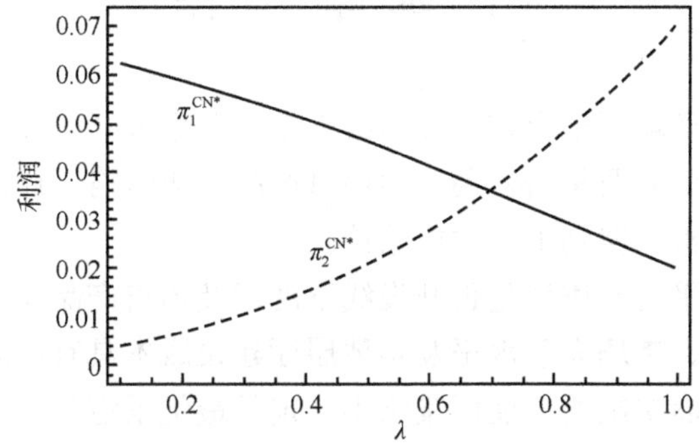

图 5.7　CN 情形下零售商 1 和零售商 2 的利润

由图 5.7 可知，当跨产品展厅的强度较大或开设展厅的成本较大时，零售商 1 所获得的利润比零售商 2 低。然而，当跨产品展厅的强度较小且开设展厅的成本较小时，零售商 1 可获得更高的利润。

在不对称竞争情形下，零售商 1 是否一定实施展厅策略，还需要其与两者都不实施展厅策略进行比较分析。为此，采用数值实验分析 CN 情形与 NN 情形下两个零售商的利润。设 $k=0.2$、$\rho=0.3$、$r=1$、$s=0.33$、$\alpha=0.7$、$t=0.15$、$\Omega=0.02$ 及 $c=0.6$，则在 CN 和 NN 情形下零售商 1 和零售商 2 的利润如图 5.8 所示。

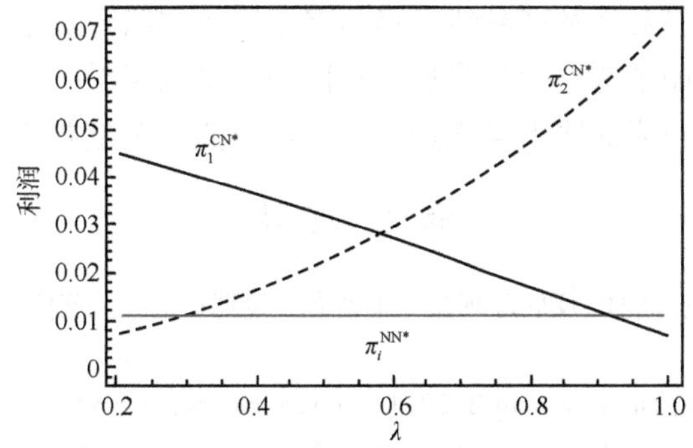

图 5.8　CN 与 NN 情形下零售商的利润

由图 5.8 可知，当跨产品展厅的强度较大或开设展厅的成本较大时，零售商 1 开设线下展厅将会降低自身利润，而零售商 2 的利润则增加。然而，当跨产品展厅的强度适中且开设展厅的成本较小时，零售商 1 开设线下展厅时，将会同时提高两个零售商的利润。在此情形下，零售商 1 将更愿意提供线下展厅服务。

5.5 本章小结

本章针对竞争环境下平台零售商的线下渠道策略展开研究，重点关注平台零售商是否提供展厅策略及是否在展厅中提供产品销售策略。通过建立相应的竞争决策模型并进行分析，得到下列主要结论。

（1）研究发现平台零售商是否开设线下展厅及销售产品与市场中旅行成本较高的消费者的比例、市场竞争水平及实体展厅建设成本具有显著关联，即在竞争市场中，平台零售商实施线下展厅策略不一定是最优渠道策略，特定情形下单一的线上渠道策略是其最优策略。

（2）当平台零售商实施线下展厅策略时，其未必一定会销售产品；只有当线下渠道的消费者人数较多时，零售商开设线下展厅并销售产品才会获得更多利润。

（3）平台零售商是否实施线下展厅策略与产品退货率及消费者交叉展厅行为具有一定的关系，其应该分别根据产品退货率情形、跨产品展厅的强度及开设展厅的成本决定是否提供展厅服务。

本章主要研究竞争环境下平台零售商是否开设线下展厅并销售产品的策略问题，未来的研究工作主要涉及三个方面。首先，本章假设线上退货率是外生的，并未考虑退货率内生情形，也未研究产品退货策略问题，这将是未来一个重要的研究主题。其次，本章考虑两个零售商都提供一种产品的情形，倘若考虑提供不同品质的产品时，将会涉及产品线策略与展厅服务的联合决策问题。最后，本章并未考虑供应商，如果考虑两个零售商从同一个供应商采购产品，在这种供应链情形下，如何设计相应的线下渠道策略将是本章的一个重要拓展方向。

参考文献

王战青，杨德锋，冉伦. 2021. 反展厅现象与消费者质量期望的关系研究[J]. 管理科学学报，24（1）：71-88.

Balakrishnan A，Sundaresan S，Zhang B. 2014. Browse-and-switch：retail-online competition under value uncertainty[J]. Production and Operations Management，23（7）：1129-1145.

Gao F，Su X. 2017. Omnichannel retail operations with buy-online-and-pick-up-in-store[J]. Management Science，63（8）：2478-2492.

Gupta A，Su B C，Walter Z. 2004. An empirical study of consumer switching from traditional to electronic channels：a purchase-decision process perspective[J]. International Journal of Electronic Commerce，8（3）：131-161.

Hotelling H. 1929. Stability in competition[J]. The Economic Journal，39（153）：41-57.
Hsiao L，Chen Y J. 2012. Returns policy and quality risk in e-business[J]. Production and Operations Management，21（3）：489-503.
Li G，Zhang T，Tayi G K. 2020. Inroad into omni-channel retailing：physical showroom deployment of an online retailer[J]. European Journal of Operational Research，283（2）：676-691.
Li Y，Xu L，Choi T M，et al. 2013. Optimal advance-selling strategy for fashionable products with opportunistic consumers returns[J]. IEEE Transactions on Systems，Man，and Cybernetics：Systems，44（7）：938-952.
Taleizadeh A A，Sane-Zerang E，Choi T M. 2016. The effect of marketing effort on dual-channel closed-loop supply chain systems[J]. IEEE Transactions on Systems，Man，and Cybernetics：Systems，48（2）：265-276.
Vlachos D，Dekker R. 2000. Return handling options and order quantities for single period products[J]. European Journal of Operational Research，151（1）：38-52.
Zimmerman A. 2012. Can retailers halt “showrooming”?[J]. The Wall Street Journal，259（1）：B1-B8.

第 6 章　平台零售商的数字展厅渠道策略

电子商务的快速发展有力地推动了零售业的升级，但相对于线下渠道，线上渠道的信息劣势也逐渐显露。具体而言，相对于线下实体渠道，消费者无法通过线上渠道真实体验和感知产品的价值，尤其是新产品和包含非数字属性的产品，消费者很难确定产品是否符合自己的品味和需求，这在一定程度上降低了消费者从线上渠道购买产品的意愿（Balakrishnan et al.，2014）。为消除消费者对产品价值感知的不确定性，越来越多的网络或平台零售商选择提供数字展厅服务（也称为“虚拟展厅”或“网络展厅”），以便于消费者通过线上展厅体验产品（Gao and Su，2017；Huang et al.，2020）。例如，宜家（IKEA）已将“增强现实”（augmented reality，AR）技术融合到产品销售目录中，允许消费者利用手机或平板电脑体验虚拟的家具摆放效果（Eliot，2015）；北面（The North Face）与著名的虚拟现实（virtual reality，VR）公司 Jaunt 合作，为消费者提供虚拟试衣间服务；美国虚拟服务解决方案提供商 Autumn Rock 为化妆品牌 BIBA 推出了虚拟试妆服务。显然，数字展厅服务能够帮助消费者更准确地评估产品，增加其购买产品的信心，从而在提升产品销量的同时降低产品的退货率（Gao and Su，2017；Gallino and Moreno，2018）。

尽管如此，平台零售商提供数字展厅服务时也面临一定的挑战。当平台零售商提供数字展厅时，消费者也可能会表现出“反展厅”行为（Flavián et al.，2016），即消费者可能会通过数字展厅先体验产品，再转向附近的实体店购买产品。谷歌的一项调查表明，87%的消费者会通过线上渠道了解产品，而 79%的消费者最终选择在实体店购买产品（Eliot，2015）。e-Marketer（2018）调查显示，实体店仍是消费者购买产品的主要渠道，消费者将 90%的购物资金都花在了线下渠道，而其中很大一部分客流量来自消费者的“反展厅”行为。出现这种现象可能有两个原因：一方面，部分消费者希望通过浏览数字展厅来减少对产品估值的不确定性，从而更好地做出购买决策（Balakrishnan et al.，2014；Flavián et al.，2016）；另一方面，部分消费者可能会因为线上渠道需要产生的运输成本、等待时间和退货等因素放弃从线上渠道购买产品（Konur，2021）。基于此，线上和线下零售商都试图利用消费者的“反展厅”行为来获得更多收益。例如，美国最大的网络家居零售商 Wayfair 发现 99%的网站访问者仅仅是浏览数字展厅，并不购买任何商品。因此，Wayfair 推出了“Get It Near Me”计划，邀请当地的家居零售商在其网站上做广告，并由此带来每月超过 2500 万美元的利润。许多知名品牌实体零售商如 John Lewis，通过在其商店内引入免费 WiFi 来利用消费者的“反展厅”行为，使消费者在店内购物时能够通过线上渠道了解产品信息。

由上述事实可知，消费者的“反展厅”行为会导致渠道间的需求交互，进而影响了线上渠道和线下渠道的运营策略竞争与渠道策略，使平台零售商的运营绩效面临一定的不确定性。由此引发了下列具体的科学问题：①消费者何时会表现出“反展厅”行为？零售商的运营决策与消费者的“反展厅”行为如何产生交互作用？②面对消费者的“反展厅”行为，网络零售商是否应实施数字展厅服务策略？③数字展厅服务如何影响线上渠道和线下渠道的交互与竞争？④在垄断市场和双寡头竞争市场下，消费者行为和零售商的运营决策有何不同？

针对上述问题，本章旨在构建一种平台零售商的数字展厅渠道选择决策模型，探讨消费者出现“反展厅”行为时的最优数字展厅渠道策略。首先，进行了问题描述与主要参数假设；其次，分别针对不提供数字展厅服务与提供数字展厅服务，分析了消费者的效用与需求分布情况；再次，针对垄断市场，构建了拥有双渠道的平台零售商的数字展厅渠道决策模型，并分析其最优渠道策略；最后，考虑市场竞争，即线上与线下渠道分属不同零售商，构建了平台零售商的数字展厅渠道决策模型，并分析其最优渠道策略，以及市场结构对数字展厅服务策略的影响。

6.1　问题描述与主要参数假设

本章假设一个平台零售商拥有线上渠道和线下渠道，并向市场销售某一种体验型产品（如智能电器、移动设备、服装等）。线上渠道和线下渠道以相同的批发价格 w 采购产品，并以销售价格 p_i（$p_i \geqslant w > 0$）销售产品，其中 $i = o, r$ 分别表示线上渠道和线下渠道。为减少消费者对产品估值的不确定性，线上渠道考虑引入数字展厅服务。若线上渠道引入数字展厅，消费者可以浏览数字展厅并虚拟体验产品。然而，这种虚拟体验服务也可能会诱发消费者的“反展厅”行为。基于此，网络零售商存在两种渠道策略：不提供数字展厅服务（NW 策略）和提供数字展厅服务（OW 策略）。参考相关研究成果（Balakrishnan et al.，2014；Jing，2018），本章将引入数字展厅服务的成本标准化为零。不失一般性，假设零售商是风险中性的，以最大化自身利益为决策目标。本章所涉及的参数符号与说明如表 6.1 所示。

表 6.1　符号说明

符号	含义
m、d	上标 m 和 d 分别表示垄断和双寡头竞争市场结构
i	下标 $i=o,r$ 分别表示线上渠道和线下渠道
j	上标 $j=H$ 和 $j=L$ 分别代表 H-消费者和 L-消费者
v	产品与消费者匹配时，消费者得到的产品价值
θ	产品特征与消费者偏好匹配的概率
s	消费者在浏览数字展厅时接收到的不完美信号
α	数字展厅的信息有用性程度
β	H-消费者所占市场的比例
h	H-消费者浏览数字展厅时的麻烦成本
t	消费者对旅行成本的敏感度
x	消费者访问实体店的旅行成本
w	单位产品采购成本
p_i	线上（线下）渠道的销售价格
EU_i^N	零售商不提供数字展厅时，消费者从渠道 i 购买产品时的期望效用
EU_{ni}^j	零售商提供数字展厅时，消费者 j 从渠道 i 购买产品时的期望效用（$n=1,2$）
D_i	渠道 i 的产品需求
π_i	渠道 i 的利润

假定每个消费者最多购买一单位的产品，且消费者在购买之前不确定自身偏好与产品特征的匹配性。根据已有研究（Balakrishnan et al.，2014；Gao and Su，2017），假定消费者事前估计该产品的匹配概率为θ。若产品能够匹配消费者的需求，消费者将获得产品价值$v(v>0)$；反之，消费者获得产品价值为 0。假定消费者可以通过浏览数字展厅或者参观实体店来降低或消除对产品估值的不确定性。考虑到消费者在浏览数字展厅的时间和技巧方面存在异质性，本章将消费者分为“H-消费者”（用 H 表示）和“L-消费者”（用 L 表示），比例分别为β和$1-\beta$，$\beta\in[0,1]$，其中，H-消费者在浏览数字展厅时会产生相对较高的麻烦成本$h(h>0)$，而 L-消费者会产生较低的麻烦成本。为简化问题，将 L-消费者的麻烦成本归一化为零（Balakrishnan et al.，2014）。若消费者选择去实体店购买产品，将产生相应的旅行成本x。考虑到不同消费者所花费的旅行成本也存在异质性，假定所有消费者的旅行成本在$[0,1]$上服从均匀分布，即$x\sim U[0,1]$。此外，令$t\in(0,1)$表示消费者对旅行成本的敏感度。

零售商的决策顺序具体如下：首先，网络零售商制定其渠道策略（即 NW 或 OW 策略）；其次，线上和线下渠道同时决定其零售定价（p_o和p_r）；最后，消费者进入市场并做出购买决策。若网络零售商提供了数字展厅服务，则消费者需要进一步决定是否浏览数字展厅、是否购买产品以及从哪个渠道购买产品。

6.2　模型设置与需求分析

本节分别针对零售商不提供与提供数字展厅服务两种情形，建立了相应的消费者效应函数，并分析了需求分布情况。

6.2.1　不提供数字展厅服务（NW 策略）

若平台零售商不提供数字展厅服务，根据 Balakrishnan 等（2014）、Jing（2018）的研究，消费者从线上和线下渠道购买产品的期望效用函数可表示为

$$\mathrm{EU}_o^N=\theta v-p_o^N,\ \mathrm{EU}_r^N=\theta(v-p_r^N)-tx \tag{6.1}$$

假定消费者以自身净效用最大化为目标进行决策。若 $\mathrm{EU}_o^N \geqslant \max\left\{0,\mathrm{EU}_r^N\right\}$，消费者选择从线上渠道购买产品；若 $\mathrm{EU}_r^N \geqslant \max\left\{0,\mathrm{EU}_o^N\right\}$，消费者选择去实体店购买产品。因此，线上和线下渠道的需求分别为 $D_o^N=1-\dfrac{p_o^N-\theta p_r^N}{t}$ 和 $D_r^N=\theta\dfrac{p_o^N-\theta p_r^N}{t}$。

6.2.2　提供数字展厅服务（OW 策略）

若平台零售商提供数字展厅服务，消费者将可以通过浏览数字展厅获得更多产品信息。参考 Gao 和 Su（2017）的研究，假定消费者获得的信息为一个二进制信号 s，即 $s=\{0,1\}$。若消费者浏览数字展厅后，发现产品匹配其需求，则 $s=1$；若发现产品不符合其需求并退出市场，则 $s=0$。由于消费者不能通过数字展厅触摸和体验真实的产品（如香水的味道、鞋子的大小、耳机的音质等），数字展厅提供的信号通常是不完美的，无法帮助所有消费者了解真实的产品匹配情况。基于此，假定数字展厅让所有“匹配型消费者”了解真实的匹配情况，但只有比例 a 的“不匹配型消费者”能够认识到产品不匹配，而比例 $1-a$ 的“不匹配型消费者”无法认识到产品不匹配，继续留在市场。因此，“匹配型消费者”和“不匹配型消费者”接收到信号 $s=1$ 的概率分别为 $P\left(s=1|Y\right)=1$ 和 $P\left(s=1|F\right)=1-\alpha$，其中 Y 和 F 分别代表“匹配型消费者”和“不匹配型消费者”，且 $P\left(Y\right)=\theta$，$P\left(F\right)=1-\theta$。

根据贝叶斯更新法则（Gao and Su，2017），仍留在市场中的消费者对产品匹配概率的后验信念（即 θ^s ）为

$$P\left(Y\middle|s=1\right)=\frac{P\left(s=1\middle|Y\right)P\left(Y\right)}{P\left(s=1\middle|Y\right)P\left(Y\right)+P\left(s=1\middle|F\right)P\left(F\right)}=\frac{\theta}{1-\alpha\left(1-\theta\right)} \tag{6.2}$$

在 OW 策略下，消费者先决定是否浏览数字展厅，再决定通过何种渠道购买产品。因此，消费者的购买行为有四种可能的组合，如图 6.1 所示。

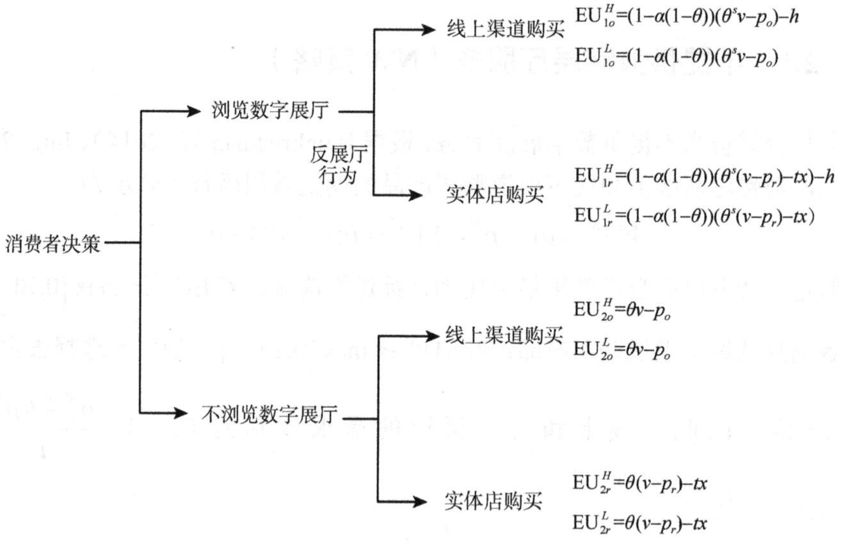

图 6.1　消费者购买决策树

1）*H*-消费者的效用

若 *H*-消费者选择先浏览数字展厅再从线上渠道购买，则其期望净效用函数可表示为

$$\begin{aligned}\mathrm{EU}_{1o}^{H}&=\left(1-\alpha\left(1-\theta\right)\right)\left(\theta^s\left(v-p_o-h\right)+\left(1-\theta^s\right)\left(0-p_o-h\right)\right)+\alpha\left(1-\theta\right)\left(-h\right)\\&=\left(1-\alpha\left(1-\theta\right)\right)\left(\theta^s v-p_o\right)-h\end{aligned} \tag{6.3}$$

若 *H*-消费者选择先浏览数字展厅，再从实体店购买产品，即表现出“反展厅”行为，则消费者的期望净效用函数可表示为

$$\begin{aligned}\mathrm{EU}_{1r}^{H}&=\left(1-\alpha\left(1-\theta\right)\right)\left(\theta^s\left(v-p_r-h-tx\right)+\left(1-\theta^s\right)\left(0-h-tx\right)\right)+\alpha\left(1-\theta\right)\left(-h\right)\\&=\left(1-\alpha\left(1-\theta\right)\right)\left(\theta^s\left(v-p_r\right)-tx\right)-h\end{aligned} \tag{6.4}$$

若 *H*-消费者不浏览数字展厅，直接选择一个渠道购买产品，则其从线上和线下渠道购买的期望净效用函数分别为

$$\mathrm{EU}_{2o}^{H}=\theta v-p_o\text{，}\quad \mathrm{EU}_{2r}^{H}=\theta\left(v-p_r\right)-tx \tag{6.5}$$

假定消费者以自身期望净效用最大化为目标来决定是否浏览数字展厅以及从哪个渠道购买产品。通过比较消费者的期望净效用函数，可得到 H-消费者可能存在的三种购买行为。

情形 A：$h\leqslant\alpha(1-\theta)\left(p_o-\theta^s p_r\right)$。

当消费者浏览数字展厅的麻烦成本相对较低，即 $h\leqslant\alpha(1-\theta)\left(p_o-\theta^s p_r\right)$ 时，满足 $\mathrm{EU}_{1r}^{H}\geqslant\min\left\{\mathrm{EU}_{1o}^{H},\mathrm{EU}_{2r}^{H}\right\}$。此时，旅行成本小于 x_{A1} 的 H-消费者会直接到线下实体店购买，旅行成本在 $\left[x_{\mathrm{A1}},x_{\mathrm{A2}}\right)$ 区间的消费者会表现出“反展厅”行为，旅行成本在 $\left[x_{\mathrm{A2}},1\right]$ 区间的消费者会选择浏览数字展厅并从线上渠道购买产品。因此，H-消费者从线上和线下渠道购买产品的需求函数分别为

$$D_o^H=\beta\left(1-\alpha(1-\theta)\right)\left(1-x_{\mathrm{A2}}\right)\text{，}\quad D_r^H=\beta\theta x_{\mathrm{A2}}$$

情形 B：$\alpha(1-\theta)\left(p_o-\theta^s p_r\right)<h\leqslant\alpha(1-\theta)p_o$。

若消费者浏览数字展厅的麻烦成本适中，即 $\alpha(1-\theta)\left(p_o-\theta^s p_r\right)<h\leqslant\alpha(1-\theta)p_o$，则满足 $\max\left\{\mathrm{EU}_{1o}^{H},\mathrm{EU}_{2r}^{H}\right\}>\mathrm{EU}_{1r}^{H}$。此时，旅行成本在区间 $\left[0,x_{\mathrm{B}}\right)$ 的 H-消费者选择前往实体店直接购买产品，旅行成本在区间 $\left[x_{\mathrm{B}},1\right]$ 的 H-消费者选择浏览数字展厅并从线上渠道购买产品。如果消费者选择从实体店购买产品，则只有“匹配型消费者”才会购买产品，“不匹配型消费者”前往实体店后不会购买产品。因此，H-消费者从线上和线下渠道购买产品的需求函数分别为

$$D_o^H=\beta\left(1-\alpha(1-\theta)\right)\left(1-x_{\mathrm{B}}\right)\text{，}\quad D_r^H=\beta\theta x_{\mathrm{B}}$$

情形 C：$h>\alpha(1-\theta)p_o$。

若消费者浏览数字展厅的麻烦成本相对较高，即 $h>\alpha(1-\theta)p_o$，则满足 $\mathrm{EU}_{2o}^{H}>\mathrm{EU}_{1o}^{H}$，表明所有 H-消费者在购买产品前都不会浏览数字展厅。此时，旅行成本在区间 $\left[x_{\mathrm{C}},1\right]$ 的 H-消费者将直接从线上渠道购买产品，旅行成本在区间 $\left[0,x_{\mathrm{C}}\right)$ 的 H-消费者将前往实体店购买产品。因此，H-消费者从线上和线下渠道购买产品的需求函数分别为：$D_o^H=\beta\left(1-x_{\mathrm{C}}\right)$ 和 $D_r^H=\beta\theta x_{\mathrm{C}}$。

2）L-消费者的效用

L-消费者的期望净效用函数与 H-消费者相似，但其浏览数字展厅的麻烦成本为 0。因此，L-消费者浏览或不浏览数字展厅后通过线上渠道购买产品的期望净

效用函数分别为$\mathrm{EU}_{1o}^{L}=\left(1-\alpha\left(1-\theta\right)\right)\left(\theta^{s}v-p_{o}\right)$和$\mathrm{EU}_{2o}^{L}=\theta v-p_{o}$；通过实体店购买产品的期望净效用分别为$\mathrm{EU}_{1r}^{L}=\left(1-\alpha\left(1-\theta\right)\right)\left(\theta^{s}\left(v-p_{r}\right)-tx\right)$和$\mathrm{EU}_{2r}^{L}=\theta\left(v-p_{r}\right)-tx$。显然，$\mathrm{EU}_{1o}^{L}>\mathrm{EU}_{2o}^{L}$及$\mathrm{EU}_{1r}^{L}>\mathrm{EU}_{2r}^{L}$恒成立。此时，旅行成本在区间$\left[0,x_{\mathrm{A2}}\right)$的$L$-消费者选择在实体店购买产品，反之从线上渠道购买产品。因此，L-消费者中选择线上和线下渠道购买产品的人数分别为

$$D_{o}^{L}=\left(1-\beta\right)\left(1-\alpha\left(1-\theta\right)\right)\left(1-x_{\mathrm{A2}}\right),\quad D_{r}^{L}=\left(1-\beta\right)\theta x_{\mathrm{A2}}$$

6.3　垄断情形下平台零售商数字展厅决策模型与策略分析

在此情形下，根据相关研究（Gao and Su，2017；Zhang et al.，2019），本章假定零售商对两个渠道采取统一定价，即$p_{o}^{m}=p_{r}^{m}=p^{m}$，通过分析 NW 和 OW 两种策略下零售商的最优定价决策，并对比两种情形的利润，提炼零售商的数字展厅服务策略。

垄断零售商的利润函数为

$$\pi^{m}=\left(p^{m}-w\right)\left(D_{o}^{mL}+D_{o}^{mH}+D_{r}^{mL}+D_{r}^{mH}\right)\tag{6.6}$$

其中，$D_{o}^{mL}+D_{o}^{mH}$表示线上渠道需求；$D_{r}^{mL}+D_{r}^{mH}$表示线下渠道需求。通过模型求解，可得其最优决策，如下述定理所示。

定理 6.1：NW 和 OW 两种策略下垄断零售商的最优定价如下。

（1）若零售商采用 NW 策略，其最优定价为$p^{mN*}=\dfrac{1}{2}\left(\dfrac{t}{\left(1-\theta\right)^{2}}+w\right)$。

（2）若零售商采用 OW 策略，其定价决策及对应的条件如表 6.2 所示。

表 6.2　垄断零售商的均衡定价决策及其条件

条件	定价决策
情形 A：$h\leqslant\kappa_{1}^{m}$	$p^{m*}=\dfrac{t+\gamma_{1}^{2}w}{2\gamma_{1}^{2}}$
情形 B：$\kappa_{1}^{m}<h\leqslant\kappa_{2}^{m}$	$p^{m*}=\dfrac{t+\gamma_{1}\left(\gamma_{1}\left(1-\alpha\beta\left(1-\theta\right)\right)w-h\beta\right)}{2\gamma_{1}\gamma_{2}\left(1-\alpha\right)\left(1-\theta\right)}$
情形 C：$h\geqslant\kappa_{3}^{m}$	$p^{m*}=\dfrac{w}{2}+\dfrac{t\left(1-\alpha\left(1-\theta\right)\right)\left(1-\alpha\left(1-\beta\right)\left(1-\theta\right)\right)}{2\left(1-\theta\right)^{2}\left(1-\alpha\left(1+\left(1-\alpha\right)\left(1-\beta\right)-\beta\theta\right)\right)}$

注：$\gamma_{1}=\dfrac{(1-\alpha)(1-\theta)}{1-\alpha(1-\theta)}$，$\gamma_{2}=\dfrac{(1-\alpha\beta(1-\theta))}{1-\alpha(1-\theta)}$，当$\kappa_{2}^{m}<h<\kappa_{3}^{m}$时不存在纯策略均衡

结合表 6.2 中的均衡条件和前文分析，可以得到 OW 策略下消费者的决策行为，具体如命题 6.1 所述。

命题 6.1：在垄断市场结构中，若零售商采取 OW 策略，则消费者的购买决策如表 6.3 所示。

表 6.3　垄断市场中消费者均衡购买决策

消费者类型	条件		消费者购买决策
H-消费者	$h \leqslant \kappa_1^m$	$\left[0, x_{A1}^{m*}\right)$	不浏览数字展厅，直接在实体店购买产品
		$\left[x_{A1}^{m*}, x_{A2}^{m*}\right)$	“反展厅”行为
		$\left[x_{A2}^{m*}, 1\right]$	浏览数字展厅，并从线上渠道购买产品
	$\kappa_1^m < h \leqslant \kappa_2^m$	$\left[0, x_B^{m*}\right)$	不浏览数字展厅，直接在实体店购买产品
		$\left[x_B^{m*}, 1\right]$	浏览数字展厅，并从线上渠道购买产品
	$h \geqslant \kappa_3^m$	$\left[0, x_C^{m*}\right)$	不浏览数字展厅，直接在实体店购买产品
		$\left[x_C^{m*}, 1\right]$	直接线上购买产品
L-消费者	$\left[0, x_{A2}^{m*}\right)$		“反展厅”行为
	$\left[x_{A2}^{m*}, 1\right]$		浏览数字展厅，并从线上渠道购买产品

由表 6.3 可知，线上麻烦成本（h）和线下旅行成本（x）共同决定了市场均衡状态。零售商的定价决策会影响消费者的购买决策，并在一定条件下诱导消费者表现出“反展厅”行为。具体而言，若销售价格相对较高（$h \leqslant \kappa_1^m$，即 $p^{m*} \geqslant \dfrac{h}{\alpha(1-\theta)}$），旅行成本适中的 *H*-消费者（即 $x \in \left[x_{A1}^{m*}, x_{A2}^{m*}\right)$）会表现出“反展厅”行为。这是因为，当销售价格相对较高时，消费者会谨慎做出购买决策，最终选择到实体店完全了解产品信息。因此，旅行成本相对较低的 *H*-消费者会直接前往实体店，而不会浏览数字展厅；旅行成本适中的 *H*-消费者则会选择先浏览数字展厅，以决定是否购买产品以及是否前往实体店；旅行成本足够高的 *H*-消费者不愿意前往实体店，而是选择直接从线上渠道购买产品。类似地，旅行成本较低的 *L*-消费者（即 $x \in \left[0, x_{A2}^{m*}\right)$）也会表现出“反展厅”行为。

通过进一步分析可以发现，若消费者浏览数字展厅的麻烦成本足够高（即 $h > \dfrac{\alpha\gamma_1(1-\theta)w}{2}$），随着消费者对旅行成本敏感度（$t$）的增加，表现出“反展厅”行为的消费者数量会减少。另外，随着产品匹配概率（θ）的增加，除了麻烦成本和匹配概率都比较高的情形（情形 C），在其他情形中，会有更多的消费者表现出“反展厅”行为。这是因为，当麻烦成本比较高时，零售商会通过降低销售价格以吸引消费者购买。这种情况下，当θ高于某一阈值时，消费者会倾向于在线上渠道购买产品，而不愿意通过“反展厅”行为购买产品。

为直观地说明消费者的购买决策行为，令$w=0.3$、$\theta=\alpha=0.25$、$t=\beta=0.5$，x和h分别在$x\in[0.5,1]$和$h\in[0,0.3]$的区间内变化，结果如图 6.2 所示，该图分别展示了 H-消费者和 L-消费者的购买决策行为。注意，情形 A、情形 B 和情形 C 下最优价格分别为$p^{m*}=0.67, 0.73-0.40h, 0.64$。阈值$x_{\text{A1}}^{m*}=0.09h$，情形 A、情形 B 和情形 C 下阈值$x_{\text{A2}}^{m*}=0.93, 1-0.55h, 0.87$，阈值$x_{\text{B}}^{m*}=1.55h+0.17$，阈值$x_{\text{C}}^{m*}=0.94$。

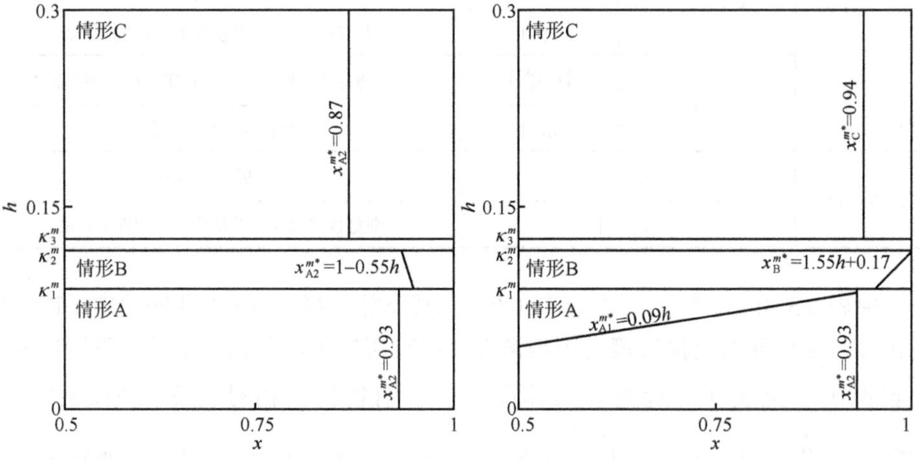

（a）L-消费者　　（b）H-消费者

图 6.2　垄断市场中 OW 策略下的消费者购买决策行为

图 6.2 展示了麻烦成本和旅行成本对消费者购买决策的交互影响。对 H-消费者来说，若麻烦成本较低（情形 A），旅行成本较高的消费者会浏览数字展厅并从线上渠道购买产品；旅行成本适中的消费者会表现出“反展厅”行为；旅行成本较低的消费者会在实体店进行购买。若麻烦成本适中（情形 B），旅行成本较高的消费者会选择浏览数字展厅并从线上渠道购买产品，其他消费者会直接前往实体店购买产品。若麻烦成本较高（情形 C），消费者都不会浏览数字展厅。对 L-消费者来说，其均会选择浏览数字展厅，其中旅行成本高的消费者从线上渠道购买产品，旅行成本低的消费者会表现出“反展厅”行为。

为进一步分析 OW 策略对垄断市场中零售商最优定价、市场需求和利润的影响，定义$\Delta p^{m*}=p^{m*}-p^{mN*}$、$\Delta D^{m*}=D^{m*}-D^{mN*}$以及$\Delta\pi^{m*}=\pi^{m*}-\pi^{mN*}$，通过分

析可得下列结论。

命题 6.2：垄断市场结构下，OW 策略对零售商最优定价、市场需求和利润的影响如表 6.4 所示。

表 6.4　垄断市场结构下 OW 策略对零售商最优定价、市场需求和利润的影响

变量	情形 A	情形 B	情形 C
Δp^{m*}	$\geqslant 0$	$\geqslant 0$	$\geqslant 0$
ΔD^{m*}	$\leqslant 0$	$\leqslant 0$	若 $t \leqslant t_1^m$，$\geqslant 0$ 若 $t > t_1^m$，< 0
$\Delta \pi^{m*}$	若 $t \leqslant t_2^m$，$\geqslant 0$ 若 $t > t_2^m$，< 0	若 $t \leqslant t_3^m$ 且 $h \leqslant h_1^m$，$\geqslant 0$ 反之，< 0	若 $t \leqslant t_4^m$，$\geqslant 0$ 若 $t > t_4^m$，< 0

命题 6.2 表明，零售商可以通过提供数字展厅服务来帮助消费者了解产品匹配概率和提高其购买信心，以此提高销售价格。此外，OW 策略会筛除部分“不匹配型消费者”，使得市场需求减少，从而诱使零售商通过提高销售价格来弥补损失。

当麻烦成本相对较高（情形 C）而旅行成本的敏感度相对较低（即 $t \leqslant t_1^m$）时，OW 策略通过诱导“不匹配型消费者”从实体店转向线上渠道购买来增加零售商的总需求。若未提供数字展厅服务（即 NW 策略），旅行成本相对较低的消费者会倾向于从实体店购买产品，当发现产品不合适时，“不匹配型消费者”会直接退出市场。Gao 和 Su（2017）也发现了类似的结果：数字展厅服务降低了消费者对产品价值的不确定性，因此消费者更有可能在线上渠道购买。

命题 6.2 还表明，OW 策略并不总是增加零售商的总利润。在情形 C 中，若旅行成本的敏感度足够高（即 $t > t_4^m$），OW 策略将减少零售商的总利润。这是因为，当旅行成本的敏感度足够高时，消费者不愿意访问实体店，而是直接从线上渠道购买，但 OW 策略会导致部分“不匹配型消费者”放弃购买，从而降低市场需求和总利润。在情形 A 和情形 B 中，相对较低的麻烦成本使得更多的消费者选择浏览数字展厅，导致一部分“不匹配型消费者”退出市场，从而降低了潜在需求。当销售价格的增加无法弥补市场需求的损失时，OW 策略将会进一步降低零售商的利润。

为了进一步探讨 OW 策略对零售商决策和利润的影响，本章对相关阈值进行分析。结果显示，阈值 t_3^m 会随着 θ 的增加而增加。当 θ 不是足够高时，阈值 t_2^m 和阈值 t_4^m 也会随着 θ 的增加而增加。这表明随着产品匹配概率的增加（θ 特别高的情形除外），垄断零售商会有更多的机会从提供数字展厅服务中获益。这是因为，提供数字展厅服务可以帮助消费者了解产品的匹配性，从而在 θ 增加时帮助消费者提高线上购买的信心。然而，当θ足够高时，零售商通过充分利用消费者估值的不确定性能够获取更高的收益。

为直观地说明命题 6.2 中的主要结论，令$w=0.3$、$\theta=\alpha=0.2$、$\beta=0.5$，t和h分别在$t\in[0.3,1]$和$h\in[0,0.2]$的区间内变化，OW 策略和 NW 策略下垄断零售商的利润如图 6.3 所示。注意，此时$t_2^m=0.65$，$t_3^m=115.48h-9.44$，$t_4^m=0.60$。

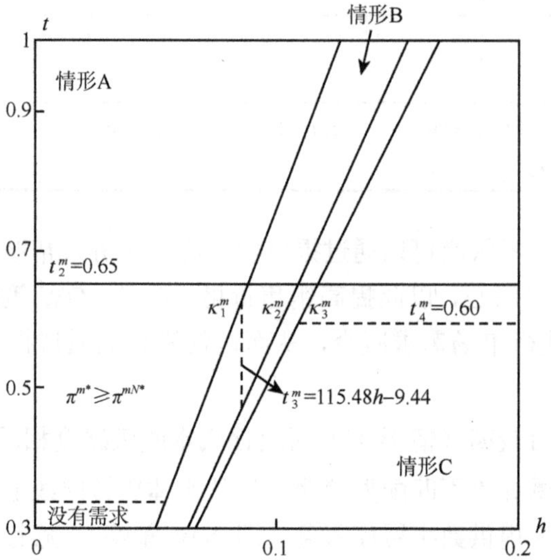

图 6.3　垄断市场中 OW 策略和 NW 策略下零售商的利润

图 6.3 表明，与 NW 策略相比，若消费者对旅行成本的敏感度较低，OW 策略可以带来更高的利润；否则，OW 策略可能会降低零售商的总利润。这一发现补充了 Gao 和 Su（2017）的研究结果：提供数字展厅服务会吸引过多的消费者迁移至线上渠道购买，从而提高产品退货率，导致零售商的利润降低。

以上结论带来了以下管理启示。一方面，零售商提供数字展厅服务可以降低消费者估值的不确定性，增加其购买动机，从而提高销售价格。另一方面，数字展厅服务为消费者提供了“搭便车”的机会，部分消费者在浏览数字展厅后会表现出“反展厅”行为，部分“不匹配型消费者”会直接离开市场，从而导致市场需求降低。因此，线上零售商需综合权衡数字展厅服务带来的收益和损失。

6.4　竞争情形下平台零售商数字展厅决策模型与策略分析

前文考虑平台零售商同时拥有线上和线下渠道，本节考虑线上和线下渠道分别归两个独立的零售商所有，呈现双寡头竞争的市场结构。与垄断市场相似，本节首先探讨 NW 策略和 OW 策略下两家零售商的最优定价决策及利润，在此基础上提炼平台零售商的最优数字展厅策略。

在双寡头竞争情形下，线上和线下渠道的利润函数可分别表示为

$$\pi_o^d = \left(p_o^d - w\right)\left(D_o^{dL} + D_o^{dH}\right) \tag{6.7}$$

$$\pi_r^d = \left(p_r^d - w\right)\left(D_r^{dL} + D_r^{dH}\right) \tag{6.8}$$

其中，$\left(D_o^{dL} + D_o^{dH}\right)$表示线上渠道的需求；$\left(D_r^{dL} + D_r^{dH}\right)$表示线下渠道的需求。

6.4.1　不提供数字展厅服务（NW 策略）

若平台零售商采用 NW 策略，线上渠道和线下渠道的最优定价策略$\left(p_o^{dN*}, p_r^{dN*}\right)$如定理 6.2 所述。

定理 6.2：双寡头竞争市场结构下，若平台零售商采用 NW 策略，线上渠道和线下渠道的均衡定价决策满足 $p_o^{dN*} = \dfrac{2t + (2+\theta)w}{3}$ 和 $p_r^{dN*} = \dfrac{t + (1+2\theta)w}{3\theta}$。

定理 6.2 表明，在 NW 策略下，当产品匹配概率相对较低或者前往实体店的旅行成本相对较小时，线上零售价格将低于线下零售价格。

6.4.2　提供数字展厅服务（OW 策略）

若平台零售商采用 OW 策略，线上渠道和线下渠道的最优定价策略$\left(p_o^{d*}, p_r^{d*}\right)$如定理 6.3 所述。

定理 6.3：双寡头竞争市场结构下，若平台零售商采用 OW 策略，线上渠道和线下渠道的定价纯策略均衡及相关条件如表 6.5 所示。

表 6.5　双寡头竞争市场下线上和线下零售商的均衡定价决策及其条件

条件	均衡定价决策
情形 A：$h \leqslant \kappa_1^d$	$p_o^{d*} = \dfrac{2(t+w)(1-\alpha) + \theta\left(w + 2(t+w)\alpha\right)}{3\left(1-\alpha(1-\theta)\right)}$ $p_r^{d*} = \dfrac{(t+w)(1-\alpha) + \theta\left(t\alpha + (2+\alpha)w\right)}{3\theta}$
情形 B：$\kappa_1^d < h \leqslant \kappa_2^d$	$p_o^{d*} = \dfrac{1}{3}\left(\dfrac{2t - h\beta}{1-\alpha\beta(1-\theta)} + \dfrac{\left(2 - 2\alpha(1-\theta) + \theta\right)w}{1-\alpha(1-\theta)}\right)$ $p_r^{d*} = \dfrac{t + h\beta + \gamma_2\left(1-\alpha(1-\theta) + 2\theta\right)w}{3\theta\gamma_2}$

续表

条件	均衡定价决策
情形 C： $h \geqslant \kappa_3^d$	$p_o^{d*}=\dfrac{(1-\alpha\beta(1-\theta))(2(1-\alpha(1-\beta)(1-\theta))(t+w)+\theta w)}{3-\alpha(1-\theta)(3-4\alpha\beta(1-\beta)(1-\theta))}$ $p_r^{d*}=\dfrac{(1-\alpha(1-\beta)(1-\theta))(1-\alpha(1-\theta))((t+w)+2\theta\gamma_2 w)}{\theta(3-\alpha(1-\theta)(3-4\alpha\beta(1-\beta)(1-\theta)))}$

为确保线上渠道需求的非负性，本节将在 $t \geqslant t_l^d$（$l=\mathrm{A,B,C}$）的条件下展开分析。图 6.4 给出了 $w=\beta=0.8$ 和 $\theta=\alpha=0.5$ 时三种情形的均衡区域。

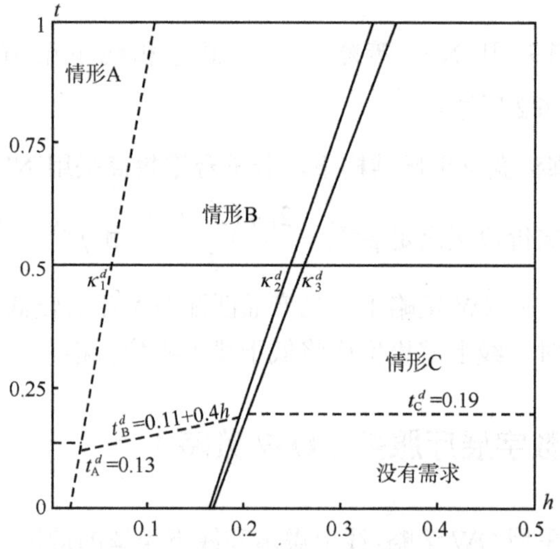

图 6.4　双寡头竞争市场中的均衡区域

如图 6.4 所示，若消费者对旅行成本的敏感度极低（即情形 A 中 $t \leqslant t_{\mathrm{A}}^d$、情形 B 中 $t \leqslant t_{\mathrm{B}}^d$ 或情形 C 中 $t \leqslant t_{\mathrm{C}}^d$），所有消费者都会前往实体店购买产品，在准确了解产品价值后做出知情的购买决策，此时线上渠道的需求和利润均为零。

6.4.3　竞争情形下平台零售商的数字展厅服务策略

本节将研究 OW 策略对线上渠道和线下渠道竞争的影响，进而提炼平台零售商的最优数字展厅服务策略。为便于描述，定义 $\Delta p_i^{d*}=p_i^{d*}-p_i^{dN*}$、$\Delta D_i^{d*}=D_i^{d*}-D_i^{dN*}$ 和 $\Delta\pi_i^{d*}=\pi_i^{d*}-\pi_i^{dN*}$ 分别为线上渠道和线下渠道在两种渠道策略（OW 和 NW 策略）下的价格差、需求差和利润差。通过分析，可得下列三个命题。

命题 6.3：在双寡头竞争市场结构下，OW 策略对两家零售商最优定价的影响如表 6.6 所示。

表 6.6　双寡头竞争市场下 OW 策略对零售商最优定价的影响

变量	情形 A	情形 B	情形 C
Δp_o^{d*}	$\geqslant 0$	$\geqslant 0$	若 $t \leqslant t_1^d$，$\geqslant 0$；若 $t > t_1^d$，<0
Δp_r^{d*}	<0	若 $t \leqslant t_2^d$ 且 $h \leqslant h_1^d$，$\leqslant 0$；反之，>0	<0

表 6.6 中，$t_1^d = \dfrac{\left(3\theta - 2\alpha\beta(1+2\theta)(1-\theta)\right)w}{2\alpha\beta(1-\theta)}$，$t_2^d = \dfrac{\left(3-\beta(1+2\alpha)(1-\theta)\right)w}{\beta\left(4-\alpha(1-\theta)\right)-3}$，$h_1^d = \dfrac{\alpha(1-\theta)\left(t(1-\beta)+\left(1-\alpha\beta(1-\theta)\right)w\right)}{\beta\left(1-\alpha(1-\theta)\right)}$。

命题 6.3 表明，OW 策略可能会降低双寡头竞争市场中平台零售商的销售价格，因为当消费者对旅行成本的敏感度较高（即 $t > t_1^d$）时，消费者更倾向于从线上渠道购买。当平台零售商提供数字展厅服务时，会有更多的消费者选择线上渠道。此时，线下渠道会通过降低销售价格来吸引消费者，导致线上渠道和线下渠道间的恶性价格竞争。当消费者浏览数字展厅的麻烦成本相对较高（情形 C）时，这一现象更加明显。

命题 6.3 还表明，线下渠道可以免费“搭乘”线上零售商的数字展厅服务，从而提高线下销售价格。这是因为数字展厅服务增加了消费者的购买信心，使其能够接受更高的旅行成本。

命题 6.4：在双寡头竞争市场结构中，OW 策略对两家零售商需求的影响如表 6.7 所示。

表 6.7　双寡头竞争市场下 OW 策略对零售商需求的影响

变量	情形 A	情形 B	情形 C
ΔD_o^{d*}	若 $t \leqslant \dfrac{w}{2}$，$\geqslant 0$ 若 $t > \dfrac{w}{2}$，<0	若 $t \leqslant t_3^d$ 且 $h \leqslant h_2^d$，$\geqslant 0$ 反之，<0	若 $t \leqslant t_4^d$，$\geqslant 0$ 若 $t > t_4^d$，<0
ΔD_r^{d*}	<0	若 $h > h_3^d$，$\geqslant 0$ 若 $h \leqslant h_3^d$，<0	<0

命题 6.4 表明，在三种情形（A、B、C）下，若消费者对旅行成本的敏感度相对较低，OW 策略可以通过诱导消费者从线下渠道转向线上渠道来增加线上需求。若消费者对旅行成本的敏感度足够高，即使没有数字展厅，消费者也会直接

从线上渠道购买。然而，由于数字展厅服务导致一部分“不匹配型消费者”离开市场，线上渠道的需求也有可能会下降。

命题 6.4 还表明，若麻烦成本相对较高（即 $h > h_3^d$），OW 策略可能有助于增加情形 B 的线下渠道需求。原因在于，考虑到线上购买的麻烦成本和线上渠道的销售价格都比较高，*H*-消费者不愿意选择线上渠道，而愿意从实体店购买产品。

命题 6.5：在双寡头竞争市场结构中，OW 策略对两家零售商最优利润的影响如表 6.8 所示。

表 6.8　双寡头竞争市场下 OW 策略对零售商最优利润的影响

变量	情形 A	情形 B	情形 C
$\Delta\pi_o^{d*}$	若 $t \leqslant t_5^d$，$\geqslant 0$ 若 $t > t_5^d$，< 0	若 $t \leqslant t_6^d$ 且 $h \leqslant h_4^d$，$\geqslant 0$ 反之，< 0	若 $t \leqslant t_7^d$，$\geqslant 0$ 若 $t > t_7^d$，< 0
$\Delta\pi_r^{d*}$	< 0	若 $t \leqslant t_8^d$ 且 $h \leqslant h_5^d$，$\leqslant 0$ 反之，> 0	< 0

命题 6.5 表明，以情形 A 为例，当消费者对旅行成本的敏感度较低时，数字展厅服务使得线上渠道更具吸引力，并诱导部分消费者从线下渠道转向线上渠道购买产品，从而增加了线上渠道的利润，这与 Gao 和 Su（2017）、Jing（2018）的结论一致。此外，随着产品匹配概率 θ 的增加（除了旅行成本足够高且产品匹配概率极低的情形），阈值 t_l^d（$l = 5,6,7$）也会增加，这表明平台零售商将会有更多机会从提供数字展厅服务中受益。

以上研究结果也表明，在双寡头竞争市场结构下，数字展厅服务通过筛除“不匹配型消费者”和诱导消费者的“反展厅”行为，可能会加剧两个渠道之间的竞争。因此，当消费者对旅行成本的敏感度较高时，数字展厅服务可能不利于线上渠道，而有利于线下渠道，或者同时降低两个渠道的利润。这一结果在一定程度上为许多实体零售商[如 John Lewis、Target（塔吉特）、J.C. Penney、Ulta Beauty]在其门店内引入免费 WiFi 以诱导消费者的“反展厅”行为，或开设更多的线下实体门店以降低消费者的旅行成本的做法提供了解释。

为更好地说明命题 6.5 中的主要结论，令 $w = \beta = 0.8$、$\alpha = \theta = 0.5$，t 和 h 分别在 $[0,1]$ 和 $[0,0.5]$ 的区间内变化，双寡头竞争市场结构下线上渠道和线下渠道在 OW 和 NW 策略下的利润分别如图 6.5 所示。

图 6.5（a）表明，当消费者对旅行成本的敏感度相对较低（即情形 A 和情形 C）或麻烦成本相对较小（即情形 B）时，OW 策略相比 NW 策略能为平台零售商带来更高的利润（即 $\pi_o^{d*} \geqslant \pi_o^{dN*}$）。从图 6.5（b）可以看出，当 *H*-消费者的麻烦成本适中（即情形 B），且消费者对旅行成本的敏感度较高时，平台零售商实施 OW 策略能够增加实体零售商的利润。

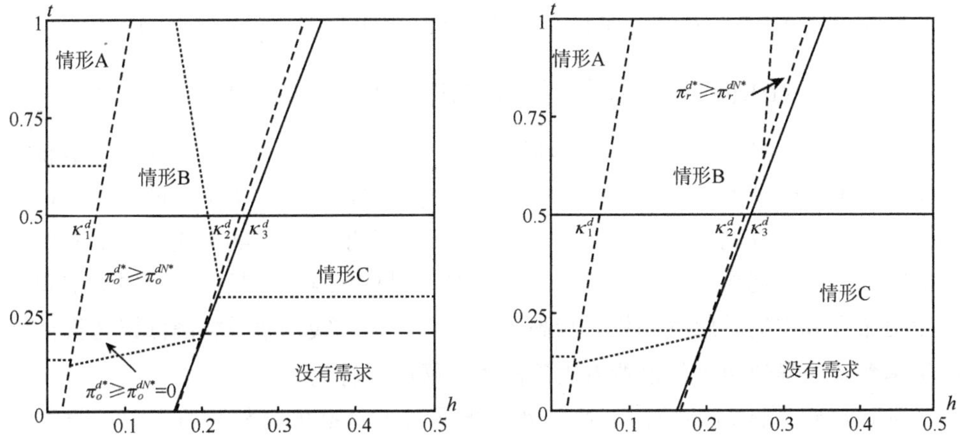

（a）线上渠道的利润　　（b）线下渠道的利润

图 6.5　双寡头竞争市场中线上和线下渠道在 OW 和 NW 策略下的利润

在三种情形（A、B、C）下，数字展厅服务都可以增加平台零售商的盈利区域。如图 6.5（a）所示，在 NW 策略下，当消费者对旅行成本的敏感度较低（即 $t \leqslant \dfrac{(1-\theta)w}{2}=0.2$）时，消费者更倾向于前往线下门店，在准确了解产品价值后做出知情的购买决策，此时线上需求为零。然而，在 OW 策略下，数字展厅服务使得线上渠道更具有吸引力，并诱导旅行成本相对较低的消费者转向线上渠道购买产品，从而增加线上需求（即图 6.5 中左下角 $\pi_o^{d*} \geqslant \pi_o^{dN*}=0$ 的区域）。

6.5　市场结构对数字展厅服务策略的影响

本节通过比较垄断和双寡头结构下零售商的需求和利润来分析不同的市场结构对数字展厅服务策略有效性的影响。通过分析不同市场结构下数字展厅服务对消费者行为的影响，得到命题 6.6。

命题 6.6：（1）在情形 A 和情形 B 中，与垄断市场相比，双寡头竞争市场中会有较少的消费者表现出“反展厅”行为。

（2）在情形 C 中，与垄断市场相比，若 $t \geqslant t_1$，双寡头竞争市场中会有较多的消费者表现出“反展厅”行为，其中，

$$t_1=\frac{(1-\theta)^2\left((1-\alpha)(1-\alpha(1-\beta))+\alpha\beta\theta\right)\left(1-\alpha(1-2\beta(1+\theta))\right)w}{\alpha N-(1+2\theta)}$$

$$N=(1-\beta)\Big(3+\alpha^2(1-\theta)^2\big(1-2\beta(1-2(1+\beta(1-\theta))\theta)\big)\Big)+\beta(7-4\theta)\theta$$
$$+(1-\theta)\Big((2-\alpha)\theta-\alpha\big(3-\beta(6-2\beta(1-\theta)^2-(11-6\theta)\theta)\big)\Big)$$

命题 6.6 表明，在情形 A 和情形 B 中（即麻烦成本不是特别高时），垄断市场中会有更多的消费者表现出“反展厅”行为。这是因为在垄断市场中，OW 策略会导致零售商提高销售价格，这时消费者会更谨慎地做出购买决策，从而更有可能转向实体店购买产品。在情形 C 中，对于双寡头竞争市场，当麻烦成本和消费者对旅行成本的敏感度都相对较高（即 $t\geqslant t_1$）时，线下渠道将降低销售价格以吸引消费者，导致更多的消费者表现出“反展厅”行为。

通过比较不同市场结构下数字展厅服务对平台零售商利润的影响，得到命题 6.7。

命题 6.7：与垄断市场相比，双寡头竞争市场中平台零售商在以下几种条件下更有动机提供数字展厅服务。①情形 A：$t\leqslant t_2$；②情形 B：$h\leqslant h_1$ 且 $t\leqslant t_3$；③情形 C：$t\leqslant t_4$。其中，$t_k(k=2,4)$ 和 h_1 分别是情形 A 和情形 C 中 $\Delta\pi_o^{d*}-\Delta\pi^{m*}=0$ 的根，而 t_3 则为 $h_1-\kappa_1^m=0$ 的解。

命题 6.7 表明，当消费者对旅行成本的敏感度较低时，相较于垄断市场情形，OW 策略在双寡头竞争市场中能取得更好的效果。原因在于，OW 策略在不同的市场结构中发挥着不同的作用。在垄断市场结构下，OW 策略通过提高消费者的购买信心来提高销售价格，从而增加垄断平台零售商的利润。在双寡头竞争市场中，OW 策略通过诱导消费者从线下渠道转向线上渠道来增加平台零售商的利润。

6.6 本章小结

本章探讨了平台零售商的数字展厅服务策略，分别针对垄断和双寡头竞争市场结构建立了相应的平台零售商数字展厅渠道选择决策模型，并提炼了最优的数字展厅服务策略。通过分析，本章得到的主要结论包括下列三个方面。

（1）消费者表现出“反展厅”行为的条件：当线上销售价格相对较高且前往实体店的旅行成本适中时，*H*-消费者倾向于表现出“反展厅”行为。当旅行成本相对较小或较大时，*H*-消费者会选择直接前往实体店或者从线上渠道购买产品。这一结论表明，消费者“反展厅”行为存在的情况下，平台零售商应更加重视为其高价商品提供实体零售渠道。

（2）数字展厅服务提供策略：在垄断市场中，当消费者对旅行成本的敏感度较低时，垄断零售商应提供数字展厅服务；反之，垄断零售商不需要提供数字展厅服务。在双寡头竞争市场中，当消费者对旅行成本的敏感度相对较低或麻烦成本相对较小时，提供数字展厅服务能为平台零售商带来更高的利润。当 H-消费者的麻烦成本适中且消费者对旅行成本的敏感度较高时，平台零售商实施 OW 策略会增加实体零售商的利润。

（3）数字展厅服务策略在不同市场结构中的作用：在垄断市场结构下，数字展厅服务通过提高消费者的购买信心来提高销售价格，从而增加垄断零售商的利润。在双寡头竞争市场中，数字展厅服务通过诱导消费者从线下渠道转向线上渠道来增加平台零售商的利润。当消费者对旅行成本的敏感度相对较低时，相较于垄断市场情形，数字展厅服务在双寡头竞争市场结构下能给平台零售商带来更多的收益。

本章的主要结论揭示了在不同市场结构下平台零售商是否应该提供数字展厅服务，丰富了全渠道相关的研究。未来研究的问题主要包括两个方面：首先，本章的模型框架侧重于垄断和双寡头竞争市场结构下线上渠道和线下渠道之间的交互与竞争，未来的研究可以考虑制造商的作用，探究供应链环境下的数字展厅服务策略。其次，如何在多渠道环境下缓解“反展厅”行为带来的负面影响，也是未来值得进一步探究的问题。

参考文献

Balakrishnan A，Sundaresan S，Zhang B. 2014. Browse-and-switch：retail-online competition under value uncertainty[J]. Production and Operations Management，23（7）：1129-1145.

Eliot L. 2015. Retail’s new reality：invisible shopping centers and virtual assistants[EB/OL]. http://www.cnbc.com/2015/04/24/retails-new-reality-four-ways-technology-can-boost-sales-commentary.html[2021-01-20].

e-Marketer. 2018. Webrooming；Amazon Ads；Best Buy[EB/OL]. https://www.emarketer.com/content/webrooming-amazon-ads-best-buy[2020-07-17].

Flavián C，Gurrea R，Orús C. 2016. Choice confidence in the webrooming purchase process：the impact of online positive reviews and the motivation to touch[J]. Journal of Consumer Behaviour，15（5）：459-476.

Gallino S，Moreno A. 2018. The value of fit information in online retail：evidence from a randomized field experiment[J]. Manufacturing & Service Operations Management，20（4）：767-787.

Gao F，Su X. 2017. Online and offline information for omnichannel retailing[J]. Manufacturing & Service Operations Management，19（1）：84-98.

Huang G Q，de Koster R，Yu Y. 2020. Online-to-offline ecommerce operations management（EOM）[J]. Transportation Research Part E：Logistics and Transportation Review，138：101920.

Jing B. 2018. Showrooming and webrooming：information externalities between online and offline sellers[J]. Marketing Science，37（3）：469-483.

Konur D. 2021. Keep your enemy close? Competitive online brands' expansion with individual and shared showrooms[J]. Omega，99：102206.

Zhang P，He Y，Zhao X. 2019. "Preorder-online，pickup-in-store" strategy for a dual-channel retailer[J]. Transportation Research Part E：Logistics and Transportation Review，122：27-47.

第7章 双渠道供应链数字展厅渠道策略与协调机制设计

随着虚拟现实和增强现实等信息技术的快速发展与深入应用，数字展厅已成为在线零售商降低消费者价值感知不确定性、改善消费者购物体验的重要途径，在许多行业（如时尚行业、汽车和设计行业等）被广泛采用。例如，宝马推出了宝马数字展厅，消费者可以在线虚拟体验各系列的产品。意大利服装制造商 Diesel 推出 Hyperoom，为消费者提供类似于其线下米兰旗舰店风格的沉浸式在线购物体验。然而，不可回避的问题是，当网络零售商提供数字展厅服务时，消费者可能呈现出典型的“反展厅”行为（Flavián et al.，2016），即消费者可能会通过数字展厅先虚拟体验产品，再转向附近的实体店购买产品。谷歌的一项调查表明，87%的消费者会通过线上渠道了解产品，而其中 79%的消费者最终选择在实体店购买产品（Eliot，2015）。这种现象在耐用或价格较高的产品的销售中（如消费电子产品、移动产品和家具）尤为常见，如美国最大的在线家居零售商 Wayfair 网站中 99%的访客都表现出“反展厅”行为。显然，消费者的“反展厅”行为会使消费者从线上渠道转向线下渠道，从而加剧渠道竞争。

数字展厅以其较好的产品展示功能以及引发的“反展厅”行为得到了学界的关注。相关研究结果显示，若消费者存在“反展厅”行为，引入数字展厅可能同时损害线上和线下渠道的利益（Gao and Su，2017；Jing，2018；Sun et al.，2020）。然而，这些研究忽略了制造商在渠道调节方面的战略性作用。一些研究表明，制造商可以使用各种合同调节由消费者“展厅”行为所引发的渠道竞争（Basak et al.，2017；Zhang et al.，2020）。作为两种典型的消费者跨渠道行为，消费者“反展厅”行为与“展厅”行为存在明显不同。首先，与消费者“展厅”行为相反，“反展厅”行为会导致消费者从线上渠道转至线下渠道，使线上渠道流量损失。其次，若线下实体店与线上零售商销售相同产品，线下实体店往往直接充当了线上零售商的实体展厅，而对于线上零售商而言，是否提供数字展厅是一个战略性决策问题。因此，引入数字展厅能否给双渠道供应链带来益处，以及制造商应如何采取一些举措来调节渠道竞争，有待进一步明晰。上述现实问题引发了下列具体科学问题：①若消费者存在“反展厅”行为，引入数字展厅如何影响供应链各成员及整体收益？②供应链渠道结构如何影响数字展厅策略的作用？③面对消费者“反展厅”行为，制造商应如何发挥作用以协调整个供应链运营？

面对上述不确定性问题以及引发的科学问题，本章旨在构建一种双渠道供应链的数字展厅渠道决策模型，探讨供应链的数字展厅策略与成员协调机制。首先，进行了模型描述与主要参数假设；其次，分别针对线上渠道不提供数字展厅服务与提供数字展厅服务两种情形，分析了其模型设置与需求分布情况；再次，根据上述两种情形，分别构建了相应的数字展厅渠道选择决策模型，并分析了其最优渠道策略；最后，探讨了供应链成员的协调问题，设计了最优协调机制。

7.1　模型描述与主要参数假设

考虑由一个制造商和一个零售商组成的双渠道供应链，其中制造商和零售商通过不同的渠道（线上或线下渠道）向消费者销售一种产品。现实中，双渠道供应链呈现两种典型的结构：①制造商自营线上渠道并通过实体零售商分销产品（结构 A）；②制造商自营实体渠道并通过独立的线上零售商分销产品（结构 B）。例如，中国最大的在线家具制造商林氏木业最早通过天猫网向终端消费者销售产品，随后开设了 1000 多家特许经营店来拓展线下渠道。而传统家具制造商宜家则是在自营线下渠道的同时，将产品卖给亚马逊平台以开拓线上销售渠道。两种供应链结构的示意图如图 7.1 所示。

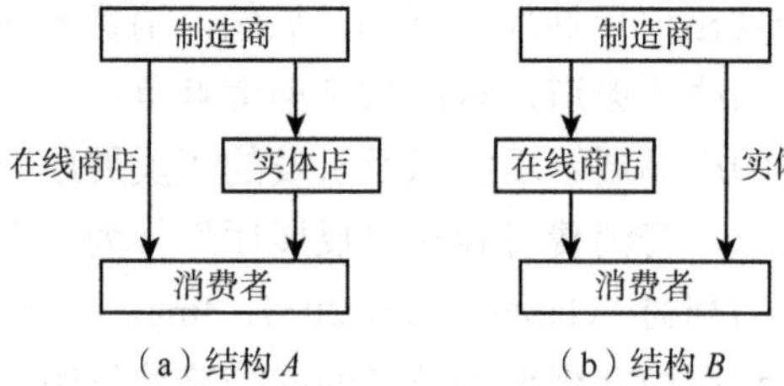

图 7.1　双渠道供应链结构示意

在特定结构的供应链中，制造商或实体零售商将决定是否提供数字展厅服务。为此，考虑两种情形：不提供数字展厅服务（N）与提供数字展厅服务（S）。假设市场上消费者规模标准化为 1，且每个消费者至多购买一件产品；当线上渠道提供数字展厅服务时，消费者可能会呈现出“反展厅”行为。不失一般性，假定在两种结构下制造商均为领导者，零售商为追随者，并假设制造商与实体零售商均是风险中性的，以最大化个体利益为决策目标。本章所涉及的主要参数符号与说明如表 7.1 所示。

表 7.1　符号说明

符号	含义
i	$i=\{A,B\}$ 代表两类供应链结构
j	$j=\{m,o,r\}$ 分别代表制造商、线上渠道和线下渠道
p_o（p_r）	线上（线下）渠道的零售价格
w^i	制造商制定的批发价格
c	数字展厅的单位服务成本
c_r	线下渠道的单位运营成本
θ	产品匹配概率
v	产品匹配时消费者得到的产品价值
h	消费者在线购物麻烦成本，$h>0$
t	消费者到实体店的单位旅行成本，$t>0$
x	消费者到实体店的距离
α（$1-\alpha$）	双渠道消费者（纯实体店消费者）的比例
EU_o（EU_r）	消费者从线上（线下）渠道购买产品时的预期效用
D_o（D_r）	线上（线下）渠道的需求
π_j	成员 j 的利润（$j=\{m,o,r\}$）

在结构i（$i=\{A,B\}$）中，制造商以价格w^i将产品批发给零售商。线上渠道和线下渠道的零售价格分别用p_o和p_r表示。考虑到实体店通常会比线上渠道产生更高的运营成本（如人工成本、快速收银台成本、基础设施成本等），根据相关研究（Cao et al.，2016；Chen et al.，2017），假定实体店的单位运营成本为c_r（$c_r>0$），并将线上渠道的单位运营成本标准化为零（$c_o=0$）。此外，若线上渠道提供数字展厅服务，将产生相应的单位服务成本c（$c>0$）（Kuksov and Lin，2010）。

基于相关研究（Balakrishnan et al.，2014；Gao and Su，2017），假定消费者购买产品前知道该产品的匹配概率为θ。若产品能够匹配消费者的需求，消费者将获得产品价值v（$v>0$）；反之，消费者获得的价值为 0。根据消费者的渠道选择行为，将市场上的消费者分为两类：双渠道消费者和纯实体店消费者，比例分别为α（$0<\alpha<1$）和$1-\alpha$。需要注意的是，双渠道消费者主要包括那些足够理性、在购物时充分利用线上渠道和线下渠道优化自身效用的消费者；纯实体店消费者主要指那些缺乏网络使用条件、使用习惯或使用能力的传统消费者（如老年消费者）。

消费者访问实体店将产生一定的旅行成本，设为tx；其中，t（$t>0$）表示单位旅行成本，包括前往商店所需的金钱、时间和精力等，而x表示消费者到实体店的距离。考虑到消费者到实体店的距离存在一定的异质性，假定 x 在 0 和 1 上服从均匀分布，即 $x \sim U[0,1]$。双渠道消费者选择从线上渠道购买产品时，将产生相应的麻烦成本 h（$h > 0$），包括搜索、运输和等待时间等相关的成本（Gao and Su，2017）。

7.2 模型设置与需求分析

本节分别针对两种供应链结构下的线上渠道不提供数字展厅服务与提供数字展厅服务两种情形，构建消费者的效用函数，并分析线上与线下渠道需求分布情况。

7.2.1 不提供数字展厅服务（*N*）

将线上渠道不提供数字展厅服务作为基准情形，并用“$\hat{X}$”标识此种情形下的变量。参考相关研究（Balakrishnan et al.，2014；Jing，2018），消费者从线上渠道和线下渠道购买产品的期望效用可分别表示为 $\widehat{\mathrm{EU}_o} = \theta v - \hat{p}_o - h$ 和 $\widehat{\mathrm{EU}_r} = \theta(v - \hat{p}_r) - tx$。对于双渠道消费者，若期望效用满足 $\widehat{\mathrm{EU}_o} \geqslant \widehat{\mathrm{EU}_r}$，将从线上渠道购买产品；若期望效用满足 $\widehat{\mathrm{EU}_r} \geqslant \widehat{\mathrm{EU}_o}$，将从实体店购买产品。对于纯实体店消费者，他们只选择去实体店购买产品，因此，当且仅当 $\widehat{\mathrm{EU}_r} \geqslant 0$ 时他们才会访问实体店。

为保证模型符合实际情况，做出以下假设：① $\hat{p}_o + h \leqslant \theta v$，以避免线上渠道需求总为零；② $\hat{p}_r \leqslant v$，以避免线下渠道需求总为零；③ $\min\left\{\dfrac{\theta v - t}{\theta}, \dfrac{\hat{p}_o + h - t}{\theta}\right\} \leqslant \hat{p}_r \leqslant \dfrac{\hat{p}_o + h}{\theta}$，以避免消费者选择某一个渠道的效用总是高于另一个渠道的效用。

此时，线上和线下渠道的需求函数分别表示为

$$\hat{D}_o = \alpha\left(1 - \frac{\hat{p}_o - \theta\hat{p}_r + h}{t}\right),\ \hat{D}_r = \alpha\theta\frac{\hat{p}_o - \theta\hat{p}_r + h}{t} + \theta(1-\alpha)\frac{\theta\left(v - \hat{p}_r\right)}{t} \tag{7.1}$$

7.2.2 提供数字展厅服务（*S*）

若线上渠道提供数字展厅服务，双渠道消费者可以通过数字展厅获得额外的产品信息来消除对产品估值的不确定性。参考相关研究（Gao and Su，2017；Jing，

2018），假定双渠道消费者可以通过数字展厅服务完全消除对产品估值的不确定性。此时，比例为θ的双渠道消费者发现产品与自己完美匹配，选择留在市场；比例为$1-\theta$的双渠道消费者意识到产品不匹配，进而选择离开市场。因此，双渠道消费者从线上和线下渠道购买产品的净效用可分别表述为$U_o = v - p_o - h$和$U_r = v - p_r - tx$。

为排除极端情形，同样做出假设：① $p_o + h \leqslant v$；② $p_r \leqslant v$；③ $\min\left\{\dfrac{\theta v - t}{\theta}, p_o + h - t\right\} \leqslant p_r \leqslant p_o + h$。此时，选择从线上和线下渠道购买产品的需求函数可分别表示为

$$D_{1o} = \alpha\theta\left(1 - \frac{p_o - p_r + h}{t}\right),\ D_{1r} = \alpha\theta\frac{p_o - p_r + h}{t} \tag{7.2}$$

对于纯实体店消费者，只有当$EU_r \geqslant 0$时，消费者才会访问实体店。因此，纯实体店消费者的线下需求可表示为

$$D_{2r} = \theta(1-\alpha)\frac{\theta(v - p_r)}{t} \tag{7.3}$$

综上，线上渠道和线下渠道的总需求可表示为

$$D_o = D_{1o} = \alpha\theta\left(1 - \frac{p_o - p_r + h}{t}\right) \tag{7.4}$$

$$D_r = D_{1r} + D_{2r} = \alpha\theta\frac{p_o - p_r + h}{t} + \theta(1-\alpha)\frac{\theta(v - p_r)}{t} \tag{7.5}$$

根据上述需求函数，图 7.2 刻画了线上渠道与线下渠道的需求分布情况。

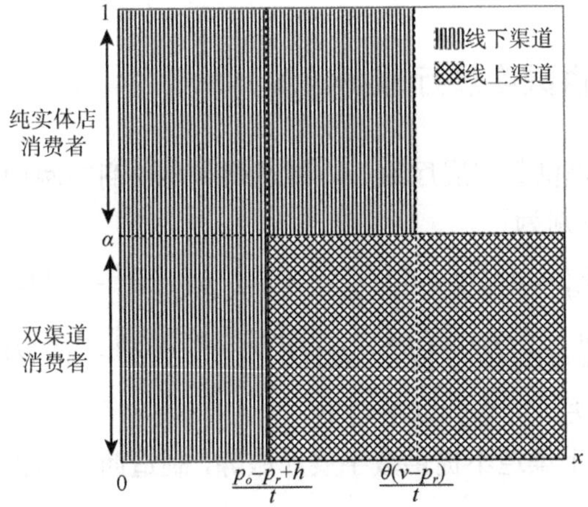

图 7.2　线上需求和线下需求分布示意图

根据本章的决策问题，供应链成员的决策顺序如下。首先，线上渠道决策是否提供数字展厅服务。其次，制造商决定产品的批发价格，在此基础上线上渠道和线下渠道同时决定零售价格。最后，消费者进入市场并做出购买决策。根据此决策顺序以及不同策略下的消费者购买行为，可得图 7.3。

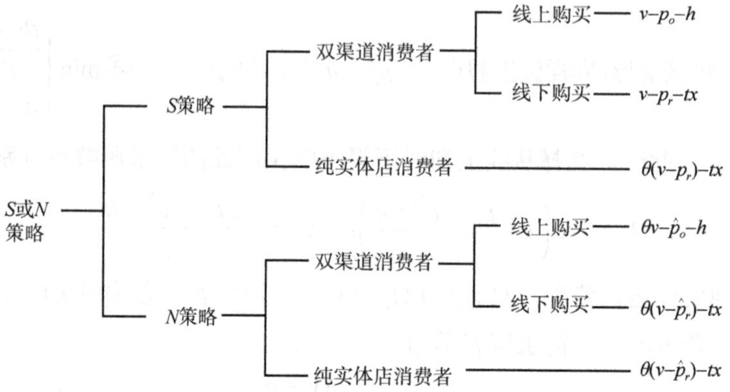

图 7.3　不同策略下的消费者效用函数

7.3　供应链的数字展厅服务策略

针对两种供应链结构，本节重点构建了线上渠道不提供与提供数字展厅服务两种情形下的渠道选择决策模型，提炼线上渠道的数字展厅服务选择的最优策略。

7.3.1　不提供数字展厅服务（*N*）

若线上渠道不提供数字展厅服务，制造商和零售商在两种供应链结构（*A* 和 *B*）下的利润函数分别为

$$\hat{\pi}_m^A = \hat{p}_o^A \hat{D}_o^A + \hat{w}^A \hat{D}_r^A, \quad \hat{\pi}_r^A = \left(\hat{p}_r^A - \hat{w}^A - c_r\right)\hat{D}_r^A \tag{7.6}$$

$$\hat{\pi}_m^B = \hat{w}^B \hat{D}_o^B + \left(\hat{p}_r^B - c_r\right)\hat{D}_r^B, \quad \hat{\pi}_o^B = \left(\hat{p}_o^B - \hat{w}^B\right)\hat{D}_o^B \tag{7.7}$$

通过逆向归纳法，可得到以下结果。

引理 7.1：若线上渠道不提供数字展厅服务，制造商和零售商的最优定价决策如表 7.2 所示。

表 7.2　线上渠道不提供数字展厅服务时的最优定价

结构	最优定价
A	$\hat{w}^{A*}=\dfrac{\alpha(8+\alpha)t-(1-\alpha)\left(h\alpha^2+8\theta c_r-v\theta\left(8+\alpha^2\right)\right)}{2\left(8-7\alpha-\alpha^2\right)\theta}$ $\hat{p}_o^{A*}=\dfrac{(8+\alpha)(t-h(1-\alpha))-\theta(1-\alpha)(2c_r-v(10-\alpha))}{2(1-\alpha)(8+\alpha)}$ $\hat{p}_r^{A*}=\dfrac{\alpha(8+\alpha)t+(1-\alpha)(\alpha h(4+\alpha)+4\theta c_r+v\theta(12-\alpha(2+\alpha)))}{2(1-\alpha)(8+\alpha)\theta}$
B	$\hat{w}^{B*}=\dfrac{\left(8+\alpha^2\right)t-(1-\alpha)(8h+\alpha\theta c_r-v\theta(8+\alpha))}{2\left(8-7\alpha-\alpha^2\right)}$ $\hat{p}_o^{B*}=\dfrac{(12-\alpha(2+\alpha))t-(1-\alpha)(2h(6+\alpha)-c_r\theta(4+\alpha)-v\theta(8+\alpha))}{2(1-\alpha)(8+\alpha)}$ $\hat{p}_r^{B*}=\dfrac{\alpha(10-\alpha)t-(1-\alpha)(2h\alpha-v\theta(8+\alpha)-\theta c_r(8+3\alpha))}{2\left(8-7\alpha-\alpha^2\right)\theta}$

7.3.2　提供数字展厅服务（S）

若线上渠道提供数字展厅服务，制造商和零售商在两种供应链结构（A 和 B）下的利润函数可表示为

$$\pi_m^A=\left(p_o^A-c\right)D_o^A+w^AD_r^A,\quad \pi_r^A=\left(p_r^A-w^A-c_r\right)D_r^A \tag{7.8}$$

$$\pi_m^B=\left(p_r^B-c_r\right)D_r^B+w^BD_o^B,\quad \pi_o^B=\left(p_o^B-w^B-c\right)D_o^B \tag{7.9}$$

通过逆向归纳法，可以得到定理 7.1。

定理 7.1： 若线上渠道提供数字展厅服务，制造商和零售商在两种供应链结构（A 和 B）下的最优定价决策如表 7.3 所示。

表 7.3　线上渠道提供数字展厅服务时的最优定价

结构	最优定价
A	$w^{A*}=\dfrac{1}{2}\left(v-c_r+\dfrac{(c_r+8(c+h)-9v)\gamma}{9\gamma+8\theta}+\dfrac{t\gamma}{\theta}-\dfrac{(c+h-v)\gamma}{\gamma+\theta}\right)$ $p_o^{A*}=\dfrac{9t\gamma^2-(2c_r-11c+7h-17t-9v)\gamma\theta-2(c_r-4(c-h+t)-5v)\theta^2}{2\theta(9\gamma+8\theta)}$ $p_r^{A*}=\dfrac{1}{4}\left(c_r+3v-\dfrac{(c_r+8(c+h)-9v)\gamma}{9\gamma+8\theta}+\dfrac{2t\gamma}{\theta}+\dfrac{2(c+h-v)\gamma}{\gamma+\theta}\right)$

续表

结构	最优定价
B	$w^{B*}=\dfrac{9t\gamma^2-\left(c_r+8(c+h-2t)-9v\right)\gamma\theta-8(c+h-t-v)\theta^2}{2\theta(9\gamma+8\theta)}$
	$p_o^{B*}=\dfrac{9t\gamma^2+\left(5c_r+4c-14h+22t+9v\right)\gamma\theta+4(c_r+c-3h+3t+2v)\theta^2}{2\theta(9\gamma+8\theta)}$
	$p_r^{B*}=\dfrac{9t\gamma^2+\left(11c_r-2(c+h-5t)+9v\right)\theta\gamma+8(c_r+v)\theta^2}{2\theta(9\gamma+8\theta)}$

表 7.3 中，$\gamma=\dfrac{\alpha}{1-\alpha}$。基于定理 7.1，进一步得到以下结论。

推论 7.1：① $\dfrac{\partial p_o^{A*}}{\partial h}<0$，$\dfrac{\partial p_r^{A*}}{\partial h}>0$，$\dfrac{\partial w^{A*}}{\partial h}<0$；② $\dfrac{\partial p_o^{B*}}{\partial h}<0$，$\dfrac{\partial p_r^{B*}}{\partial h}<0$，$\dfrac{\partial w^{B*}}{\partial h}<0$。

推论 7.1 表明，在结构 A 中，线上销售价格和批发价格都随着在线购物麻烦成本 h 的增加而减小，线下销售价格随着 h 的增加而增加。在结构 B 中，所有均衡价格都随着 h 的增加而减小，这是因为制造商从线下直销渠道获得的边际利润比线上分销渠道高。当线上销售价格随 h 的增加而减小时，结构 B 中制造商会降低其线下直销渠道的销售价格与线上渠道竞争，从而增加线下渠道的需求，提升自身利润。

7.3.3 两种策略的比较分析

以下通过比较供应链成员在有无数字展厅服务时的最优决策，提炼数字展厅服务对制造商和零售商定价、需求和利润的影响。首先，通过比较不同供应链结构下引入数字展厅服务对销售价格的影响，得到命题 7.1。

命题 7.1：（1）在两种供应链结构（A 和 B）中，引入数字展厅服务均会提高产品线上零售价格。

（2）存在阈值 h_1^i（$i=A,B$），①在结构 A 中，若 $h\leqslant h_1^A$，数字展厅服务将提高线下零售价格，反之将降低线下零售价格；②在结构 B 中，若 $h\leqslant h_1^B$，数字展厅服务将降低线下零售价格，反之将提高线下零售价格。其中，$h_1^A=\dfrac{\theta(c(8+\alpha)(5\gamma+4\theta)-4c_r(\alpha(1-\theta)+\theta)(1-\theta)-v(1-\theta)(1-\alpha)(9\gamma(4+\alpha)+4(7+2\alpha)\theta))}{\alpha(1-\theta)(9\gamma(4+\alpha)+4(7+2\alpha)\theta)}$，

$h_1^B = t + \dfrac{\theta(c(8+\alpha) - 8c_r(1-\alpha)(1-\theta))}{9\alpha(1-\theta)}$。

命题 7.1 表明，在两种供应链结构中，引入数字展厅服务都将提高线上渠道的零售价格。这是因为，数字展厅服务消除了消费者估值的不确定性，增加了消费者的购买信心，从而使线上渠道有机会提高销售价格。然而，在两种供应链结构中，数字展厅服务对线下渠道将产生不同的影响。在结构 A 中，当在线购物麻烦成本相对较小时（即 $h \leqslant h_1^A$），消费者更愿意线上购买，此时线上渠道有动机提高零售价格。这种情况下，线下零售商会搭乘线上渠道数字展厅服务的便车，同步提高线下渠道的零售价格。而当在线购物麻烦成本 h 相对较高时（即 $h > h_1^A$），消费者可能不愿意从线上渠道购买，此时线下零售商会降低其零售价格以诱导消费者的“反展厅”行为。

在结构 B 中，制造商拥有线下渠道，可以调节线下零售价格来优化线上和线下渠道的需求。当在线购物麻烦成本相对较低时，双渠道消费者更倾向于选择线上渠道购买，此时制造商将降低线下零售价格，以增加实体店消费者的购买量。当在线购物麻烦成本相对较高时，消费者更倾向于从线下渠道购买，制造商就会趁机提高线下的零售价格以获取更多利润。

以上结论揭示了制造商在调节线上和线下渠道竞争中的重要作用，拓展了关于数字展厅的研究内容，丰富了相关研究结果（Gao and Su，2017；Jing，2018；Sun et al.，2020）。

如前文所述，制造商可通过措施调节渠道竞争。通过分析数字展厅服务的引入对制造商批发价格的影响，得到命题 7.2。

命题 7.2：存在阈值 $h_2^i\,(i = A, B)$，若在结构 A 中满足 $\theta \leqslant \dfrac{9\gamma^2}{8} \wedge h \leqslant h_2^A$ 或 $\theta \geqslant \dfrac{9\gamma^2}{8} \wedge h \geqslant h_2^A$，在结构 B 中满足 $h \leqslant h_2^B$，则引入数字展厅会促使制造商降低批发价格；反之，将导致制造商提高批发价格。其中，

$$h_2^A = \frac{\theta(c\gamma(8+\alpha) - 8c_r(\alpha(1-\theta)+\theta)(1-\theta) - v(1-\theta)(1-\alpha)^2(9\gamma^2 - 8\theta))}{\alpha(1-\theta)(1-\alpha)(9\gamma^2 - 8\theta)}$$

$$h_2^B = \frac{\begin{array}{c}\gamma(1-\theta)(\theta c_r(8+\alpha+8(1-\alpha)\theta) - 9t\gamma(8+\alpha) \\ -8t(7+2\alpha)\theta) + \theta(8+\alpha)(8c\gamma + 8c\theta - v(1-\theta)(9\gamma + 8\theta))\end{array}}{8\alpha(1-\theta)\theta}$$

显然，在不同的供应链结构中，制造商调节渠道竞争的方法不同。在结构 A 中，当产品匹配概率相对较低（即 $\theta \leqslant \dfrac{9\gamma^2}{8}$）且在线购物麻烦成本相对较低时（即

$h \leqslant h_2^A$），消费者倾向于从线上渠道购买。此时，制造商会降低批发价格，以鼓励线下零售商降低零售价格，从而吸引更多的纯实体店消费者进入市场以缓解双重边际效应。相反，消费者线上购物的麻烦成本相对较高（即 $h > h_2^A$）时，为了避免线下渠道售价过低，制造商会选择提高批发价格。

在结构 B 中，当在线购物麻烦成本相对较低时（$h \leqslant h_2^B$），制造商会降低批发价格以抑制线上渠道零售价格的大幅上涨，同时降低线下零售价格以增加纯实体店消费者的需求。当在线购物麻烦成本相对较高时（$h > h_2^B$），为避免线上渠道恶意降价以吸引消费者，制造商会提高批发价格以维持整个供应链的边际利润。

通过分析数字展厅服务的引入对线上和线下渠道需求的影响，可得下列结论。

命题 7.3：（1）在结构 A 中，存在阈值 $h_j^A\ (j=o,r)$，当 $h \leqslant h_j^A$ 时，引入数字展厅服务会降低渠道 j 的需求；反之，会增加渠道 j 的需求。

（2）在结构 B 中，存在阈值 $h_j^B\ (j=o,r)$，①若 $h \leqslant h_o^B$，引入数字展厅服务将降低线上渠道需求；反之，将增加线上渠道需求。②若 $h \leqslant h_r^B$，引入数字展厅服务将增加线下渠道需求；反之，将降低线下渠道需求。

（3）存在阈值 $h_3^i\ (i=A,B)$，若 $h \leqslant h_3^i$，引入数字展厅服务将降低结构 i 下的总需求；反之，将会增加结构 i 下的总需求。

命题 7.3 表明，如果消费者的在线购物麻烦成本较低，引入数字展厅服务将降低线上需求和总需求；反之，将增加线上需求和总需求。这是因为，当在线购物麻烦成本相对较低时，消费者更倾向于通过线上渠道购买产品；在没有数字展厅的情况下，线上渠道可以利用消费者估值的不确定性来诱导消费者购买产品，但引入数字展厅后，所有双渠道消费者都意识到产品的真正价值，认为该产品不适合的消费者会选择离开市场，这将导致线上需求的下降。

值得注意的是，若在线购物麻烦成本较高，消费者更倾向于通过线下渠道购买；此时，引入数字展厅降低了产品估值不确定性，增加了消费者的线上购买信心，导致线上需求和总需求增加。这一结果也与现实中的一些现象吻合。

用符号 ω^i 表示结构 $i\ (i=A,B)$ 中引入数字展厅服务时展现出“反展厅”行为的消费者数量，即 $\omega^i = \alpha\theta\dfrac{p_o^{i*} - p_r^{i*} + h}{t}$。通过分析主要参数对其的影响，可以得到下列结论。

推论 7.2：（1）ω^i 是关于 h 的增函数。

（2）当 $h \leqslant \bar{h}^i$ 时，ω^i 随 t 递增；反之，ω^i 随 t 递减。

由推论 7.2（1）可知，随着在线购物麻烦成本的增加，显然更多的消费者表现出“反展厅”行为。推论 7.2（2）则进一步表明，如果在线购物麻烦成本相对较低（即 $h \leqslant \overline{h}^i$），随着消费者旅行成本（$t$）的增加，出现“反展厅”行为的消费者数量增加；反之，出现“反展厅”行为的消费者数量减小。其原因在于，如命题 7.1 所示，引入数字展厅服务会提高线上产品零售价格。具体而言，在结构 A 中，随着 t 的增加，线上零售价格的增长速度快于线下零售价格（即 $\frac{\partial \Delta p_r^{A*}}{\partial t} < 0$，$\frac{\partial \Delta p_o^{A*}}{\partial t} > 0$），因此，呈现“反展厅”行为的消费者数量增加。在结构 B 中，当 h 较小时，制造商会降低线下零售价格来吸引更多的消费者光顾实体店，这会诱导更多的消费者出现“反展厅”行为。

通过比较提供数字展厅服务前后制造商和零售商的利润，进一步探索双渠道供应链的最优数字展厅策略，得到命题 7.4。

命题 7.4： 线上渠道的最优数字展厅渠道策略如下。

（1）结构 A 中，若 $h > h_5^A$，制造商应选择提供数字展厅服务，并且，当 $h \leqslant h_4^A$ 时，数字展厅服务将增加实体零售商的利润；当 $h > h_6^A$ 时，数字展厅服务将提高供应链总利润。

（2）结构 B 中，若 $h > h_o^B$，线上零售商应选择提供数字展厅服务，并且，当 $h > h_m^B$ 时，数字展厅服务将增加制造商的利润；当 $h > h_4^B$ 时，数字展厅服务将提高供应链总利润。

命题 7.4 表明，当在线购物麻烦成本相对较低时，线上渠道提供数字展厅服务不仅会降低结构 A 中制造商的利润，还会降低结构 B 中制造商和零售商的利润。其原因在于，当在线购物麻烦成本相对较低时，消费者倾向于从线上渠道购买产品。在此情形下，由于数字展厅会导致认为该产品不适合的消费者离开市场，从而降低总需求。相反，当在线购物麻烦成本相对较高时，消费者倾向于从线下渠道购买，“不匹配型消费者”在参观实体店后会放弃购买产品。这种情况下，数字展厅服务不会对需求产生直接影响；与此同时，由于数字展厅服务提高了消费者对产品的估值，进而有助于提高产品零售价格和利润。

可以发现，若在结构 A 下在线购物麻烦成本适中（即 $h_5^A < h \leqslant h_4^A$）或在结构 B 下在线购物麻烦成本相对较高（即 $h > h_m^B$），提供数字展厅服务将同时提高制造商和零售商的利润。这一结论有效地丰富了现有研究成果。现有相关研究认为，若零售商销售相同产品，消费者的跨渠道购物行为，包括“展厅”行为（Balakrishnan et al.，2014；Jing，2018；Mehra et al.，2018）和“反展厅”行为（Jing，2018；Sun et al.，2020）总是加剧渠道间竞争，且不能同时增加两个渠道的利润。

此外，与消费者“展厅”行为会降低线下渠道的努力水平和加剧渠道竞争的结果不同（Kuksov and Liao，2018），命题 7.4 表明消费者“反展厅”行为可以提高消费者对产品的支付意愿，此时制造商可以通过调节批发价格与零售商达到“双赢”的结果。

为更好地说明命题 7.4 中的主要结论，令 $\theta=\alpha=c_r=0.5$、$v=1$ 、$c=0.1$，可得两种供应链结构下有无数字展厅服务时供应链成员利润的差异，结果如图 7.4 所示。

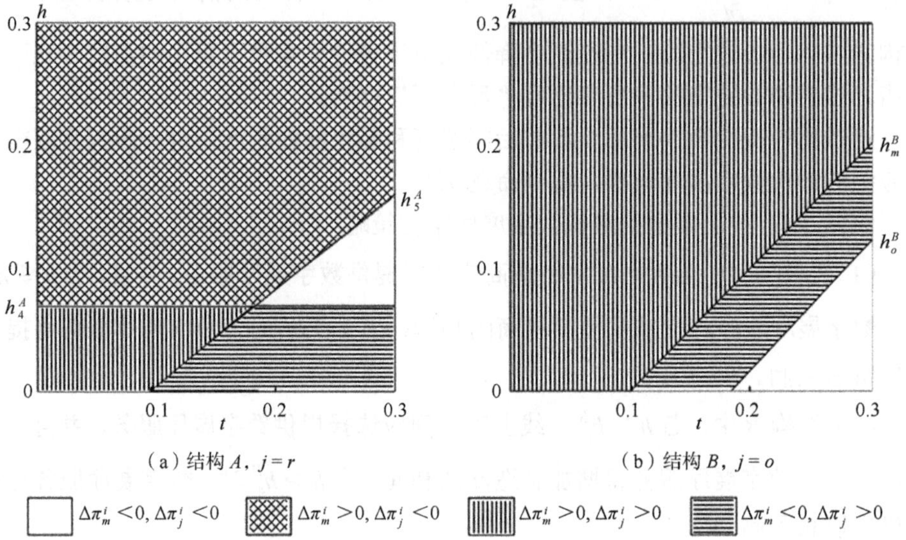

图 7.4　两种供应链结构下有无数字展厅服务的利润差异

图 7.4 表明，在结构 A 中，当 $h_5^A<h\leqslant h_4^A$ 时，制造商和零售商都从数字展厅服务中获得更高收益；当 $h\leqslant\min\{h_4^A,h_5^A\}$ 时，只有零售商能获得更高收益；当 $h>\max\{h_4^A,h_5^A\}$ 时，只有制造商能获得更高收益；当 $h_4^A<h<h_5^A$ 时，提供数字展厅将损害双方的利润。在结构 B 中，h 相对较高时（即 $h>h_m^B$），制造商和零售商都能从数字展厅服务中获得更高的收益；当 h 处于中间区域时（即 $h_o^B<h<h_m^B$），提供数字展厅只能增加线上零售商的收益；当 $h<h_o^B$ 时，提供数字展厅将同时损害制造商和线上零售商的收益。

7.4　双渠道供应链协调机制设计

前文结果显示，在两种供应链结构中，线上渠道提供数字展厅服务均可能在增加制造商利润的同时降低零售商利润。本节将进一步探讨在提供数字展厅服务时，制造商如何协调线上和线下渠道以实现整个供应链的完美协调。

基于相关研究成果（Choi and Guo，2020），本节考虑两种类型的供应链协调策略：一是“双赢协调”，即制造商和零售商都能获得更高的利润；二是“供应链系统协调”，即分散结构下的供应链总利润与集中结构下的供应链总利润相等。由命题 7.3 可知，当 $h_5^A < h < h_4^A$ 时，批发价格契约在结构 A 中可以实现“双赢协调”；当 $h > h_m^B$ 时，批发价格契约在结构 B 中可以实现“双赢协调”；但批发价格并不能同时实现两种供应链结构中成员的“双赢协调”。为此，本节首先给出集中式决策情形下的供应链决策情况，进而探究如何在所有供应链结构下实现“双赢协调”和“供应链系统协调”。

7.4.1　集中式双渠道供应链的最优决策

考虑集中式供应链结构情形作为基准（用上标“C”表示），即线上和线下渠道都由制造商拥有。根据模型求解，可以得到下列结论。

引理 7.2：在集中式供应链结构下，当 $c_r - c - t \leqslant h \leqslant c_r - c + t$ 时，线上渠道与线下渠道的最优零售价格分别为 $p_o^{C*} = \frac{1}{2}\left(c - h + t + v + \frac{t\gamma}{\theta}\right)$、$p_r^{C*} = \frac{1}{2}\left(c_r + v + \frac{t\gamma}{\theta}\right)$。

引理 7.2 表明，在集中式供应链结构下，产品线上零售价格随着在线购物麻烦成本递减，而随着消费者旅行成本递增。

7.4.2　两步制收费契约

两步制收费契约在传统供应链协调中被广泛应用，也被用于协调全渠道供应链（Kuksov and Liao，2018；Zhang et al.，2020）。本节将在考虑消费者“反展厅”行为时，探究两步制收费契约协调双渠道供应链的有效性。具体而言，考虑制造商向零售商提供一个由单位批发价格 w_f 和固定的补偿费用 F 组成的两步制合同，其中，下标 f 用来标识两步制收费契约，上标 A 或 B 代表供应链结构。通过分析，可得到下列结论。

定理 7.2：存在一个两步制收费契约 (w_f^{A*}, F^A)，可以在结构 A 中实现“双赢协调”和“供应链系统协调”，但不能实现结构 B 中的供应链协调。其中，

$$w_f^{A*}=\frac{\gamma(t\gamma-(c+h-t-v)\theta)}{2\theta(\gamma+\theta)}$$

$$\underline{F}\leqslant F^A\leqslant\overline{F}$$

$$\underline{F}=\max\{F_1,F_2\}$$

$$\overline{F}=\min\{F_3,F_4\}$$

$$F_1=\frac{\theta(1-\alpha)((c_r-c-h)\gamma+(c_r-v)\theta)^2}{9t\gamma+8t\theta}$$

$$F_2=\frac{1}{4t(8+\alpha)(\gamma+\theta)}\begin{pmatrix}(\gamma+\theta)(t(8+\alpha)(t\gamma+2v\alpha\theta-2h\alpha)+8\alpha h^2+\alpha(3+\alpha)(v\theta-h^2\alpha))\\+4c_r^2\theta^2(\gamma+\theta)^2-4\theta(\gamma+\theta)(c_r+v)+v\theta^2(1-\alpha)(\gamma+\theta)(v(2+\alpha)^2\\-8c_r)-\alpha(8+\alpha)(t\gamma-(c+h-t-v)\theta)^2\end{pmatrix}$$

$$F_3=\frac{3\theta(1-\alpha)(5\gamma+4\theta)(3\gamma+4\theta)((c_r-c-h)\gamma+(c_r-v)\theta)^2}{4t(\gamma+\theta)(9\gamma+8\theta)^2}$$

$$F_4=\frac{1}{4t}\left(\frac{\theta(1-\alpha)((c_r-c-h)\gamma+(c_r-v)\theta)^2}{\gamma+\theta}-\frac{4(2+\alpha)^2(h\alpha-\theta c_r+\theta v(1-\alpha))^2}{(8+\alpha)^2}\right)$$

相对于批发价格合同，两步制收费契约可以同时降低批发价格和零售价格（即 $w_f^{A*}<w^{A*}$ 和 $p_f^{A*}<p^{A*}$），并增加总需求（即 $D_f^{A*}=D^{C*}>D_o^{A*}+D_r^{A*}$）。因此，两步制收费契约可以有效缓解“反展厅”行为造成的双重边际问题，这与现有研究结果一致（Zhang et al.，2020）。然而，根据命题 7.1，提供数字展厅服务无法有效缓解结构 B 中供应链线上和线下渠道之间的价格竞争。因此，存在消费者“反展厅”行为时，即使制造商提供较低的批发价格和补偿费，线上零售商仍会因为消费者的“反展厅”行为而遭受损失。因此，对于结构 B，两步制收费契约既不能实现“双赢协调”，也不能实现“供应链系统协调”。

7.4.3 基于 QD-WPS 合同的协调机制

当 Wayfair（美国最大的线上家居零售商）发现其 99%的访客来网站体验产品后最终选择线下渠道购买时，Wayfair 推出了一个“Get It Near Me”计划，即邀请当地线下家居零售商在其网站上做广告，并向线下家居零售商收取部分的佣金。为在两种供应链结构下实现成员“双赢协调”和“供应链系统协调”，受 Wayfair 的实践启发，本节提出一种由“数量折扣”和“反展厅利润共享”共同组成的新的供应链契约（以下简称 QD-WPS 合同），并用下标 q 标注该契约下的各变量。根据 Cachon（2001）的研究成果，数量折扣部分表示为 $W^i=w_q^i-\delta_q^iD_{qj}^i$（$i=A,B$），即批发价格以折扣率 δ_q^i（$\delta_q^i>0$）随着需求 D_{qj}^i 的增加而降低；同时，线下渠道需要与线上渠道分享一定比例 $\lambda(0<\lambda<1)$ 的"反展厅"利润，即 $\lambda p_{qr}^{i}\omega_{q}^{i}$。

采用 QD-WPS 合同时，制造商和零售商在两种结构下的利润函数为

$$\pi_{qm}^{A}=(p_{qo}^{A}-c)D_{qo}^{A}+W_{q}^{A}D_{qr}^{A}+\lambda p_{qr}^{A}\omega_{q}^{A}，\ \pi_{qr}^{A}=(p_{qr}^{A}-W^{A}-c_{r})D_{qr}^{A}-\lambda p_{qr}^{A}\omega_{q}^{A} \quad (7.10)$$

$$\pi_{qo}^{B}=(p_{qo}^{B}-W^{B}-c)D_{qo}^{B}+\lambda p_{qr}^{B}\omega_{q}^{B}，\ \pi_{qm}^{B}=W^{B}D_{qo}^{B}+(p_{qr}^{B}-c_{r})D_{qr}^{B}-\lambda p_{qr}^{B}\omega_{q}^{B} \quad (7.11)$$

通过求解与理论分析，可以得到下列定理。

定理 7.3：下述 QD-WPS 合同（$w_{q}^{i*},\delta^{i*},\lambda^{i}$）可分别在两种供应链结构（$A$ 和 B）中实现"双赢协调"和"供应链系统协调"，其中，

$$w_{q}^{A*}=\frac{\gamma\left(1-\lambda^{A}\right)\left(\left(2-\lambda^{A}\right)\theta v-\left(c_{r}-c-h-t\right)\gamma\right)-c_{r}\gamma\theta\left(3-\lambda^{A}\right)+\gamma\theta\left(1+\lambda^{A}\right)(c+h+t)-2\left(c_{r}-v\right)\theta^{2}}{2\theta\left(\theta+\gamma\left(1-\lambda^{A}\right)\right)}$$

$$w_{q}^{B*}=\frac{1}{2}\left(\left(1-\lambda^{B}\right)\left(c_{r}+v-\frac{\left(c-c_{r}+h-\left(2-\lambda^{B}\right)t\right)\gamma}{\theta}\right)-2(c+h-t)\right)$$

$$\delta^{A*}=\frac{t\left(\gamma\left(1-\lambda^{A}\right)\left(3-\lambda^{A}\right)+4\theta\right)}{4\theta^{2}(1-\alpha)\left(\theta+\gamma\left(1-\lambda^{A}\right)\right)}$$

$$\delta^{B*}=\frac{t\left(\gamma\left(1-\lambda^{B}\right)\left(3-\lambda^{B}\right)+4\theta\right)}{4\alpha\theta^{2}}$$

$$\lambda^{A}\in\left[\lambda_{1}^{A},\lambda_{2}^{A}\right]\cup\left[\lambda_{3}^{A},\lambda_{4}^{A}\right]$$

$$\lambda^{B}\in\left[\lambda_{1}^{B},\lambda_{2}^{B}\right]$$

相对于批发价格契约，无论是否引入数字展厅服务，QD-WPS 合同总是可以降低结构 A 的批发价格，增加市场需求，缓解双重边际化问题。可以发现，最优折扣率 δ^{A*} 是 λ 的凸函数，即当 λ 较低时，线下零售商与制造商共享较小比例的"反展厅"利润，此时线下零售商会降低其零售价格以诱导消费者产生"反展厅"行为。为应对这种情况，制造商会提高批发价格（即降低折扣率）。当 λ 相对较高时，线下零售商不愿意诱导消费者的"反展厅"行为，因此制造商会降低批发价格（即提高折扣率）。

在结构 B 中，QD 部分可以通过降低批发价格有效地缓和双重边际效应，而 WPS 部分可以弥补消费者"反展厅"行为给线上零售商带来的损失。此时，最优折扣率 δ^{B*} 会随着 λ 递减。其原因在于，当"反展厅"利润的分享比例 λ 相对较低时，相对较高的折扣系数可以激励线上零售商提供数字展厅服务。

为更清晰地说明定理 7.3 中的主要结论，令 $\alpha=0.4$、$\theta=0.6$、$t=0.02$、$h=0.15$、$v=1$、$c_r=0.3$ 和 $c=0.1$，可得结构 A 和结构 B 下采用 QD-WPS 合同时制造商与零售商的利润；此时，$\lambda_1^A=0.493$、$\lambda_2^A=0.611$、$\lambda_3^A=0.846$、$\lambda_4^A=0.935$、$\lambda_1^B=0.056$、$\lambda_2^B=0.073$。结果如图 7.5 所示。

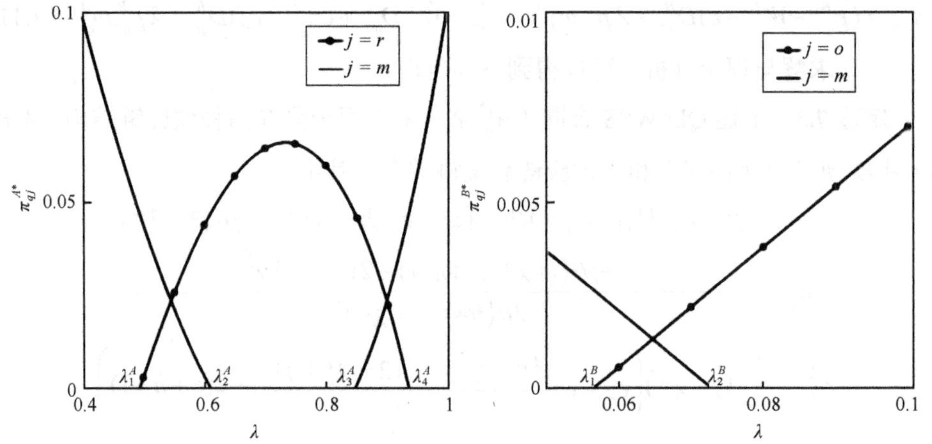

（a）结构A　　（b）结构B

图 7.5　QD-WPS 合同的利润图

如图 7.5 所示，在结构 A 中，当 $\lambda_1^A \leqslant \lambda \leqslant \lambda_2^A$ 或 $\lambda_3^A \leqslant \lambda \leqslant \lambda_4^A$ 时，QD-WPS 合同可以实现供应链协调；当 λ 足够低（即 $\lambda<\lambda_1^A$）或足够高（即 $\lambda>\lambda_4^A$）时，QD-WPS 合同只会增加制造商利润，因此零售商将不愿意接受这种合同；当 λ 处于中间范围时（即 $\lambda_2^A \leqslant \lambda \leqslant \lambda_3^A$），制造商没有动力引入数字展厅。在结构 B 中，当 λ 适中时（即 $\lambda_1^B \leqslant \lambda \leqslant \lambda_2^B$），QD-WPS 合同可以实现供应链协调；当 λ 足够低时（即 $\lambda<\lambda_1^B$），这种合同不能补偿线上零售商损失，因此线上零售商不愿意接受这种合同；当 λ 足够高时（即 $\lambda>\lambda_2^B$），制造商需要向线上零售商支付高额分成，此时制造商不愿接受该合同。

7.5　本 章 小 结

本章重点研究了双渠道供应链的数字展厅渠道选择决策与供应链协调问题，针对两种典型的供应链结构，构建了相应的决策模型，并提炼了相应的最优数字展厅策略，提出了新的供应链协调契约。通过理论分析，得到下列主要结论与启示。

（1）数字展厅服务对决策的影响：在两种供应链结构下，引入数字展厅服务总是会提高线上渠道的零售价格。然而，提供数字展厅服务对线下渠道的影响取决于供应链结构。具体而言，在结构 A 中，如果在线购物麻烦成本相对较低，实体零售商将借助线上渠道数字展厅服务的“便车”，提高线下零售价格；如果在线购物麻烦成本相对较高，实体零售商会降低售价，诱导消费者的“反展厅”行为。在结构 B 中，如果在线购物麻烦成本相对较低，制造商将降低线下零售价格，以吸引更多的消费者采取“反展厅”行为，从而增加线上渠道产品需求；如果在线购物麻烦成本相对较高，即消费者倾向于从线下渠道购买，制造商将借助免费的数字展厅服务提高线下产品售价。

（2）制造商的渠道调节作用：当在线购物麻烦成本相对较低时，制造商倾向于降低批发价格，来吸引更多纯实体店消费者进入市场，从而增加供应链的总需求，缓解双重边际化的影响；当在线购物麻烦成本相对较高时，制造商倾向于提高批发价格。

（3）数字展厅提供策略：在两种供应链结构中，若在线购物麻烦成本较高，线上渠道应引入数字展厅服务，此时，提供数字展厅服务能够同时提高制造商和零售商的利润。然而，当在线购物麻烦成本较低时，引入数字展厅服务会降低结构 A 中制造商的利润，而且会同时降低结构 B 中制造商和零售商的利润。

（4）供应链协调机制：两步制收费契约可以在结构 A 中实现“双赢协调”和“供应链系统协调”，但无法实现结构 B 的供应链协调。为此，本章提出了一种由“数量折扣”和“反展厅利润共享”相结合的新契约（QD-WPS 合同），可以在两种供应链结构下实现“供应链系统协调”。

本章结论丰富了数字展厅服务相关研究成果，为现实企业相关决策提供了参考依据。未来研究主题主要包括两个方面：首先，本章研究将数字展厅服务所提供的信息视为外生变量，没有考虑在线零售商的销售努力。未来可进一步探究线上零售商如何策略性确定数字展厅的最优投资水平和信息披露水平。其次，数字展厅服务有助于缓解消费者购买前的估值不确定性，但也会影响消费者的退货行为。因此，如何综合考虑线上零售商的数字展厅渠道策略与退货政策，值得进一步探究。

参 考 文 献

Balakrishnan A，Sundaresan S，Zhang B. 2014. Browse-and-switch：retail-online competition under value uncertainty[J]. Production and Operations Management，23（7）：1129-1145.

Basak S，Basu P，Avittathur B，et al. 2017. A game theoretic analysis of multichannel retail in the context of “showrooming” [J]. Decision Support Systems，103：34-45.

Cachon G P. 2001. Stock wars：inventory competition in a two-echelon supply chain with multiple retailers[J]. Operations Research，49（5）：658-674.

Cao J，So K C，Yin S. 2016. Impact of an "online-to-store" channel on demand allocation，pricing and profitability[J]. European Journal of Operational Research，248（1）：234-245.

Chen L，Peng J，Liu Z，et al. 2017. Pricing and effort decisions for a supply chain with uncertain information[J]. International Journal of Production Research，55（1）：264-284.

Choi T M，Guo S. 2020. Is a "free lunch" a good lunch? The performance of zero wholesale price-based supply-chain contracts[J]. European Journal of Operational Research，285（1）：237-246.

Eliot L. 2015. Retail's new reality：invisible shopping centers and virtual assistants[EB/OL]. http://www.cnbc.com/2015/04/24/retails-new-reality-four-ways-technology-can-boost-sales-commentary.html[2021-01-20].

Flavián C，Gurrea R，Orús C. 2016. Choice confidence in the webrooming purchase process：the impact of online positive reviews and the motivation to touch[J]. Journal of Consumer Behaviour，15（5）：459-476.

Gao F，Su X. 2017. Online and offline information for omnichannel retailing[J]. Manufacturing & Service Operations Management，19（1）：84-98.

Jing B. 2018. Showrooming and webrooming：information externalities between online and offline sellers[J]. Marketing Science，37（3）：469-483.

Kuksov D，Liao C. 2018. When showrooming increases retailer profit[J]. Journal of Marketing Research，55（4）：459-473.

Kuksov D，Lin Y. 2010. Information provision in a vertically differentiated competitive marketplace[J]. Marketing Science，29（1）：122-138.

Mehra A，Kumar S，Raju J S. 2018. Competitive strategies for brick-and-mortar stores to counter "showrooming"[J]. Management Science，64（7）：3076-3090.

Sun Y，Wang Z，Han X. 2020. Supply chain channel strategies for online retailers：whether to introduce web showrooms?[J]. Transportation Research Part E：Logistics and Transportation Review，144：102122.

Zhang T，Li G，Cheng T C E，et al. 2020. Consumer inter-product showrooming and information service provision in an omni-channel supply chain[J]. Decision Sciences，51（5）：1232-1264.

第三篇

全渠道策略

第8章 零售商“线上购买线下取货”渠道的竞争策略

技术进步以及消费者个性化需求的日新月异，促使零售商不断进行销售模式创新，线上线下渠道融合成为必然趋势。为获取市场竞争优势，传统零售商和双渠道零售商竞相提供线上购买产品并在线下门店提货（线上购买线下取货，BOPS）的跨渠道策略。BOPS 渠道整合了线上和线下销售渠道的优势，即线上下单与无缝化购物的便利性（即在消费者到达之前，店员就已提前挑选并包装好产品）、线下履约的灵活性以及获得更多市场需求等（Clifford，2011），为消费者提供一个随时随地购买产品的新模式。这一渠道模式便于消费者在合适的时间前往最近的商店取货，极大地提高了订单履约的灵活性。因此，BOPS 渠道模式可以有效丰富消费者的价值主张，提高企业运营效率（Gallino and Moreno，2014; Gao and Su，2017）。Retail Systems Research（零售系统研究机构）显示，截至 2013 年 6 月，已有 64%的零售商开始实施 BOPS 渠道模式（Rosenblum and Kilcourse，2013）。近年来，众多国内外零售商都提供了 BOPS 渠道销售模式，如家得宝（Home Depot）、苹果、盖璞（GAP）、沃尔玛、苏宁和红星美凯龙等。

尽管如此，传统和双渠道零售商在实施 BOPS 渠道模式时面临着诸多挑战。首先，由于线上购物存在零售商和消费者之间的空间分离，消费者线上下单时无法感知与体验产品的真实质量与适配性，不能确定产品是否符合自己的偏好（Dimoka et al.，2012），因而影响产品的需求。其次，若产品不符合消费者个人偏好（即适配性低），将会导致产品退货（Hua et al.，2016），这将给零售商带来巨大的退货成本，其中包括产品回收、再包装、再入库等相关退货处理成本。再次，BOPS 渠道被视为接触潜在消费者以增加产品需求的一种方式（Clifford，2011），此时零售商需慎重考虑各种市场因素，以平衡 BOPS 渠道（或线上渠道）和线下渠道之间的产品需求关系。基于此，零售商可能会在线下渠道展开服务。例如，设立展厅或展柜，甚至雇用一些高素质的销售人员来帮助消费者体验和了解产品，以阻止消费者从线下渠道转向 BOPS 渠道或线上渠道。最后，随着越来越多的零售商开始实施 BOPS 渠道，市场竞争愈演愈烈，零售商之间的竞争将直接影响其线下的服务水平以及产品的定价策略等，最终将影响其是否实施 BOPS 渠道。由此引出下列科学问题：在市场竞争环境下，零售商实施 BOPS 渠道是否有利可图？零售商实施 BOPS 策略对其线下渠道的最优服务水平和产品价格有何影响？零售商的最优 BOPS 渠道竞争策略是什么？

面对上述挑战，零售商是否实施 BOPS 渠道具有一定的不确定性。本章旨在构建一种零售商实施 BOPS 渠道的竞争决策方法，探讨传统零售商与双渠道零售商在对称与非对称竞争情形下的最优 BOPS 渠道策略。首先，进行了模型描述与主要参数假设；其次，在对称竞争情形下，分别针对传统零售商与双渠道零售商构建相应的 BOPS 渠道竞争决策模型，并探讨相应的最优渠道策略；最后，针对非对称竞争情形，进一步探讨零售商的最优渠道策略。

8.1 模型描述与参数假设

假设两个拥有线下实体店且相互竞争的传统零售商（双渠道零售商）分别销售两种相互可替代的产品给同一消费者群体。零售商可以选择仅通过线下渠道销售产品，也可以选择在线上和线下同时销售产品。传统零售商（双渠道零售商）除了可以利用实体店销售产品之外，还可以通过 BOPS 渠道销售产品（消费者通过线上渠道下单购买产品后到线下门店取货）。为研究竞争环境下零售商的最优渠道策略，本章分别考虑两种对称竞争情形：两个零售商都不提供 BOPS 策略和两个零售商都提供 BOPS 策略。不失一般性，假设零售商是完全理性的，并追求自身利润最大化。本章所涉及的主要参数与说明如表 8.1 所示。

表 8.1　符号说明

符号	说明
v	消费者对产品的估值
p_i	零售商 i 的产品零售价格（$i=1,2$）
e_i	零售商 i 的服务水平（$e_i<1$，$i=1,2$）
m	零售商的单位服务成本
θ	消费者对服务水平的敏感系数
μ	线上购买产品的退货率（$\mu\leqslant 1$）
s_w	线上购买产品的单位等待和运输成本
c	消费者的单位产品退货处理成本
r	零售商的单位产品退货处理成本
λ	在实体店购买具有高麻烦成本的消费者比例（$\lambda\leqslant 1$）
h_l	消费者的麻烦成本，$l=H,L$ 分别代表高麻烦成本和低麻烦成本
t	消费者到实体店的单位旅行成本
d_i	消费者到零售商实体店的距离，i.e. $d_1=x, d_2=1-x$
D_i	产品 i 的需求（$i=1,2$）
π_i	零售商 i 的利润（$i=1,2$）

两个零售商同时公布零售价格 p_i（$i=1,2$），消费者可选择通过线下渠道、线上渠道或线上购买线下取货渠道购买产品。为便于分析，假设每个消费者最多购买一件产品，无论消费者从哪种渠道购买产品，若对产品不满意，都可以选择更换产品。假定更换产品仅受消费者个人因素的影响，与产品本身的质量或功能无关，如消费者对产品不满意、无法正确使用商品，或因冲动性购买而后悔（Li et al.，2013）。在这种情况下，被退回的产品经过重新包装后以新产品的价格重新出售，因而不需要考虑退回产品的残值问题。此外，假设每个消费者退货时将会更换一个与原产品类似但更符合消费者个人偏好的产品。为方便描述，本章使用退货一词表示消费者的退换货行为。产品退货使零售商承担相应的退货成本，包括零售商再包装、再入库、更换产品等处理成本；同时，消费者退货也需要付出一定的成本，包括重新寻找产品、等待产品到货，以及重新访问线下实体店等。

本章考虑消费者存在两个方面的异质性：首先，消费者到实体店购物的麻烦成本，如搜索特定产品所需的额外时间和结账柜台等待时间，这种麻烦成本将取决于个人消费者的时间货币价值（Cao et al.，2016）。考虑到不同消费者到实体店购物的麻烦成本不同，本章将市场上的消费者分为两部分，即高麻烦成本（h_H）和低麻烦成本（h_L）的消费者，其所占比例分别为 λ 和 $1-\lambda$；为了便于分析，假设 $h_L=0$。其次，允许消费者到实体店的旅行成本存在异质性，其取决于消费者与实体店之间的距离，距离零售商线下门店较远的消费者将花费更高的旅行成本。根据 Hotelling（1929）的研究，假设 x 表示消费者与实体店之间的距离，x 在区间 $[0,1]$ 内均匀分布。不失一般性，假设零售商 1 位于 0 点处，零售商 2 位于 1 点处，则消费者到零售商 1 和零售商 2 的距离分别为 x 和 $1-x$。

为缓解线上交易给线下渠道带来的竞争压力并降低消费者因产品不适产生的产品退货处理成本，零售商可在实体店展开产品介绍与营销服务，从而降低产品的退货率。不失一般性，假设两个零售商即使不实施 BOPS 渠道，也会在实体店开展相关服务。相关研究表明：实体店服务水平的提高将会促进线下产品销售，也会减少实体店的产品退货率（Tsay and Agrawal，2000；Taylor，2002）。基于此，假设服务水平的提高能够增加消费者购买效用，同时降低产品退货率。假设 μ 表示 BOPS 渠道和线上渠道的产品退货率（Chen B and Chen J，2017），则实体店中的产品退货率可表示为 $\mu(1-e_i)$，即服务水平的提升将会降低产品退货率。

此外，消费者通过线上渠道购买产品会产生麻烦成本，包括等待和运输成本。假设消费者通过两个零售商的线上渠道购物产生了相同的等待和运输成本 s_w。产品价格 p_i（$i=1,2$）和服务水平 e_i（$i=1,2$）为决策变量，而其他变量为外生变量。v 表示消费者对产品的估值，即消费者购买产品获得的基础效用水平，并假设 v 足够大以确保覆盖市场。此外，由于产品生产成本不影响主要结论，假设其为 0。

8.2　对称竞争情形下的零售商 BOPS 渠道决策模型

为了研究传统零售商和双渠道零售商的最优 BOPS 渠道策略以及相关产品价格和服务水平的决策，本节分别考虑两个传统零售商（两个双渠道零售商）都不提供 BOPS 策略及都提供 BOPS 策略四种情形。

8.2.1　传统零售商的渠道竞争决策模型

1. 传统零售商都不提供 BOPS 渠道（BNOB）

在这种情况下，零售商都不实施 BOPS 策略。根据 Hotelling（1929）的研究，消费者从两个零售商购买产品的效用函数分别表示为

$$u_1^{\mathrm{BNOB}} = v - p_1 - h_l - tx + \theta e_1 - c\mu(1-e_1)$$

$$u_2^{\mathrm{BNOB}} = v - p_2 - h_l - t(1-x) + \theta e_2 - c\mu(1-e_2) \tag{8.1}$$

其中，tx 与 $t(1-x)$ 分别表示消费者访问零售商 1 和零售商 2 的线下实体店所需的旅行成本；$c\mu(1-e_i)$ 表示零售商 i 因消费者退换货而产生的处理成本。假设 θ 表示消费者对服务水平的敏感系数，则服务水平 e_i 将使得消费者的效用增加 θe_i。u_1^{BNOB} 和 u_2^{BNOB} 分别表示消费者购买产品 1 和产品 2 的效用，消费者基于自身效用最大化原则选择渠道购买产品。因此，可得到零售商 1 的产品需求函数为

$$D_1^{\mathrm{BNOB}} = \frac{t + p_2 - p_1 + (\theta + c\mu)(e_1 - e_2)}{2t} \tag{8.2}$$

零售商 2 的产品需求函数为 $D_2^{\mathrm{BNOB}} = 1 - D_1^{\mathrm{BNOB}}$。基于以上需求函数，两个零售商的目标利润函数为

$$\max_{p_i, e_i} \pi_i^{\mathrm{BNOB}} = D_i^{\mathrm{BNOB}} p_i - D_i^{\mathrm{BNOB}} r\mu(1-e_i) - \frac{1}{2} m e_i^2 \quad (i = 1, 2) \tag{8.3}$$

为简化分析，假设两个零售商的单位产品退货处理成本 r 和单位服务成本 m 相同。根据 Taylor（2002）的研究，假设服务成本取决于服务水平，零售商 i 的服务成本为 $\frac{1}{2} m e_i^2$。

本章所涉及的问题决策顺序为：在销售产品之前，零售商需设立展厅，甚至雇用一些高素质的销售人员来促进实体店的产品销售，然后再决定产品零售价格。因此，两个零售商首先同时确定其最优服务水平，再同时确定产品的最优零售价格。本章中所有模型均采用相同的顺序求解，最优决策和利润如表 8.2 所示。

表 8.2　零售商在 BNOB 情形中的最优决策和利润

场景	最优决策	最优利润
BNOB	$e_1^* = ((c+r)\mu+\theta)/(3m)$ $p_1^* = t + r\mu(3m - c\mu - r\mu - \theta)/(3m)$ $e_2^* = ((c+r)\mu+\theta)/(3m)$ $p_2^* = t + r\mu(3m - c\mu - r\mu - \theta)/(3m)$	$\pi_1^* = \dfrac{9mt - ((c+r)(1-\mu)+\theta)^2}{18m}$ $\pi_2^* = \dfrac{9mt - ((c+r)(1-\mu)+\theta)^2}{18m}$

2. 传统零售商均提供 BOPS 渠道（BBOB）

在这种情况下，两个传统零售商不仅通过线下实体店销售产品，还通过 BOPS 渠道销售产品。对于消费者而言，从两个传统零售商的线下实体店购买产品所获得的效用函数与 BNOB 情形相同，即 $u_1^{\text{BBOB-BM}} = u_1^{\text{BNOB}}$ 和 $u_2^{\text{BBOB-BM}} = u_2^{\text{BNOB}}$。消费者从两个零售商的 BOPS 渠道购买产品所获得的效用函数可表示为

$$u_1^{\text{BBOB-BP}} = v - tx - p_1 - c\mu$$
$$u_2^{\text{BBOB-BP}} = v - t(1-x) - p_2 - c\mu \tag{8.4}$$

显然，麻烦成本高的消费者总是选择通过 BOPS 渠道购买产品，而麻烦成本低的消费者将会从线下实体店或 BOPS 渠道购买产品。参考 Hotelling（1929）的研究，可以根据 BNOB 的产品需求函数，得到两个传统零售商实体店的产品需求，即 $D_i^{\text{BBOB-BM}} = (1-\lambda)D_i^{\text{BNOB}}$（$i=1,2$）。根据式（8.4）可得到两个零售商 BOPS 渠道的产品需求函数分别为 $D_1^{\text{BBOB-BP}} = (t + p_2 - p_1)\lambda/2t$ 和 $D_2^{\text{BBOB-BP}} = \lambda - D_1^{\text{BBOB-BP}}$。$D_i^{\text{BBOB-BM}}$ 和 $D_i^{\text{BBOB-BP}}$（$i=1,2$）分别表示零售商 i 的线下实体店和 BOPS 渠道的产品需求函数。当 $\theta e_i + c\mu e_i \leqslant h_H$ 成立时，麻烦成本高的消费者将通过 BOPS 渠道购买产品，而麻烦成本低的消费者则偏向于在实体店购买产品。当 $\theta e_i + c\mu e_i \leqslant h_H$ 不成立时，所有消费者都将在实体店购买产品，此时退化为 BNOB 的情况。因此，本部分省略了有关这种情况的讨论。

基于以上需求函数，两个零售商的目标利润函数为

$$\max_{p_i, e_i} \pi_i^{\text{BBOB}} = D_i^{\text{BBOB-BM}}(p_i - r\mu(1-e_i)) + D_i^{\text{BBOB-BP}}(p_i - r\mu) - \frac{1}{2}me_i^2$$
$$\text{s.t.}\ \theta e_i + c\mu e_i \leqslant h_H, i=1,2 \tag{8.5}$$

BBOB 情形下两个零售商的最优决策和利润如表 8.3 所示。

表 8.3　零售商在 BBOB 情形中的最优决策和利润

场景	最优决策	最优利润
BBOB	$e_1^* = \dfrac{2t((c+r)\mu+\theta)(1-\lambda)}{6mt-3B(1-\lambda)}$ $p_1^* = r\mu + \dfrac{t(6mt - r\mu(1-\lambda)(2r\mu(1-\lambda)+(c\mu+\theta)(2+\lambda)))}{6mt-3B(1-\lambda)}$ $e_2^* = \dfrac{2t((c+r)\mu+\theta)(1-\lambda)}{6mt-3B(1-\lambda)}$ $p_2^* = r\mu + \dfrac{t(6mt - r\mu(1-\lambda)(2r\mu(1-\lambda)+(c\mu+\theta)(2+\lambda)))}{6mt-3B(1-\lambda)}$	$\pi_1^* = \dfrac{36m^2t^2+9B^2(1-\lambda)^2-4mt(1-\lambda)\varpi^2-\lambda A}{18(2mt-B(1-\lambda))^2}$ $\pi_2^* = \dfrac{36m^2t^2+9B^2(1-\lambda)^2-4mt(1-\lambda)\varpi^2-\lambda A}{18(2mt-B(1-\lambda))^2}$

表 8.3 中，$A=\mu^2(c^2-7cr+\mu^2)+(2c-7r)\mu\theta+\theta^2$；$B=r\mu(c\mu+\theta)\lambda$，$\varpi=(c+r)\mu+\theta$。

8.2.2　双渠道零售商的渠道竞争决策模型

1. 双渠道零售商都不提供 BOPS 渠道（DNOB）

当两个双渠道零售商通过线上和线下渠道销售产品时，消费者从两个零售商的线下实体店购买产品的效用函数与 BNOB 情形相同，即 $u_1^{\text{DNOB-BM}}=u_1^{\text{BNOB}}$ 和 $u_2^{\text{DNOB-BM}}=u_2^{\text{BNOB}}$。考虑等待和运输成本，消费者从两个零售商的线上渠道购买产品的效用函数表示为

$$u_i^{\text{DNOB-ON}}=v-p_i-c\mu-s_w\,(i=1,2) \tag{8.6}$$

与 BBOB 情形类似，麻烦成本高的消费者总是选择通过线上渠道购买产品，而麻烦成本低的消费者选择从实体店和线上渠道购买产品。根据 Hotelling（1929）的研究，可得到两个零售商实体店的产品需求函数为 $D_1^{\text{DNOB-BM}}=(1-\lambda)(s_w+(c\mu+\theta)e_1)/t$ 和 $D_2^{\text{DNOB-BM}}=(1-\lambda)(s_w+(c\mu+\theta)e_2)/t$。两个零售商线上渠道的产品需求函数分别为

$$D_1^{\text{DNOB-ON}}=\frac{(1-\lambda)((e_1-e_2)(c\mu+\theta)+p_2-p_1+t)}{2t}-\frac{(1-\lambda)(s_w+(c\mu+\theta)e_1)}{t}+\frac{\lambda}{2}$$

$$D_2^{\text{DNOB-ON}}=1-\lambda-\frac{(1-\lambda)((e_1-e_2)(c\mu+\theta)+p_2-p_1+t)}{2t}-\frac{(1-\lambda)(s_w+(c\mu+\theta)e_2)}{t}+\frac{\lambda}{2} \tag{8.7}$$

基于以上需求函数，可得两个零售商的目标利润函数为

$$\max_{p_i,e_i} \pi_i^{\text{DNOB}} = (D_i^{\text{DNOB-BM}} + D_i^{\text{DNOB-ON}})p_i - D_i^{\text{DNOB-BM}} r\mu(1-e_i) - D_i^{\text{DNOB-ON}} r\mu - \frac{1}{2}me_i^2$$
$$\text{s.t. } \theta e_i + c\mu e_i + s_w \leqslant h_H,\ i=1,2 \tag{8.8}$$

其中，约束条件 $\theta e_i + c\mu e_i + s_w \leqslant h_H$ 与式（8.5）中的约束条件类似。两个零售商的最优决策和利润如表 8.4 所示。

表 8.4　零售商在 DNOB 情形中的最优决策和利润

场景	最优决策	最优利润
DNOB	$e_1^* = \frac{t(c\mu+\theta)+3s_w r\mu(1-\lambda)}{3mt-6r\mu(c\mu+\theta)(1-\lambda)}$ $p_1^* = (t+r\mu(1-\lambda))/(1-\lambda)$ $e_2^* = \frac{t(c\mu+\theta)+3s_w r\mu(1-\lambda)}{3mt-6r\mu(c\mu+\theta)(1-\lambda)}$ $p_2^* = (t+r\mu(1-\lambda))/(1-\lambda)$	$\pi_1^* = \frac{9mt^3-t^2(c\mu+\theta)(1-\lambda)(18r\mu+(c\mu+\theta))}{18t(mt-2r\mu(c\mu+\theta)(1-\lambda))(1-\lambda)} + \frac{9(s_w r\mu(1-\lambda))^2}{18t(mt-2r\mu(c\mu+\theta)(1-\lambda))}$ $\pi_2^* = \frac{9mt^3-t^2(c\mu+\theta)(1-\lambda)(18r\mu+(c\mu+\theta))}{18t(mt-2r\mu(c\mu+\theta)(1-\lambda))(1-\lambda)} + \frac{9(s_w r\mu(1-\lambda))^2}{18t(mt-2r\mu(c\mu+\theta)(1-\lambda))}$

2. 双渠道零售商均提供 BOPS 渠道（DBOB）

在这种情况下，除了线下实体店和线上渠道外，两个零售商还都提供 BOPS 渠道。与 DNOB 情形类似，消费者从两个零售商的实体店或线上渠道购买产品的效用函数可分别表示为 $u_1^{\text{DBOB-BM}} = u_1^{\text{BNOB}}$、$u_1^{\text{DBOB-ON}} = u_1^{\text{DNOB-ON}}$、$u_2^{\text{DBOB-BM}} = u_2^{\text{BNOB}}$、$u_2^{\text{DBOB-ON}} = u_2^{\text{DNOB-ON}}$。消费者选择从 BOPS 渠道购买产品的效用函数与 BBOB 情形相同，即 $u_1^{\text{DBOB-BP}} = u_1^{\text{BBOB-BP}}$、$u_2^{\text{DBOB-BP}} = u_2^{\text{BBOB-BP}}$。

基于上述效用函数，麻烦成本高的消费者总是选择通过 BOPS 渠道或线上渠道购买产品，而其他消费者从实体店或线上渠道购买产品。与 DNOB 情形类似，两个零售商线下实体店的产品需求函数为 $D_1^{\text{DBOB-BM}} = (1-\lambda)(s_w+(c\mu+\theta)e_1)/t$ 和 $D_2^{\text{DBOB-BM}} = (1-\lambda)(s_w+(c\mu+\theta)e_2)/t$。两个零售商的 BOPS 渠道和线上渠道的产品需求分别为

$$D_1^{\text{DBOB-BP}} = D_2^{\text{DBOB-BP}} = \frac{\lambda s_w}{t}$$

$$D_1^{\text{DBOB-ON}} = \frac{(1-\lambda)((e_1-e_2)(c\mu+\theta)+p_2-p_1+t)}{2t} - \frac{(1-\lambda)(s_w+(c\mu+\theta)e_1)}{t} + \lambda\left(\frac{p_2-p_1+t}{2t} - \frac{s_w}{t}\right)$$

$$D_2^{\text{DBOB-ON}} = (1-\lambda)\left(1 - \frac{((e_1-e_2)(c\mu+\theta)+p_2-p_1+t)}{2t} - \frac{(s_w+(c\mu+\theta)e_2)}{t}\right) + \lambda\left(1-\frac{p_2-p_1+t}{2t}-\frac{s_w}{t}\right) \tag{8.9}$$

基于以上需求函数，两个零售商的目标利润函数为

$$\max_{p_i, e_i} \pi_i^{\text{DBOB}} = D_i^{\text{DBOB-BM}}(p_i - r\mu(1-e_i)) + D_i^{\text{DBOB-BP}}(p_i - r\mu) + D_i^{\text{DBOB-ON}}(p_i - r\mu) - \frac{1}{2}me_i^2$$

$$\text{s.t. } \theta e_i + c\mu e_i + s_w \leqslant h_H，\ i=1,2 \tag{8.10}$$

其中，约束条件 $\theta e_i + c\mu e_i + s_w \leqslant h_H$ 与式（8.5）中的约束条件类似，与式（8.8）中的相同。零售商的最优决策和利润如表 8.5 所示。

表 8.5　零售商在 DBOB 情形中的最优决策和利润

场景	最优决策	最优利润
DBOB	$e_1^* = \frac{(t(c\mu+\theta)+3s_w r\mu)(1-\lambda)}{3mt-6r\mu(c\mu+\theta)(1-\lambda)}$ $p_1^* = t + r\mu$ $e_2^* = \frac{(t(c\mu+\theta)+3s_w r\mu)(1-\lambda)}{3mt-6r\mu(c\mu+\theta)(1-\lambda)}$ $p_2^* = t + r\mu$	$\pi_1^* = \frac{t^2(9mt-(c\mu+\theta)(1-\lambda)(18r\mu+(c\mu+\theta)(1-\lambda)))+9(s_w r\mu(1-\lambda))^2}{18t(mt-2r\mu(c\mu+\theta)(1-\lambda))}$ $\pi_2^* = \frac{t^2(9mt-(c\mu+\theta)(1-\lambda)(18r\mu+(c\mu+\theta)(1-\lambda)))+9(s_w r\mu(1-\lambda))^2}{18t(mt-2r\mu(c\mu+\theta)(1-\lambda))}$

8.3　对称竞争情形下零售商的 BOPS 渠道策略

本节分析对称竞争市场中传统零售商和双渠道零售商的最优渠道策略及相关决策。

8.3.1　传统零售商的 BOPS 渠道竞争策略

通过比较分析 BNOB 与 BBOB 两种情形下的传统零售商的最优决策与最优利润，可得零售商的最优渠道策略以及相关条件，如命题 8.1 所述。

命题 8.1：传统零售商均提供 BOPS 渠道。

（1）当 $\lambda \leqslant 1-\Delta$ 且 $t > \overline{t_1}$ 或 $\lambda > 1-\Delta$ 时，$p_i^{\text{BBOB*}} > p_i^{\text{BNOB*}}$，$e_i^{\text{BBOB*}} < e_i^{\text{BNOB*}}$，$\pi_i^{\text{BBOB*}} > \pi_i^{\text{BNOB*}}\ (i=1,2)$。

（2）当 $\lambda \leqslant 1-\Delta$ 且 $t \leqslant \overline{t_1}$ 时，$p_i^{\text{BBOB*}} > p_i^{\text{BNOB*}}$，$e_i^{\text{BBOB*}} > e_i^{\text{BNOB*}}$，$\pi_i^{\text{BBOB*}} < \pi_i^{\text{BNOB*}}\ (i=1,2)$。

命题 8.1 中，$\varDelta=\dfrac{2(c\mu+r\mu+\theta)^2}{9r\mu(r\mu+\theta)}$，$\overline{t_1}=\dfrac{r\mu(c\mu+\theta)(1-\lambda)}{2m}$。命题 8.1 刻画了传统零售商的最优 BOPS 渠道策略及理论条件，当 λ 较小且 t 较大或 λ 较大时，提供 BOPS 渠道会使两个零售商从竞争市场中获益；否则，两个零售商的利益均受损。

λ 表示麻烦成本高的消费者比例，这些消费者花费时间和精力的机会成本较高（Hsiao and Chen，2012），且其时间价值远高于其他消费者。因此，他们更可能通过 BOPS 渠道而非线下实体店渠道购买产品。t 表示旅行成本，可用于描述零售商之间的竞争程度，当 t 较低时，意味着消费者对到实体店的距离不太敏感，此时零售商之间的竞争相对激烈。

一般情况下，当零售商提供 BOPS 渠道时，部分消费者可能会选择从该渠道购买产品，这会减少实体店的产品需求量。一方面，由于 BOPS 渠道的产品退货率远高于实体店渠道，这将会给零售商带来更高的退货处理成本。此时，为了降低退货处理成本，零售商将会相应地提高零售价格。另一方面，消费者通过 BOPS 渠道购买产品可以降低其麻烦成本，其会减少对产品价格的敏感度，进而促使零售商提高产品零售价格。这一发现与 Cao 等（2016）的研究结果一致，即引入 BOPS 渠道将提高线上零售价格。在现实生活中，传统零售商沃尔玛在 BOPS 渠道中的产品价格会略高于其实体店中的价格，这在一定程度上支持了命题 8.1 的结论。

命题 8.1 中 $\lambda>1-\varDelta$ 的条件表明时间价值高的消费者比例足够大时，更多消费者可能会选择从 BOPS 渠道购买产品，这将会大量降低实体店的产品需求量，因此实体店的服务水平将相应降低。在这种情况下，随着零售价格的提高和服务成本的降低，两个零售商在实施 BOPS 策略时均可获得更高的利润。当 λ 相对较小（即 $\lambda\leqslant 1-\varDelta$）时，BOPS 渠道中的产品需求量可能相对较低。这意味着大部分消费者仍选择在实体店购买产品。与此同时，当旅行成本 t 足够大时（即 $t>\overline{t_1}$），消费者对到实体店的距离非常敏感，因此他们可能会选择从最近的商店购买产品，这意味着零售商在实体渠道之间的竞争并不激烈。在这种情况下，零售商将不会提高它们的服务水平。因此，零售商可以从提供 BOPS 渠道中受益。λ 相对较小且 t 较小（即 $t\leqslant\overline{t_1}$）时，意味着大部分消费者选择在实体店购买产品，且零售商之间存在激烈的竞争。在这种情况下，每个零售商可能会努力提高服务水平以获得竞争优势，这将会给零售商带来巨大的线下服务成本，从而进一步刺激零售商提高零售价格。因此，引入 BOPS 渠道所增加的服务成本可能会在一定程度上降低每个零售商的利润。在这种情况下，零售商可能无法从提供 BOPS 服务中获益。

命题 8.1 中的条件 $t>\overline{t_1}$（$t\leqslant\overline{t_1}$）可以转化为其等价形式 $r<\dfrac{2mt}{\mu(c\mu+\theta)(1-\lambda)}$

$\left(r \geqslant \dfrac{2mt}{\mu(c\mu+\theta)(1-\lambda)}\right)$。根据命题 8.1 可以推出，当$\lambda \leqslant 1-\Delta$时，若零售商的退货处理成本足够小（即$r < \dfrac{2mt}{\mu(c\mu+\theta)(1-\lambda)}$），提供 BOPS 渠道将会提高零售商的利润；相反，若退货处理成本较高，零售商将无法从提供该渠道中受益。类似结论在相关文献可见（Gao and Su，2017；Cao et al.，2016）。此外，当$\lambda > 1-\Delta$时，即高麻烦成本的消费者所占比例较多时，零售商总能在提供 BOPS 服务中获益。这一发现丰富了现有的研究结论，也为全渠道管理实践提供了理论参考依据。一项对葡萄牙杂货行业的调查研究显示，家庭收入在 25 000～50 000 欧元的家庭更容易接受 BOPS 服务（Rosa，2012）。这是因为收入较高的消费者拥有更多的电子商务体验，并且更加偏好于线上渠道中的“可得性”和“速度”。这一证据可以在一定程度上支持上述发现。

为了更好地说明命题 8.1，设$\lambda = 0.2$和$\lambda = 0.08$，两个零售商在情形 BNOB 和 BBOB 下的利润分别如图 8.1 和图 8.2 所示。

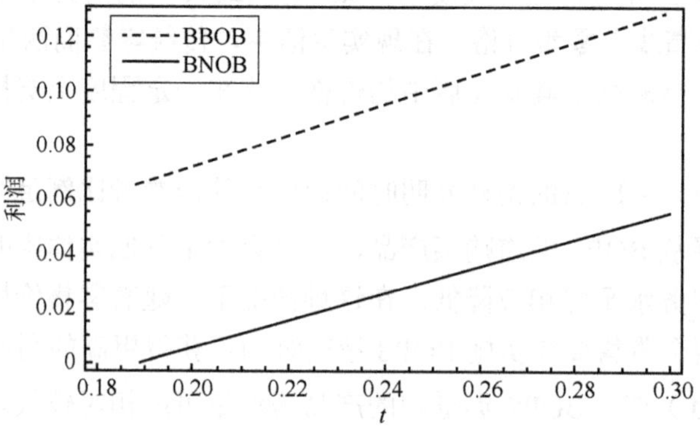

图 8.1　不同情形下零售商的最优利润（$\lambda = 0.2$）

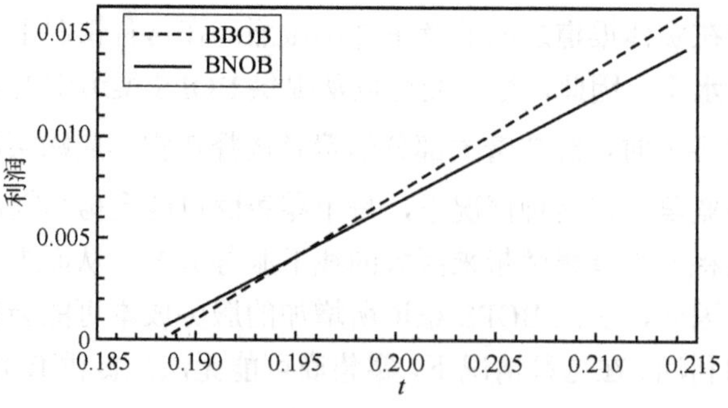

图 8.2　不同情形下零售商的最优利润（$\lambda = 0.08$）

由图 8.1 可知，当$\lambda=0.2>1-\Delta$时，BBOB 情形下两个零售商的利润均高于 BNOB 情形下两个零售商的利润。由图 8.2 可知，当$\lambda=0.08<0.11$时，若$t>\overline{t_1}=0.1932$，BBOB 情形下零售商的利润高于 BNOB 情形下的利润。若$t<0.1932$，每个零售商都更偏向于采用 BNOB 策略。

命题 8.1 中的阈值$\overline{t_1}$对零售商是否提供 BOPS 渠道具有较大影响。由于该阈值与产品退货率密切相关，通过分析可得下列结论。

推论 8.1： 当$\lambda\leqslant 1-\Delta$时，$\overline{t_1}$随着$\mu$的增加而增加。

推论 8.1 表明，在λ相对较低的情况下，$\overline{t_1}$随着产品退货率μ递增。当产品退货率μ相对较高时，μ的增加将导致阈值$\overline{t_1}$的增加。在这种情况下，条件$t>\overline{t_1}$可能难以维持。因此，根据命题 8.1，此时两个零售商提供 BOPS 渠道将会导致更差的结果。这表明，退货率相对较高的产品并不适用于 BOPS 渠道模式，而退货率相对较低的产品更适合该渠道模式。因此，零售商可以根据产品的特点，选择合适的产品通过 BOPS 渠道销售。例如，对于衣服和鞋子等具有非数字属性的产品，消费者只能在线下实体渠道触摸和体验（Cao et al.，2016），无法在线上渠道或 BOPS 渠道购买时感知这些产品的适配性，导致产品最终被退回。具体而言，对于时尚服饰等产品，线上订单的退货率高达 74%（Vlachos and Dekker，2003），消费者可能更愿意在实体店而不是线上渠道购买这些产品（Cao et al.，2016）。这表明，对于退货率较高的产品不应提供 BOPS 渠道模式。

如命题 8.1 所示，零售商是否提供 BOPS 渠道取决于一些重要的市场参数。通过分析这些参数对两个零售商的最优决策和利润的影响，得到以下两个命题。

命题 8.2： 传统零售商提供 BOPS 渠道。

（1）产品最优价格随λ和m的增加而增加，随θ的增加而减小。

（2）当$t>\overline{t_2}$时，最优服务水平随λ递减；当$t\leqslant\overline{t_2}$且$\lambda>\overline{\lambda}$时，最优服务水平随$\lambda$递减；当$t\leqslant\overline{t_2}$且$\lambda\leqslant\overline{\lambda}$时，最优服务水平随$\lambda$递增。其中，$\overline{t_2}=r\mu(c\mu+\theta)/2m$，$\overline{\lambda}=1-\sqrt{2mt/(r\mu(c\mu+\theta))}$。

（3）最优服务水平随m递减，随θ递增。

命题 8.2（1）表明，零售商的最优产品价格随λ和m的增加而增加，但随着θ的增加而减小。当λ增加时，更多消费者选择从 BOPS 渠道购买产品，这可能导致更高的产品退货处理成本。为了弥补不断增加的退货处理成本以获得更高的利润，零售商将相应地提高产品零售价格。对于单位服务成本而言，较大的m将给零售商带来较高的服务成本。在这种情况下，零售商将提高零售价格以弥补这一成本。同时，随着θ的增加，消费者在实体店购买产品所获得的效用增加，这将会给零售商的线下渠道带来更多产品需求，使得零售商主动降低零售价格以赚取更多的利润。

命题 8.2（2）表明，当 t 较大时，市场竞争程度较弱。随着 λ 的增加，麻烦成本低的消费者比例降低，这将进一步缓解线下实体店的竞争。此时，零售商将会降低实体店内的服务水平。当 λ 足够大时，即 $\lambda > \bar{\lambda}$，两个零售商都可以在BOPS渠道中获得足够的利润。随着 λ 的增加，BOPS渠道的产品需求量进一步上升，而实体店的产品需求量相应下降，零售商会降低实体店内的服务水平。当 λ 相对较小时，两个零售商都无法从BOPS渠道获得足够的利润，为了获得竞争优势，两个零售商都将开展更多的服务活动，以吸引更多消费者通过实体渠道购买产品，从而获得更多利润。随着 λ 的增加，在实体店购买产品的消费者数量减少，这将加剧实体渠道的竞争。因此，服务水平将大幅提高。

命题 8.2（3）表明，零售商的最优服务水平随 m 递减，而随 θ 递增。随着单位服务成本的增加，总服务成本相应增加。因此，零售商可能缺乏动力去提升服务水平。当 θ 增加时，更多消费者选择通过实体渠道购买产品，因此两个零售商都将努力提高服务水平以吸引更多消费者在实体店购买产品，从而获得更多利润。

命题 8.3：传统零售商提供BOPS渠道。

（1）当 $t > \bar{t}_2$ 时，最优利润随 λ 递增；否则，当 $\lambda > \bar{\lambda}$ 时，最优利润随 λ 递增，当 $\lambda \leqslant \bar{\lambda}$ 时，最优利润随 λ 递减。

（2）最优利润随单位服务成本 m 递增。

（3）当 $t \leqslant rc\mu^2\lambda(1-\lambda)/2m$ 时，最优利润随 θ 递增。

命题 8.3（1）表明，当 t 较大时，麻烦成本低的消费者选择去实体店提取商品，这会导致更高的旅行成本；然而，通过BOPS渠道购买产品可以减少他们的麻烦成本，以抵消旅行成本。此时，随着 λ 的增加，BOPS 渠道的产品需求量增加，从而进一步提高产品价格（见命题 8.2（1））。因此，零售商可以获得更高的利润。然而，当 t 较小且 λ 足够大时，随着 λ 的增加，零售商的服务水平降低（见命题 8.2（2）），而零售价格增加（见命题 8.2（1）），这将为两个零售商带来更高的利润。相反，当 λ 相对较小时，随着产品价格的增加，线下服务水平会显著增加，这可能会对每个零售商的利润产生负面影响。

命题 8.3（2）表明，零售商的最优利润随着单位服务成本 m 的增加而增加。大部分研究表明，由于总服务成本增加，零售商的利润会随着单位服务成本的增加而下降。然而，当单位服务成本增加时，每个零售商可能不会主动提高自己的服务水平。在这种情况下，总服务成本将相应降低，零售商的利润增加。

命题 8.3（3）表明，当 t 较小时，零售商的最优利润随 θ 的增加而增加。根据命题 8.2（1）和命题 8.2（3），随着 θ 的增加，零售商的产品价格降低而服务水平增加。因此，实体渠道中的产品退货量减少，零售商的产品退货处理成本随之降低，这将会弥补因产品价格下降造成的利润损失。此外，随着产品价格的下降和服务水平的提高，产品需求将增加，进而为零售商带来更多利润。当 t 较大时，市场竞争程度较弱，服务水平对实体店产品销售的影响较小。

8.3.2　双渠道零售商的 BOPS 渠道竞争策略

在这种情况下，首先探讨两个双渠道零售商是否提供 BOPS 渠道。通过比较分析 DNOB 与 DBOB 两种情形下的最优决策与利润，可得下列命题。

命题 8.4：双渠道零售商提供 BOPS 渠道。

（1）当 $t \leqslant \overline{t}_3$ 时，$p_i^{\text{DBOB*}} \leqslant p_i^{\text{DNOB*}}$，$e_i^{\text{DBOB*}} \leqslant e_i^{\text{DNOB*}}$，$\pi_i^{\text{DBOB*}} \geqslant \pi_i^{\text{DNOB*}}$（$i=1,2$）。

（2）当 $t > \overline{t}_3$ 时，$p_i^{\text{DBOB*}} < p_i^{\text{DNOB*}}$，$e_i^{\text{DBOB*}} < e_i^{\text{DNOB*}}$，$\pi_i^{\text{DBOB*}} < \pi_i^{\text{DNOB*}}$（$i=1,2$）。

命题 8.4 描述了引入 BOPS 策略对双渠道零售商的最优利润、决策的影响及相关条件。具体而言，当 t 较小时，两个相互竞争的双渠道零售商均倾向于提供 BOPS 策略；否则，零售商不提供 BOPS 策略。

当 $t \leqslant \overline{t}_3$ 时，更多的消费者可能选择在 BOPS 渠道购买产品，BOPS 渠道和实体渠道之间存在激烈的竞争。由于引入 BOPS 渠道可能会减少实体店的部分需求量，产品退货率会相应增加。此时，零售商将会通过降低产品价格以促进产品销售。一方面，这可以吸引更多消费者进入实体店进行交易以增加其利润。另一方面，这也可以降低 BOPS 渠道和线上渠道产生的产品退货量，从而有助于降低零售商的产品退货处理成本。当产品价格因提供 BOPS 渠道而下降时，零售商为了降低相关成本而减少对服务水平的投入，这将为两个零售商带来更多利润。

当 t 足够大时，即 $t > \overline{t}_3$，消费者往往选择从最近的实体店购买产品。类似于 BBOB 情形，零售商可能没有动力在实体店投入更多的服务。此外，提供 BOPS 渠道将减少实体渠道的产品销售量，这将导致更多的产品退货，从而增加零售商的退货处理成本。此时提供 BOPS 服务可能会损害两个双渠道零售商的利润。为了抵消这种负面影响，零售商会选择降低产品价格以在实体渠道中获得竞争优势，但这也可能会进一步降低零售商的总体利润。

命题 8.4 表明零售商是否提供 BOPS 策略取决于 t，这与命题 8.1 的结论有所不同。命题 8.1 表明，除了渠道之间的竞争程度这个影响因素之外，零售商是否采用 BOPS 策略还取决于拥有高麻烦成本的消费者比例 λ。在双渠道背景下，到店麻烦成本高的消费者可以通过线上渠道而不是仅通过 BOPS 渠道进行交易。有趣的是，当 t 较小时，两个传统零售商都实施 BOPS 策略会使它们的利润受损，而两个双渠道零售商都实施该策略时会使它们获得更多利润。反之，两个传统零售商都应该实施 BOPS 策略，而两个双渠道零售商都不应该实施 BOPS 策略。具体而言，当 t 足够大时，对于双渠道零售商而言，实施 BOPS 策略会导致更多的产品退货，进而减少利润。然而，对于传统零售商而言，若拥有高麻烦成本的消费者比例相对较小，零售商可以通过 BOPS 渠道销售更多产品，从而获得更多利润。

与推论 8.1 类似，通过分析 $\overline{t}_3$ 与 μ 之间的关系，可得到下列结论。

推论 8.2： $\overline{t}_3$ 随 μ 的增加而增加。

当 μ 足够大时，阈值 $\overline{t}_3$ 较大。根据命题 8.4，两个双渠道零售商都提供 BOPS 渠道。这表明，当零售商通过实体和线上渠道销售产品时，即使是退货率相对较高的产品也适用于 BOPS。这一结论不同于推论 8.1。在双渠道零售环境中，当消费者从线上渠道购买产品时，他们可能会产生等待和运输成本 s_w，并且如果产品退货率足够高，消费者可能会选择在实体店或 BOPS 渠道购买产品以避免麻烦成本。

通过分析 λ、m、θ 及 s_w 对两个零售商最优决策的影响，可得下列结论。

命题 8.5： 最优服务水平随 λ 和 m 递减，而随 θ 和 s_w 递增。

命题 8.5 表明，对于两个双渠道零售商而言，最优服务水平随 λ 和 m 递减。随着 λ 的增加，麻烦成本低的消费者比例降低，这将进一步缓解实体店之间的竞争。因此，零售商可能不会主动提高实体店的服务水平。当单位服务成本 m 增加时，总服务成本相应增加，此时零售商提高服务水平的动机将会降低。不同的是，双渠道零售商的最优服务水平随 θ 和 s_w 递增。当消费者对服务水平的敏感系数 θ 增加时，更多的消费者会选择在实体店购买产品，因此两个零售商都将努力提高服务水平以刺激实体店的产品销售，从而实现利润最大化。此外，随着等待和运输成本 s_w 增加，消费者从线上购买产品所花费的成本增加，此时他们可能会更倾向于通过实体渠道和 BOPS 渠道购买产品。在这种情况下，较高的服务水平可能会提高实体渠道的利润。

8.4　非对称竞争情形下传统零售商的 BOPS 渠道竞争策略

前文探讨了对称竞争市场中传统零售商及双渠道零售商的 BOPS 渠道策略，本节主要探讨非对称竞争情形下传统零售商的相应渠道策略。此时，仅有一个零售商采用 BOPS 策略销售产品；不失一般性，假设零售商 1 提供 BOPS 渠道，而零售商 2 不提供该渠道。消费者从两个零售商的线下渠道购买产品的效用函数与式（8.1）相同，即 $u_1^{\text{BOOB-BM}} = u_1^{\text{BNOB}}$ 和 $u_2^{\text{BOOB-BM}} = u_2^{\text{BNOB}}$。消费者从 BOPS 渠道购买产品的效用函数为 $u_1^{\text{BOOB-BP}} = v - p_1 - tx - c\mu$。

与 BBOB 的情形类似，两个零售商线下渠道的产品需求函数为 $D_1^{\text{BOOB-BM}} = (1-\lambda)D_1^{\text{BNOB}}$ 和 $D_2^{\text{BOOB-BM}} = (1-\lambda)D_2^{\text{BNOB}}$。BOPS 渠道的产品需求函数为 $D_1^{\text{BOOB-BP}} = 1 - D_1^{\text{BOOB-BM}} - D_2^{\text{BOOB-BM}} = \lambda$。基于需求函数，可得到两个零售商的利润目标函数分别为

$$\begin{cases} \max\limits_{p_1,e_1} \pi_1^{\text{BOOB}} = D_1^{\text{BOOB-BM}}(p_1 - r\mu(1-e_1)) + D_1^{\text{BOOB-BP}}(p_1 - r\mu) - \dfrac{1}{2}me_1^2 \\ \text{s.t.}\ \ \theta e_i + c\mu e_i \leqslant h_H,\ \ i=1,2 \end{cases}$$

$$\max_{p_2,e_2} \pi_2^{\text{BOOB}} = D_2^{\text{BOOB-BM}}(p_2 - r\mu(1-e_2)) - \frac{1}{2}me_2^2 \tag{8.11}$$

根据模型求解，可得两个零售商的最优决策和利润，如表 8.6 所示。

表 8.6　零售商在 BOOB 情形中的最优决策和利润

场景	最优决策	最优利润
BOOB	$e_1^* = \dfrac{\varpi(3mt(3-\lambda) - \varpi(1-\lambda)(2c\mu + 2\theta + r\mu(2-3\lambda)))}{3m(9mt - 2(1-\lambda)\varpi^2)}$ $p_1^* = \dfrac{9m^2t(t(3-\lambda) + 3r\mu(1-\lambda)) + r\mu\varpi^2(1-\lambda)^2(2c\mu + 2\theta + r\mu(2-3\lambda)) + \Gamma}{3m(9mt - 2(1-\lambda)\varpi^2)}$ $e_2^* = \dfrac{\varpi(3mt(3-\lambda) - \varpi(1-\lambda)(2c\mu + 2\theta + r\mu(2-3\lambda)))}{3m(9mt - 2(1-\lambda)\varpi^2)}$ $p_2^* = \dfrac{3m\varpi(1-\lambda)E}{3m(1-\lambda)(9mt - 2(1-\lambda)\varpi^2)} + \dfrac{9m^2t(t(3-\lambda) + 3r\mu(1-\lambda)) + r\mu\varpi^2(1-\lambda)^2 \times (2c\mu + 2\theta + r\mu(2-3\lambda))}{3m(1-\lambda)(9mt - 2(1-\lambda)\varpi^2)}$	$\pi_1^* = \dfrac{\lambda(36m^2t^2 - mt(1-\lambda)\alpha + \beta)}{6m(9mt - 2(1-\lambda)(c\mu + r\mu + \theta)^2)(1-\lambda)} + \dfrac{(9mt - (1-\lambda)\varpi^2)(3mt(3-\lambda) + \varpi(2c\mu + 2\theta + r\mu(2-3\lambda))(\lambda-1))^2}{18m(1-\lambda)(9mt - 2(1-\lambda)\varpi^2)^2}$ $\pi_2^* = \dfrac{(9mt - (1-\lambda)\varpi^2)(3mt(3-\lambda) + \varpi(2c\mu + 2\theta + r\mu(2-3\lambda))(\lambda-1))^2}{18m(1-\lambda)(9mt - 2(1-\lambda)\varpi^2)^2}$

表 8.6 中，

$$E = (2t\theta + 2c\mu(t + r\mu(1-\lambda)) + 2r^2\mu^2(1-\lambda) + r\mu F)$$

$$F = 5t + 2\theta - 4t\lambda - 2\theta\lambda$$

$$G = 7t + 2\theta + 4t\lambda - 2\theta\lambda$$

$$K = -3m(1-\lambda)(2t\theta^2 + 2(\mu c)^2(t + r\mu(1-\lambda)))$$

$$\begin{aligned} \Gamma = {} & K + (2r^3\mu^3 + r^2\mu^2(5t + 4\theta))(1-\lambda) + r\mu\theta G \\ & + c\mu(4t\theta + 4(\mu r)^2(1-\lambda) + r\mu(G + 2\theta - 2\theta\lambda)) \end{aligned}$$

通过比较分析该情形下两个零售商的最优决策与利润，可得下列结论。

命题 8.6： 在不对称竞争市场中，若 $t \leqslant \overline{t}_4$，零售商 1 提供 BOPS 策略。

（1）其产品零售价格将高于竞争对手，即 $p_1^{\text{BOOB*}} > p_2^{\text{BOOB*}}$。

（2）当$r > (2c\mu + 2\theta)/7\mu$时，其线下服务水平高于竞争对手，即$e_1^{\text{BOOB*}} > e_2^{\text{BOOB*}}$；当$r \leqslant (2c\mu + 2\theta)/7\mu$时，其线下服务水平低于竞争对手。

（3）自身利润受损，而竞争对手（如零售商 2）的利润得以提升。

其中，

$$\overline{t_4} = ((1-\lambda)\alpha + \sqrt{((1-\lambda)\alpha)^2 - 144\beta})/72m$$

$$\alpha = 4c^2\mu^2 + 44r\mu\theta + 4\theta^2 + 4c\mu(11r\mu + 2\theta) + r^2\mu^2(40 - 27\lambda)$$

$$\beta = 2r\mu(c\mu + r\mu + \theta)^2(1-\lambda)^2(2c\mu + \theta + r\mu(2 - 3\lambda))$$

当零售商 1 提供 BOPS 渠道而零售商 2 不提供时，麻烦成本较高的消费者将从 BOPS 渠道购买产品。此时，从零售商 2 购买的部分消费者可能会通过零售商 1 的 BOPS 渠道购买产品。因此，零售商 1 的 BOPS 渠道中的产品需求量将显著增加，而零售商 2 的产品需求量将相应减少。

当$t \leqslant \overline{t_4}$时，两个零售商的实体店之间存在激烈的竞争，两个零售商都可能会提高服务水平，以吸引具有低麻烦成本的消费者购买产品。由于所有具有高麻烦成本的消费者更倾向于在零售商 1 的 BOPS 渠道中购买产品，零售商 2 可能会降低产品零售价格以便在实体渠道中获得更高的市场份额。对于零售商 1，类似于命题 8.1，其可能会提高零售价格以降低退货成本，并从 BOPS 渠道获得更高的边际利润。较高的零售价格可能会反过来抑制其实体店的产品需求量，从而增加竞争对手的产品需求量。然而，这种损失可以通过 BOPS 渠道获得的利润抵消。反之，市场将趋于恶性竞争，零售商 2 会深受其害。

命题 8.6（2）表明，当$t \leqslant \overline{t_4}$且$r > (2c\mu + 2\theta)/7\mu$时，零售商 1 将会投入比零售商 2 更高的服务水平；否则，零售商 1 将投入较低的服务水平。条件$r > (2c\mu + 2\theta)/7\mu$表明当退货处理成本较高时，零售商 1 会为了减少此成本而比其竞争对手更努力地提高服务水平。由于零售商 1 的产品价格高于其竞争对手，这可以部分降低提高实体店服务成本带来的成本。此外，零售商 1 可以从 BOPS 渠道获得较高的边际利润，这也促使其努力提高线下服务水平。然而，当$r \leqslant (2c\mu + 2\theta)/7\mu$时，零售商 1 无动力提升服务水平，$e_1^{\text{BOOB*}} \leqslant e_2^{\text{BOOB*}}$。对于零售商 2，这种情况反而激励其提高服务水平，从而进一步刺激其产品需求以提高利润。

命题 8.6（3）表明，在不对称竞争市场中，当t较小（$t \leqslant \overline{t_4}$）时，提供 BOPS 渠道的零售商（零售商 1）的利润低于其竞争对手（零售商 2）；否则，它的利润将高于竞争对手。根据命题 8.6（1），零售商 1 的产品价格较高，将使得其实体渠道的产品需求量下降，从而降低零售商 1 的利润。其中，$r > (2c\mu + 2\theta)/7\mu$等价

于 $\mu > 2\theta/(7r-2c)$，这意味着产品退货率相对较高。在这种情况下，虽然较高的价格可能会产生较高的利润，但较高的退货率将导致 BOPS 渠道较高的退货处理成本。与此同时，命题 8.6（2）表明，零售商 1 的服务水平高于竞争对手，这会进一步增加零售商 1 的成本，进而降低零售商 1 的利润。因此，零售商 1 的利润低于零售商 2。另外，当条件 $r > (2c\mu + 2\theta)/7\mu$ 不满足时，零售商 1 的服务水平将低于零售商 2（见命题 8.6（2））。在这种情况下，零售商 1 实体渠道的产品需求量将减少，从而进一步降低其利润。因此，零售商 1 引入 BOPS 渠道将会降低其自身利润，提升其竞争对手的利润。

为了更好地说明命题 8.6，设 $\lambda = 0.08$，零售商的利润关于 t 的变化如图 8.3 所示。

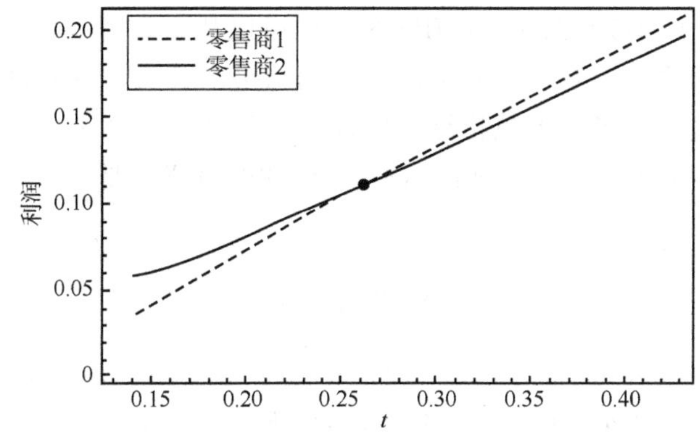

图 8.3　BOOB 情形下两个零售商的利润

由图 8.3 可知，当 $t < \overline{t_4} = 0.2608$ 时，引入 BOPS 渠道的零售商 1 将获得比零售商 2 更低的利润。然而，当 $t > 0.2608$ 时，零售商 1 可以获得比零售商 2 更高的利润。

8.5 本章小结

本章研究了传统零售商与双渠道零售商的 BOPS 渠道的竞争策略，分别在对称竞争与非对称竞争情形下构建了相应的竞争决策模型，并提炼出相应的最优渠道策略。通过分析，主要结论包括以下两个方面。

（1）在市场存在激烈竞争的情况下，零售商需谨慎决策是否实施 BOPS 策略。具体而言，在对称的竞争市场中，当具有高麻烦成本的消费者比例较高时，提供 BOPS 渠道总是会提高传统零售商的利润。而当该比例相对较小且单位旅行成本较大时，传统零售商应提供 BOPS 策略；否则，将损害它们的利益。对于双渠道零售商而言，当单位旅行成本足够低时，两个零售商都应提供 BOPS 渠道。在非对称的竞争市场中，当单位旅行成本较低时，传统零售商实施 BOPS 策略将会损害自身利益，而提升竞争对手的利润。这些结论进一步表明，零售商应根据市场环境选择合适的渠道策略。

（2）在对称的竞争市场中，当具有高麻烦成本的消费者比例相对较小时，传统零售商中具有高退货率的产品不适合通过 BOPS 渠道进行销售。然而，双渠道零售商将具有高退货率的产品通过 BOPS 渠道进行销售会提高其收益。这些发现将为后续管理者利用 BOPS 渠道销售何种类型的产品提供理论参考。

本章主要结论揭示了在竞争市场中零售商是否实施 BOPS 策略，以此丰富了全渠道管理等方面的研究。尽管如此，本章还有一些问题需进一步探讨：首先，根据 Gao 和 Su（2017）的研究，BOPS 渠道可以从交叉销售中获得更多利润。通过考虑交叉销售的影响，可能会产生不同结果。其次，本章假设零售商销售的产品没有系统性差异，若放松这一假设，消费者可能会进一步分化，从而得到不同的结果。因此，考虑这些因素研究 BOPS 策略将是一个非常有现实意义的研究主题。

参考文献

Cao J，So K C，Yin S. 2016. Impact of an "online-to-store" channel on demand allocation，pricing and profitability[J]. European Journal of Operational Research，248（1）：234-245.

Chen B，Chen J. 2017. When to introduce an online channel，and offer money back guarantees and personalized pricing?[J]. European Journal of Operational Research，257（2）：614-624.

Clifford S. 2011. Wal-Mart has a web plan to bolster in-store sales[EB/OL]. https://www.heraldtribune.com/story/news/2011/03/11/wal-mart-has-web-plan/29001876007/[2021-02-12].

Dimoka A，Hong Y，Pavlou P A. 2012. On product uncertainty in online markets：theory and evidence[J]. MIS Quarterly，36（2）：395-426.

Gallino S，Moreno A. 2014. Integration of online and offline channels in retail：the impact of sharing reliable inventory availability information[J]. Management Science，60（6）：1434-1451.

Gao F，Su X. 2017. Omnichannel retail operations with buy-online-and-pick-up-in-store[J]. Management Science，63（8）：2478-2492.

Hotelling H. 1929. Stability in competition[J]. The Economic Journal，39（153）：41-57.

Hsiao L，Chen Y J. 2012. Returns policy and quality risk in e-business[J]. Production and Operations Management，21（3）：489-503.

Hua Z，Hou H，Bian Y. 2016. Optimal shipping strategy and return service charge under no-reason return policy in online retailing[J]. IEEE Transactions on Systems，Man，and Cybernetics：Systems，47（12）：3189-3206.

Li Y，Xu L，Choi T M，et al. 2013. Optimal advance-selling strategy for fashionable products with opportunistic consumers returns[J]. IEEE Transactions on Systems，Man，and Cybernetics：Systems，44（7）：938-952.

Rosa M I. 2012. Omni-channel retailing：is it “Order online pick-up in store” service viable in the Portuguese grocery industry?[D]. Portugal：Universidade Catolica Portugesa.

Rosenblum P，Kilcourse B. 2013. Omni-channel 2013：the long road to adoption[EB/OL]. https://www.rsrresearch.com/research/omni-channel-2013-the-long-road-to-adoption[2022-10-12].

Taylor T A. 2002. Supply chain coordination under channel rebates with sales effort effects[J]. Management Science，48（8）：992-1007.

Tsay A A，Agrawal N. 2000. Channel dynamics under price and service competition[J]. Manufacturing & Service Operations Management，2（4）：372-391.

Vlachos D，Dekker R. 2003. Return handling options and order quantities for single period products[J]. European Journal of Operational Research，151（1）：38-52.

第9章 双渠道零售商“线上购买线下退货”的渠道策略

产品退货问题是零售商尤其是网络零售商面临的重要挑战之一，对供应链运营绩效产生显著影响。与线下实体渠道相比，线上渠道存在一个明显弊端，即消费者在购买产品前不能真实触摸和体验产品。由于产品估值及质量的不确定性，消费者若在体验产品后认为产品不合适或未达到预期要求，则会选择退货，这将导致线上渠道退货率远远高于线下实体店退货率。一项调研报告显示，线上网络渠道退货率大约为 30%，远高于线下实体渠道的 8.89%（Feinleib，2017）。对于价格昂贵的高档产品，实体店退货率最多为 35%，而线上渠道退货率高达 75%（Akçay et al.，2013）。大量的退货将给零售商带来巨额处理成本。埃森哲的一份调查报告表明，对于电子产品来说，这种成本相当于零售商总销售额的 4%左右（Douthit et al.，2011）。因此，对于零售商尤其是线上渠道零售商而言，制定合适的退货策略以降低退货损失至关重要。

从零售业实践来看，退货渠道策略因行业和产品特性的不同而具有较大的差异。许多双渠道零售商（如沃尔玛、玩具反斗城、国美等）都采用同渠道退货（same-channel return）策略。在该策略下，若消费者体验产品不合适，其仅能通过同一渠道退回产品，即从实体店（网店）购买的物品只能退回至实体店（网店）。另一些零售商[如彭尼（J.C.Penney）、梅西百货、百思买、苹果、西尔斯（Sears）和苏宁）]则采用跨渠道退货（cross-channel return）策略，即允许在线上渠道购买产品的消费者将产品退回至线下实体店。这种退货渠道策略允许消费者随时随地退货，可以在方便的时候去就近门店退货，从而可提高消费者的满意度。UPS（United Parcel Service，美国联合包裹运送服务公司）2015 年的调查显示，若线上购买的产品不允许退回至线下门店，51%的消费者将不会在线上购买产品，消费者如果可以免费在实体店退货，82%的消费者将选择线上购买。这些现象表明，一方面，跨渠道退货服务策略可以显著影响消费者的线上购买决策，从而影响零售商的整体绩效；另一方面，跨渠道退货服务策略可以带动实体店流量，从而增加线下渠道产品额外销售机会（Cao and Li，2015）。

当实施跨渠道退货服务策略时，零售商同样面临着诸多挑战：①若实体店没有提供退货的产品，这些产品必须转移到其他渠道（Zhang et al.，2010），这将给零售商带来额外的运输成本。即使实体店提供这些产品，提供跨渠道退货服务也将增加处理产品的退货成本。一些零售商（梅西百货）甚至还给退货到实体店的消费者全额退款，这可能导致更多的退货数量及退货成本。②为了支持跨渠道退货运营，零售商将增加相关的服务成本。例如，许多零售商的实体店将为跨渠道退货的消费者提供更多的停车位、专用的快速结账通道和服务人员。由此引发下列主要的科学问题：①双渠道零售商是否应该实施跨渠道退货服务策略？②跨渠道退货服务策略对产品需求和退货量有哪些影响？③跨渠道退货服务策略对最优定价有哪些影响？④零售商的定价机制对相关决策有哪些影响？

面对上述挑战与具体研究问题，本章旨在构建双渠道零售商的跨渠道退货服务策略选择决策模型，深入探讨其是否实施“线上购买线下退货”的渠道策略以及相关退货政策决策等问题。首先，进行了模型描述与主要参数假设；其次，考虑线上线下同价策略，针对同渠道与跨渠道退货问题，构建了相应的渠道决策模型；再次，根据模型求解结果，详细分析了跨渠道退货服务策略；最后，探讨了线上线下差异化定价对双渠道零售商退货渠道策略的影响。

9.1　模型描述与主要参数假设

本章考虑一个双渠道零售商，其同时通过线上渠道和线下实体渠道向消费者销售产品。每个消费者最多只能通过线上渠道或附近的线下门店购买一件产品；消费者在收到产品并使用后，若对产品不满意（即产品不合适）或未达到预期效果，将会选择退货。由于线上渠道的退货率远高于实体渠道（Akçay et al.，2013），为侧重分析跨渠道退货策略，假设消费者退货行为仅发生在线上渠道，而不考虑线下实体门店的产品退货。其主要原因是：零售商一般会在实体店设立陈列室或展厅，向消费者提供样品进行体验，甚至雇用一些专业销售人员，帮助消费者体验和了解产品，从而大幅减少由不匹配或产品缺陷导致的产品退货（Ofek et al.，2011；Xia et al.，2017）。零售商可采取两种退货策略，即同渠道退货和跨渠道退货。假设零售商是完全理性的，并以利润最大化为决策目标。本章所涉及的主要参数符号与说明如表 9.1 所示。

表 9.1　符号说明

符号	说明
v	消费者对产品的估值
p	产品销售价格
h	消费者到线下门店的旅行成本
h_o	消费者通过线上渠道购买产品的麻烦成本
θ	消费者购买产品的适合度（满意的可能性）

续表

符号	说明
c	单位产品的生产成本
f	单位产品的退货服务费用
r	消费者退货至线下门店时产生的单位额外销售利润
s	退货产品的残值
d_i	线下实体店需求量、线上购买线上退货需求量或线上购买线下退货需求量（$i = r, \text{or}, \text{os}$）
q_i	线上购买线上退货量或线上购买线下退货量（$i = \text{or}, \text{os}$）
D	总需求
Q	总退货量
u_i	线下消费者、线上消费者和线上购买线下退货消费者的效用函数（$i = r, \text{or}, \text{os}$）
π^l	同渠道、跨渠道退货策略下的零售商利润（$l = \text{SC}, \text{CC}$）

零售商同时通过线上渠道和线下实体渠道以价格p向消费者销售产品，其单位成本为c（$p > c$）。这里假设线上渠道和线下实体渠道采用统一定价，该定价策略在百思买、沃尔玛、苏宁、国美等相关零售企业广泛应用，且在现有研究中极为常见（Gao and Su，2017；Chen B and Chen J，2017；Ofek et al.，2011）。产品价格p为决策变量，其他变量皆为外生参数。不失一般性，假设市场规模标准化为1。

由于消费者在购买产品之前不能真实触摸或体验产品，假设消费者在购买产品之前不能确定产品是否符合自身的品味和需求，尤其对耐用或经验产品而言，在使用产品之前很难消除对产品是否适合的不确定性，而这些不确定性是由外部因素决定的，不取决于消费者自身对产品的估值（Moorthy and Srinivasan，1995）。为此，假设θ表示消费者对产品满意的可能性（即θ为产品适合度），则$1-\theta$表示产品不适合的可能性。产品的不适合不仅仅包括产品质量不符合消费者要求或产品故障，还包括产品不符合消费者的"品味"（Hsiao and Chen，2014；Chen B and Chen J，2017）。假设退回产品由零售商处理后的残值为s，且残值s不大于生产成本c，否则零售商就可以从消费者退货中谋利（Hsiao and Chen，2014；Letizia et al.，2018）。

无论消费者选择同渠道退货还是跨渠道退货，零售商均会向消费者给予一定的返还金额。具体而言，若消费者通过同渠道退货，零售商将提供部分退款$p-f$（$0 < f < p$）；若消费者选择跨渠道退货（退回至线下实体门店），零售商将提供全额退款（p）。一方面，由于产品退货将产生一定的成本，包括回收、再包装、再存储等相关处理费用，所以零售商在决定退款额度时将会考虑这些退货处理成本。例如，亚马逊根据退回产品的状况向消费者收取 15%～50%的手续费。

Kayak Pro Shop 对每件退货商品收取 10%的再进货费。百思买对拆封的电子产品和家用电器分别收取 15%和 25%的退货费。另一方面，跨渠道退货策略可以为零售商线下实体门店带来额外流量并增加实体店的销量（Cao and Li，2015），众多零售商会对将线上购买的产品退货至线下门店的消费者提供全额退款。例如，塔吉特、百思买和沃尔玛向跨渠道退货的消费者支付全额退款。最后，为便于分析，假设跨渠道退货获得的退款金额应大于同渠道退货获得的退款金额；否则，将没有消费者选择跨渠道退货。例如，对于通过线上渠道退货的消费者，彭尼和苏宁将收取一定费用，但若消费者选择将线上购买的商品退回至实体店，则会提供全额退款。

假设消费者存在两个方面的异质性：产品估值和到店旅行成本。具体而言，假设消费者的产品估值为 v，且服从[0,1]均匀分布。消费者到线下门店购物或退货时产生的旅行成本也存在异质性，这一成本与消费者到店距离有关（Clifford，2012），服从[0,1]均匀分布。假设这两个随机变量相互独立，不存在交互影响。此外，消费者通过线上渠道购买产品时，将承担额外成本，包括等待产品交付的费用和运输费用，本章将其表示为消费者在线上购物时所产生的麻烦成本 h_o。

本章所构建的模型中，双渠道零售商和消费者的决策顺序如下：首先，零售商决定是否提供跨渠道退货服务，并确定产品价格 p。其次，消费者决定是先到实体店体验产品再考虑是否购买，还是直接从线上渠道购买。当消费者决定去线下实体店时，若对产品满意则选择购买；反之，将不会购买。最后，通过线上渠道购买产品的消费者将决定是否保留该产品，若退货则需进一步决定是通过同渠道退货而获得部分退款 $p-f$，还是通过跨渠道退货而获得全额退款 p。

9.2 跨渠道退货服务决策模型

本节主要考虑线上线下同价策略，分别针对同渠道退货与跨渠道退货两种情形，构建相应的决策模型。

9.2.1 同渠道退货服务策略决策模型（SC）

同渠道退货情形下，消费者可将线上购买的不合适产品退回至线上商店。消费者分为两种类型：一类为线下消费者，其前往线下门店体验产品，若对产品满意则选择购买；另一类为线上消费者，其通过线上购买，若收到产品后不满意则选择退货。对线下消费者而言，若对产品满意，则从产品中获得价值 v，并支付产品价格 p；若对产品不满意，则从产品中获得的价值为 0。无论消费者是否购买产品，都需付出到店的旅行成本 h。对线上消费者而言，消费者有θ的可能性对产品满意并获得净效用$v-p$，同时产生麻烦成本h_o；否则，其有$1-\theta$的可能性将在线上渠道退货，并获得部分退款$p-f$，但仍需支付产品价格p，并承担麻烦成本h_o。因此，这两类消费者购买产品的效用函数分别表示为

$$u_r^{\mathrm{SC}}=\theta(v-p)-h，\ u_{\mathrm{or}}^{\mathrm{SC}}=\theta(v-p)-(1-\theta)f-h_o \tag{9.1}$$

基于上述消费者效用函数，同渠道退货策略下的消费者购买行为如图 9.1 所示。

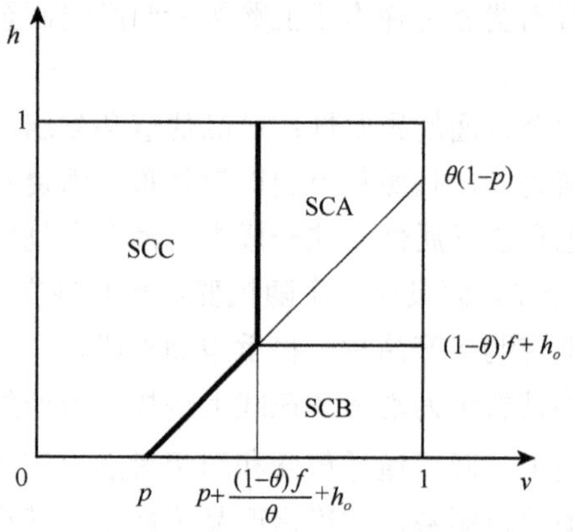

图 9.1　同渠道退货策略下的消费者购买行为

如图 9.1 所示，市场被划分为三部分：SCA 部分表示消费者将从线上渠道购买产品；SCB 部分表示消费者将从线下门店购买产品；SCC 部分表示消费者不购买该产品。显然，较低的费用f将导致总需求和线上产品需求增加（SCA），但将导致线下渠道需求减少（SCB）；价格p的提高总是会导致线上需求和线下需求以及总需求的减少。根据图 9.1 可获得零售商线下实体店和线上渠道的产品需求分别为

$$d_r^{\mathrm{SC}}=\theta\left((1-p)((1-\theta)f+h_o)-\frac{((1-\theta)f+h_o)^2}{2\theta}\right)$$

$$d_{\mathrm{or}}^{\mathrm{SC}}=\left(1-p-\frac{(1-\theta)f+h_o}{\theta}\right)(1-(1-\theta)f-h_o) \tag{9.2}$$

零售商的总需求为$D^{\mathrm{SC}}=d_r^{\mathrm{SC}}+d_{\mathrm{or}}^{\mathrm{SC}}$。线上渠道的产品退货量为

$$Q_{\mathrm{or}}^{\mathrm{SC}}=(1-\theta)\left(1-p-\frac{(1-\theta)f+h_o}{\theta}\right)(1-(1-\theta)f-h_o) \tag{9.3}$$

基于产品需求和退货量，零售商的利润函数为

$$\pi^{\mathrm{SC}} = (p-c)d_r^{\mathrm{SC}} + (p-c)d_{\mathrm{or}}^{\mathrm{SC}} + (s+f-p)Q_{\mathrm{or}}^{\mathrm{SC}} \tag{9.4}$$

式（9.4）中零售商的利润由三个部分构成：零售商从线下实体店销售产品获得的利润、零售商从线上渠道销售产品获得的利润、消费者通过线上渠道退货造成的损失。零售商通过确定最优产品价格以最大化自身利润，其最优决策及利润如表 9.2 所示。

表 9.2　最优决策及利润

情形	最优决策	最优利润
SC	$p^{\mathrm{SC}*} = \dfrac{2(A+\theta)-2(1-\theta)(2+A-c\theta)f+3(1-\theta)^2 f^2}{4\theta} + \dfrac{h_o^2-2h_o+2(1-\theta)(s+2f-c)}{4\theta}$	$\pi^{\mathrm{SC}*} = [4(A-\theta)^2-8(1-\theta)(A-\theta)(c-s)((1-\theta)f+h_o) + 4(1-\theta)^2(A^2+A(3-2c\theta)-\theta(1+2c-c^2\theta))f^2 - 4(1-\theta)^3(2+3(A-c\theta))f^3+9(1-\theta)^4 f^4]/16\theta + \lambda_1(h_o)$

表 9.2 中，$A=c-(1-\theta)s$。

9.2.2　跨渠道退货服务策略决策模型（CC）

跨渠道退货情形下，消费者可将线上购买的不合适产品退回至线上门店或线下实体商店。此时，消费者可分为三类：线下消费者、线上消费者和线上购买线下退货（BORS）消费者。对 BORS 消费者来说，有 θ 的可能性对产品满意并获得净效用 $v-p$，同时产生麻烦成本 h_o；反之，有 $1-\theta$ 的可能性对产品不满意，从而选择退货并获得全额退款 p，但需付出一定的旅行成本 h 和麻烦成本 h_o。线下消费者和线上消费者的效用与同渠道退货情形一致。因此，三类消费者购买产品的效用函数分别为

$$\begin{aligned} u_r^{\mathrm{CC}} &= \theta(v-p)-h \\ u_{\mathrm{or}}^{\mathrm{CC}} &= \theta(v-p)-(1-\theta)f-h_o \\ u_{\mathrm{os}}^{\mathrm{CC}} &= \theta(v-p)-(1-\theta)h-h_o \end{aligned} \tag{9.5}$$

基于消费者购买行为，跨渠道退货情形下的市场细分如图 9.2 所示。

从图 9.2 可以看出，消费者市场被分为四个部分。具体来说，CCA 部分表示消费者选择在线上渠道购买产品并在线上进行退货；CCB 部分表示消费者选择在线上渠道购买产品，但在线下实体店退货；CCC 部分表示消费者在实体店购买产品；CCD 部分表示消费者不会购买该产品。需要注意的是，当 $h_o \geqslant \theta f$ 时，消费者将不会通过跨渠道方式进行退货，此时该情形退化为同渠道退货情形。为避免出现这种情况，假设 $h_o < \theta f$。与图 9.1 类似，这些细分市场也受到 f 和 p 的影响。

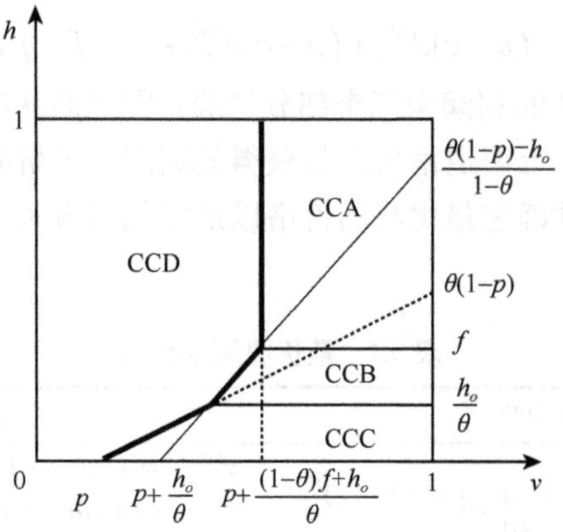

图 9.2　跨渠道退货策略下的消费者购买行为

具体而言，较低的 f 会导致总需求和线上产品需求（CCA）的增加、BORS 需求（CCB）的减少，但不会对商店需求（CCC）产生影响；较高的价格 p 总是会导致线上需求、BORS 需求、商店需求及总需求的减少。因此，线下消费者、线上消费者和 BORS 消费者的需求可以表示为

$$d_r^{\mathrm{CC}} = h_o\left(1-p-\frac{h_o}{2\theta^2}\right)$$

$$d_{\mathrm{or}}^{\mathrm{CC}} = \left(1-p-\frac{(1-\theta)f+h_o}{\theta}\right)(1-f)$$

$$d_{\mathrm{os}}^{\mathrm{CC}} = \left(f-\frac{h_o}{\theta}\right)\left(1-p-\frac{(1-\theta)f+h_o}{\theta}\right)+\frac{(f-\frac{h_o}{\theta})(\theta f-h_o)(1-\theta)}{2\theta^2} \tag{9.6}$$

总需求为 $D^{\mathrm{CC}} = d_r^{\mathrm{CC}} + d_{\mathrm{or}}^{\mathrm{CC}} + d_{\mathrm{os}}^{\mathrm{CC}}$。消费者同渠道和跨渠道的退货数量分别为

$$q_{\mathrm{or}}^{\mathrm{CC}} = (1-\theta)\left(1-p-\frac{(1-\theta)f+h_o}{\theta}\right)(1-f)$$

$$q_{\mathrm{os}}^{\mathrm{CC}} = \left(f-\frac{h_o}{\theta}\right)\left(1-p-\frac{(1-\theta)f+h_o}{\theta}\right)+\frac{(f-\frac{h_o}{\theta})(\theta f-h_o)(1-\theta)}{2\theta^2} \tag{9.7}$$

因此，跨渠道退货场景下的总退货数量为 $Q^{\mathrm{CC}}=q_{\mathrm{or}}^{\mathrm{CC}}+q_{\mathrm{os}}^{\mathrm{CC}}$。交叉销售，即消费者在购买想要的产品时，或者在实体店取货甚至退货时，会购买一些其他额外的产品，从而为零售商带来额外的利润（Cao and Li，2015）。一项调查显示，超过 25%的消费者在商店退货时会额外购买产品。假设零售商从每个 BORS 消费者中获得的额外交叉销售利润为 r，则交叉销售总利润为 $q_{\mathrm{os}}^{\mathrm{CC}}r$（Gao and Su，2017）。因此，零售商的期望利润函数为

$$\pi^{\mathrm{CC}}=(p-c)d_r^{\mathrm{CC}}+(p-c)\left(d_{\mathrm{or}}^{\mathrm{CC}}+d_{\mathrm{os}}^{\mathrm{CC}}\right)+q_{\mathrm{os}}^{\mathrm{CC}}r+(s+f-p)q_{\mathrm{or}}^{\mathrm{CC}}+(s-p)q_{\mathrm{os}}^{\mathrm{CC}} \quad (9.8)$$

式（9.8）中的零售商利润由五个部分组成：实体店销售所获利润、线上渠道销售所获利润、消费者跨渠道退货时产生的额外销售利润、消费者通过线上渠道退货造成的损失、消费者通过跨渠道退货造成的损失。注意，为了避免琐碎的情况，进一步假设

$$f<\frac{2}{3}-\frac{\sqrt{2(1-\theta)(3(c-(1-\theta)s)+5\theta-2)-(1-\theta)(3h_o^2+6h_o(1-\theta)(r+s-c)-6h_o\theta)/\theta}}{3(1-\theta)}$$

零售商的最优决策和利润如表 9.3 所示。

表 9.3　最优决策及利润

情形	最优决策	最优利润
CC	$p^{\mathrm{CC}*}=\frac{2(A+\theta)-2(2+r)(1-\theta)f+3(1-\theta)^2f^2}{4\theta}+\frac{h_o^2+2h_o(1-\theta)(r+s-c)+2\theta(c-h_o)}{4\theta^2}$	$\pi^{\mathrm{CC}*}=[4(A-\theta)^2-8(1-\theta)r(A-\theta)f+4(1-\theta)(A-\theta+(2+r)r(1-\theta))f^2-4(1-\theta)^2(2+3r)f^3+9(1-\theta)^2f^4]/16\theta+\lambda_2(h_o)$

9.3　双渠道零售商退货渠道策略

消费者的购买行为会随着零售商是否提供跨渠道退货服务而改变，这将直接影响 SC 和 CC 场景下的产品需求和退货数量，具体如引理 9.1 所示。

引理 9.1：零售商提供跨渠道退货策略。

（1）线上消费者的需求减少。

（2）当且仅当 $f\leqslant\overline{f_1}$（$f>\overline{f_1}$ 且 $r>\overline{r_1}$）时，产品总需求增加；否则，产品总需求减少。其中，

$$\overline{f_1}=\frac{2c\theta(1-\theta)^3+\theta(2-5\theta+2(\theta^2-(1-\theta)^3s))-h_o\theta(1-\theta)(1-4\theta)-\phi_1(h_o)}{6\theta(1-\theta)^3}$$

$$\overline{r_1}=\frac{\theta(2c(2-f(1-\theta)^2)(1-\theta)-2(s(2-\theta)+\theta)(1-\theta)+3f^2(1-\theta)^3)}{2(\theta-h_o(1-\theta))}-\frac{\theta f(2+2s(1-\theta)^3+5\theta-2\theta^2)-\phi_2(h_o)}{2(\theta-h_o(1-\theta))}$$

（3）产品总退货量增加。

引理 9.1（1）表明，提供跨渠道退货服务将导致线上需求减少。由于产品适

合度的不确定性及线下全额退货政策，消费者选择到线下就近门店退货以避免付出额外的退货手续费，这将导致一些到线下实体店的旅行成本相对较低的消费者选择跨渠道购买，从而使线上消费者的需求减少。

引理 9.1（2）表明，引入跨渠道退货策略并非一定会增加产品总需求。如图 9.2 所示，由于较低的期望旅行成本，所有消费者将从实体渠道转移到 BORS 渠道。此外，在 SC 场景中，部分不购买产品的消费者可能会通过 BORS 渠道进行购买。这表明跨渠道退货策略将吸引更多消费者进行购买，从而导致总需求增加。在这种情况下，当退货服务费用足够低时（即 $f \leqslant \bar{f}_1$），线上需求将不会大幅下降，因此，零售商的总需求将增加。当退货服务费用相对较高（即 $f > \bar{f}_1$）时，若交叉销售利润足够高（即 $r > \bar{r}_1$），总需求会增加；反之，总需求会减少。具体而言，当 $f > \bar{f}_1$ 时，消费者在线上购物会产生更大损失，因此部分消费者会转向 BORS 渠道或退出市场。在这种情况下，如果 $r > \bar{r}_1$，零售商将降低产品价格以吸引更多消费者购买。调研报告显示，当消费者到线下实体店退货时，超过 25%的消费者会产生额外购买行为。当消费者到实体店退回线上购买的产品时，可能会更换或购买其他产品。因此，产品总需求也会相应增加。

在企业实践中，退货服务费用不会设定过高，一般在价格的 10%～30%。例如，苹果公司对拆封的 iPad 和电脑等产品收取 10%的退货手续费；百思买对拆开的电子产品和电器分别收取 15%和 25%的退货费。从这些实例可以看出，采用跨渠道退货服务将增加总需求。Neslin 和 Shankar（2009）研究发现企业可以从跨渠道退货策略中提高 20%的产品销售。UPS2016 年的报告称，在去实体店退货时，超过 25%的消费者会额外购买产品。这些结果表明，现实中交叉销售利润不会很低。因此，当退货服务费用和交叉销售利润都较高时，即 $f > \bar{f}_1$ 且 $r > \bar{r}_1$，提供跨渠道退货策略将会增加产品总需求。相关实证研究表明，提供跨渠道退货策略对企业销量的增加有促进作用（Cao and Li，2015）。上述发现在一定程度上支持了引理 9.1（2）中的结论。为了更好地说明引理 9.1（2），令 $\theta = 0.8$、$s = 0.15$、$h_o = 0.05$、$c = 0.3$，并使 r 的变化范围为 0～0.1，分别考虑 $f = 0.07$ 和 $f = 0.13$ 这两种情况，得到 SC 和 CC 场景下的总需求，如图 9.3 所示。

图 9.3（a）表明，当 $f = 0.07 < \bar{f}_1 = 0.1106$ 时，无论 大于还是小于阈值 $\bar{r}_1 = 0.0069$，CC 情形下的总需求都高于 SC 情形下的总需求。图 9.3（b）表明，当 $f = 0.13 > \bar{f}_1 = 0.1106$ 时，若 $r > \bar{r}_1 = 0.0069$，CC 情形下的总需求高于 SC 情形下的总需求；而若 $r < \bar{r}_1 = 0.0069$，CC 情形下的总需求低于 SC 情形下的总需求。

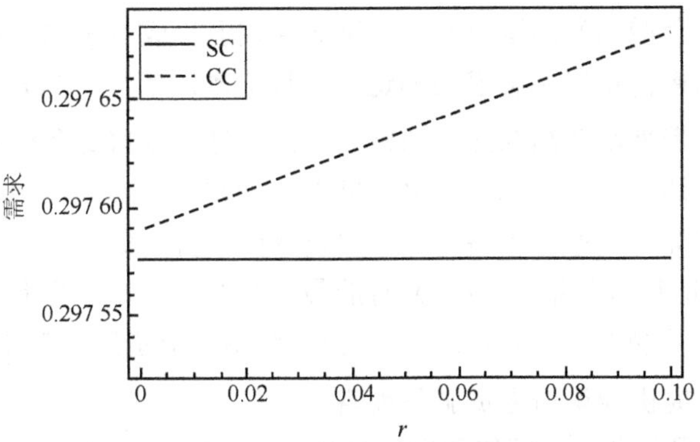

（a）$f=0.07$

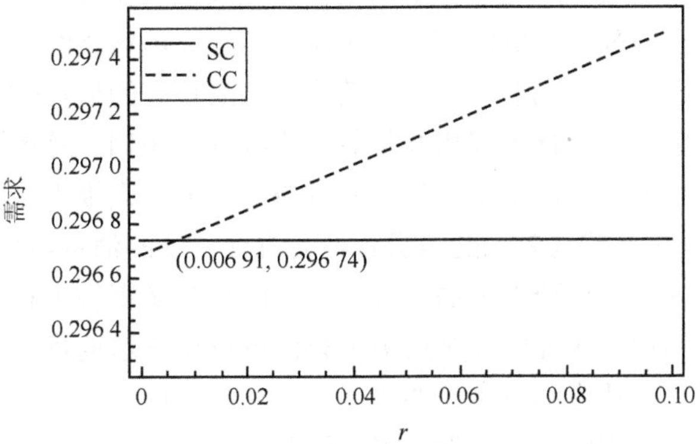

（b）$f=0.13$

图 9.3　SC 和 CC 场景下的产品总需求比较

引理 9.1（3）表明，提供跨渠道退货服务将会导致总退货量的增加。采用跨渠道退货服务将导致消费者从线下渠道转移到 BORS 渠道，同时也会吸引新的消费者。因此，产品需求的增加将导致更多可能的退货行为。Kumar 等（2014）也得出相似结论，即零售商提供跨渠道退货服务可能会带来更高的购买量和退货量。这直接印证了引理 9.1（3）中的结论。

通过比较分析 SC 和 CC 两种情形下的最优价格，可得到命题 9.1。

命题 9.1：当 $r < \overline{r_2}$ 时，$p^{CC*} > p^{SC*}$；反之，$p^{CC*} \leqslant p^{SC*}$。其中，$\overline{r_2} = (c-s)\times(1-\theta) + \left[(3f\theta - h_o)/2\right]$。

命题 9.1 表明，当提供跨渠道退货策略后，如果交叉销售利润较低（即 $r < \overline{r_2}$），零售商应制定更高的销售价格；反之，应降低销售价格。具体来说，当 $r < \overline{r_2}$ 时，采用跨渠道退货服务的零售商只能获得相对较低的交叉销售利润；此时，零售商更可能提高销售价格以获得更多的利润。此外，根据引理 9.1（3）所述，引入跨

渠道退货服务将会增加产品退货数量，进而导致退货成本增加。在这种情况下，零售商将提高销售价格以弥补潜在的退货处理成本。相反，当$r \geqslant \overline{r}_2$时，提供跨渠道退货服务将带来足够高的交叉销售利润。此时，零售商有动力降低销售价格以提高 BORS 渠道的需求，从而刺激总需求，使得零售商获得更高利润。

为了确定最优退货渠道策略，通过比较分析零售商提供同渠道退货服务策略（SC）和跨渠道退货服务策略（CC）时的最优利润，可得下列命题。

命题 9.2： 存在阈值$\overline{r}_3$，当$r \geqslant \overline{r}_3$时，提供跨渠道退货服务策略有利于零售商；反之，零售商应提供同渠道退货服务策略。

命题 9.2 表明，当交叉销售利润较高时（即$r \geqslant \overline{r}_3$），由于额外的销售利润远远大于因提供跨渠道退货服务所付出的退货处理成本，在这种情形下，实施跨渠道退货服务有利于提高零售商的利润。相反，当交叉销售利润较低时，跨渠道退货服务所带来的额外销售利润无法弥补其所带来的较高的退货处理成本。此时，提供跨渠道退货服务将会损害零售商收益。尤其当$r = 0$时，跨渠道退货服务将会损失部分退货手续费，从而损害零售商的收益。相关研究报告显示，若增加跨渠道退货服务策略，并且超过25%的消费者将会进行额外的消费，企业能够增加20%的总销售额，这说明提供跨渠道退货服务策略能从交叉销售中获得较高利润。此外，Kumar 等（2014）研究发现全渠道零售商提供跨渠道退货服务策略后能增加总收入，到店退货能够带动总利润的增加。这个现象反过来说明了由交叉销售带来的额外利润使得零售商能从跨渠道退货服务策略中获利。

为了更直观地说明命题 9.2，令$\theta = 0.8$、$s = 0.15$、$c = 0.3$、$h_o = 0.05$、$f = 0.1$，并使r的变化范围为 0～0.20，分别得到零售商在 SC 和 CC 两种情形下的最优利润，如图 9.4 所示。

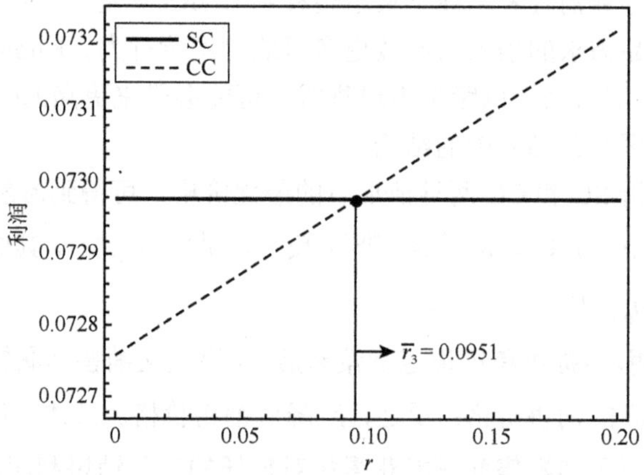

图 9.4　不同情形下零售商的最优利润比较分析

如图 9.4 所示，当 $r > \overline{r}_3 = 0.0951$ 时，CC 情形下零售商的利润高于 SC 情形下的利润；当 $r < \overline{r}_3 = 0.0951$ 时，零售商在 CC 情形下的利润低于 SC 情形下的利润。

阈值 $\overline{r}_3$ 对零售商是否提供跨渠道退货服务策略具有重要影响。由于该阈值与退货服务费用 f 和产品适合度 θ 密切相关，为此将通过数值实验分析其对阈值 $\overline{r}_3$ 的影响。设置 $s = 0.15$、$c = 0.3$、$h_o = 0.05$、$\theta = 0.8$，且 f 的变化范围为 0～0.4；然后设置 $f = 0.1$ 且 θ 的变化范围为 0.5～1.0，结果如图 9.5 所示。

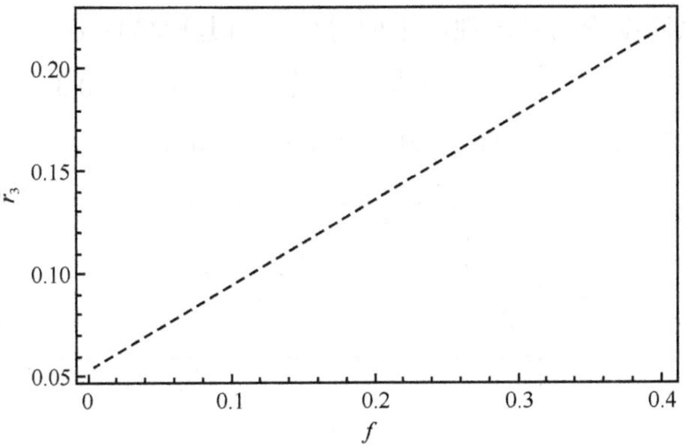

（a）$\overline{r}_3$ 与退货服务费用 f 的关系

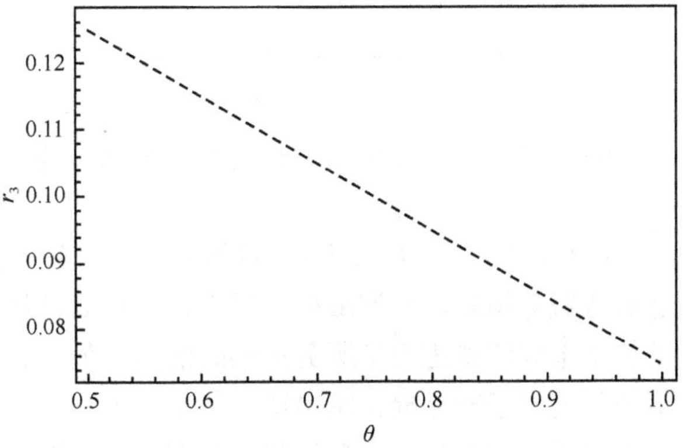

（b）$\overline{r}_3$ 与产品适合度 θ 的关系

图 9.5　阈值 $\overline{r}_3$ 对零售商跨渠道退货服务决策的影响

图 9.5 表明，阈值 $\overline{r}_3$ 随着退货服务费用 f 递增，但随着产品适合度 θ 递减。具体而言，当 f 相对较大时，更高的退货服务费用 f 会导致更大的阈值 $\overline{r}_3$，此时条件 $r \geqslant \overline{r}_3$ 较难成立。根据命题 9.2 的结论，提供跨渠道退货服务策略不利于零售商获取利润。因此，退货服务费用较高的零售商不适合提供跨渠道退货服务策略。这

也解释了当零售商提供跨渠道退货服务策略时，它们会收取较低的退货手续费的原因，如苹果和百思买。当产品适合度θ较大，或退货率$1-\theta$较小时，阈值$\overline{r}_3$足够低，此时，条件$r \geqslant \overline{r}_3$很容易成立。然而，当$1-\theta$较大，即退货率相当高时，条件$r \geqslant \overline{r}_3$难以成立。因此，提供跨渠道退货服务策略会降低零售商的利润。由于高额的退货成本，较高的退货率会对零售商的利润造成损失（Chen B and Chen J，2017），从而说明退货率相对较高的产品不适合采用跨渠道退货策略；反之，退货率相对较低的产品适合跨渠道退货策略。因此，零售商在选择跨渠道退货策略时应考虑产品的退货率及不确定性。

为了说明上述结论的合理性，下面讨论产品退货率$1-\theta$对 SC 和 CC 情形下零售商最优利润差（$\pi^{\mathrm{CC}}-\pi^{\mathrm{SC}}$）的影响，令$s=0.15$、$c=0.3$、$f=0.1$、$h_o=0.05$、$r=0.1$，且$\theta$的变化范围为 0.6～1.0，结果如图 9.6 所示。

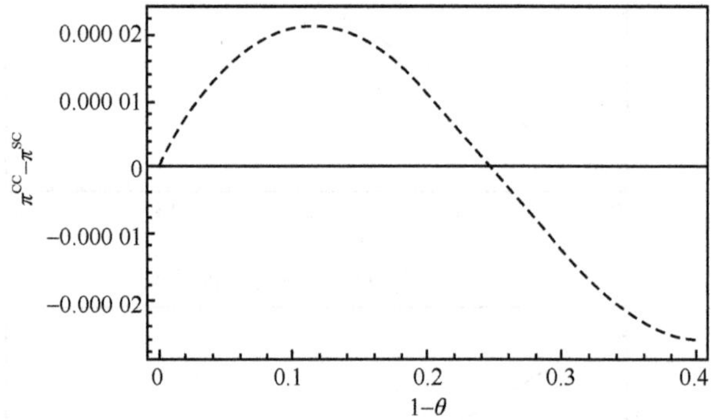

图 9.6　不同场景下零售商的利润差与退货率的关系

图 9.6 表明，利润差$\pi^{\mathrm{CC}}-\pi^{\mathrm{SC}}$是关于$1-\theta$的凸函数。当产品退货率较大时，零售商采取跨渠道退货服务策略，利润减少；反之，零售商可从中获利。尤其当退货率适中时，零售商采取跨渠道退货服务策略时能达到最大利润。这也解释了苹果公司和百思买公司为电子产品提供跨渠道退货服务策略，彭尼和梅西百货分别为服装和家庭装饰提供类似的退货服务策略的原因。该发现进一步表明，零售商在引入跨渠道退货服务时，可选择一个更适合产品的退货政策。从上述发现可以得出以下观点。

观察 9.1：当退货率相对较低或适中时，提供跨渠道退货服务策略对零售商有利；反之，将降低零售商利润。

通过下述两个命题进一步说明退货服务费用f和交叉销售利润r对零售商最优定价和利润的影响。

命题 9.3：在同渠道退货和跨渠道退货两种情形下，最优定价均随着退货服务费用f递减；在跨渠道退货情形下，最优定价随着交叉销售利润r递减。

命题 9.3 表明，在 SC 情形下，最优定价随退货服务费用f递减。随着f的增加，消费者退货得到的退款金额相应减少。一般来说，较低的收费将有助于增加需求，尤其是当消费者感知产品适合度不确定性较大时。在这种情况下，零售商将产生更高的退货成本，从而更有可能提高产品价格以弥补退货成本。相比之下，收取较高的退货服务费用会降低消费者对产品的初始支付意愿（Shulman et al.，2011），从而导致产品需求的下降（Hsiao and Chen，2014；Xia et al.，2017）。因此，零售商会降低产品价格以增加需求。这一发现与 Hsiao 和 Chen（2014）的结论一致，即最优定价随退款金额的增加而增加。在 CC 情形中，最优定价随着f和r的增加而降低。当f增加时，退款金额减少，线上渠道需求随之减少，更多线上渠道消费者将转移到 BORS 渠道以寻求全额退款。这反过来又会给零售商带来更多退货产品的处理成本。因此，零售商将降低价格以增加总需求，从而弥补线下门店的退货处理成本。随着r的提高，提供跨渠道退货服务策略的零售商可以从交叉销售中获得更多利润。此时，零售商更有可能降低销售价格以增加 BORS 需求和总需求，这可进一步增加交叉销售利润和零售商总利润。

命题 9.4：零售商提供跨渠道退货策略。

（1）零售商的最优利润随着交叉销售利润r递增。

（2）存在$\bar{f}_2 \in [0, \bar{f}_3]$，当$f \leqslant \bar{f}_2$时，零售商的最优利润随着$f$递增；当$\bar{f}_2 < f \leqslant \bar{f}_3$时，零售商的最优利润随着$f$递减。其中，

$$\bar{f}_3 < \frac{2}{3} - \frac{\sqrt{2(1-\theta)(3(c-(1-\theta)s)+5\theta-2)-(1-\theta)(3h_o^2+6h_o(1-\theta)(r+s-c)-6h_o\theta)/\theta}}{3(1-\theta)}$$

命题 9.4 说明了零售商的最优利润关于r和f的单调性。随着交叉销售利润r的增加，零售商线下门店可以从中获得更多的额外利润，因此相应地增加了总利润。具体而言，存在阈值$\bar{f}_2$和$\bar{f}_3$，当$f \leqslant \bar{f}_2$时，零售商的最优利润随f递增；当$\bar{f}_2 < f \leqslant \bar{f}_3$时，零售商的最优利润随之递减。当退货服务费用足够低时（即$f \leqslant \bar{f}_2$），消费者通过网络渠道退货可得到的退款金额较大，此时总需求不会受到太大影响。随着f的增加，零售商可以从退货服务费用中获得更多利润。然而，当退货服务费用足够高时，尽管消费者在线上渠道的退货量减少，但线上渠道的产品需求也随之下降。另外，部分线上消费者还将转向 BORS 渠道以寻求全额退款，此时零售商的损失会增加，利润总额也会减少。

为了直观地说明退货服务费用f对零售商最优利润的影响，接下来令$\theta = 0.8$、$s = 0.15$、$c = 0.3$、$h_o = 0.05$，且f的变化范围为$0.0625 \sim 0.25$，考虑$r = 0.08$和$r = 0.15$两种情况，得到 SC 和 CC 情形下f对零售商最优利润的影响

情况，如图 9.7 所示。

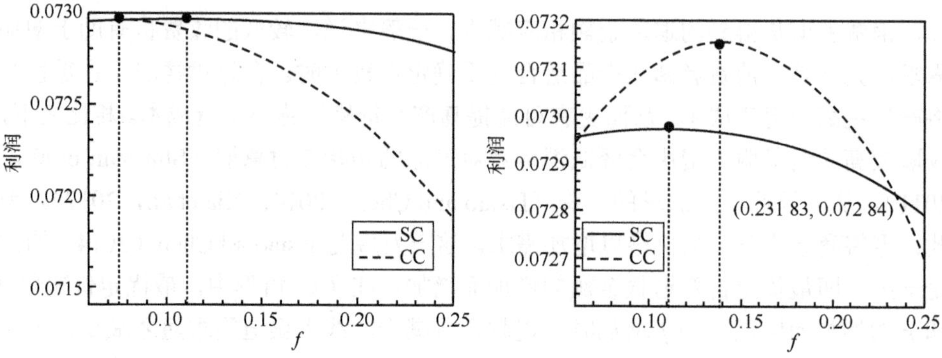

（a）$r=0.08$　　（b）$r=0.15$

图 9.7　SC 和 CC 情形下零售商最优利润与 f 的关系

由图 9.7 可知，无论是 $r=0.08$ 还是 $r=0.15$，零售商在 SC 和 CC 情形下的最优利润都是关于 f 的凹函数。从图 9.7 中可发现，当 f 足够大时，零售商在 CC 情形下的最优利润低于 SC 情形下的最优利润。其中，当 $r=0.08$ 时，零售商在 CC 情形下的最优利润始终低于 SC 情形下的最优利润；当 $r=0.15$ 时，如果 $f>0.23183$，零售商在 CC 情形下的最优利润低于 SC 情形下的最优利润。综上所述，可得到以下重要发现。

观察 9.2：当提供跨渠道退货服务策略时，零售商应设置较低的退货费；不提供跨渠道退货服务策略时，应收取较高的退货金额。

观察 9.2 反过来又证实了观察 9.1 的发现。

9.4　考虑差异化定价时双渠道零售商的跨渠道退货策略

在企业实践中，许多零售商采用线上线下差异化定价策略（differential pricing scheme），而非线上线下同价策略，如 Barnes & Noble、百安居（B&Q）、西尔斯等。本节假设双渠道零售商在线上渠道和线下渠道采用差异化定价策略，即假设 p_r 和 p_o 分别表示产品线下价格和线上价格。不失一般性，假设线上渠道产品价格不高于线下渠道产品价格，即 $p_o \leqslant p_r$。类似假设在现有研究中极为常见（Cao et al.，2016；Radhi and Zhang，2018）。为保证线下渠道不会总优于线上渠道，假设 $p_o \geqslant p_r-((1-\theta)f+h_o)/\theta$。为了简化，进一步假设 p_r 为外生变量，而 p_o 为内生变量。

与同价策略类似，当零售商不提供跨渠道退货服务策略时，消费者选择在线下和线上购买的效用函数分别为$\tilde{u}_r^{\mathrm{SC}}=\theta(v-p_r)-h$及$\tilde{u}_{\mathrm{or}}^{\mathrm{SC}}=\theta(v-p_o)-(1-\theta)f-h_o$。因此，这两个渠道的需求分别为$\tilde{d}_r^{\mathrm{SC}}=1/2\,\theta(1-p_r+1-p_o-(((1-\theta)f+h_o)/\theta))\times((1-\theta)f+h_o-\theta(p_r-p_o))$ 和 $\tilde{d}_{\mathrm{or}}^{\mathrm{SC}}=(1-p_o-(((1-\theta)f+h_o)/\theta))(1-(1-\theta)f-h_o+\theta\times(p_r-p_o))$，则线上退货量为$\tilde{q}_{\mathrm{or}}^{\mathrm{SC}}=(1-\theta)(1-p_o-(((1-\theta)f+h_o)/\theta))(1-(1-\theta)\times f-h_o+\theta(p_r-p_o))$。因此，零售商在 SC 情形中的期望利润为

$$\tilde{\pi}^{\mathrm{SC}}=(p_r-c)\tilde{d}_r^{\mathrm{SC}}+(p_o-c)\tilde{d}_{\mathrm{or}}^{\mathrm{SC}}+(s+f-p_o)\tilde{q}_{\mathrm{or}}^{\mathrm{SC}} \tag{9.9}$$

当提供跨渠道退货服务策略时，消费者选择线下购买、线上购买线上退货以及线上购买线下退货的效用函数分别为$\tilde{u}_r^{\mathrm{CC}}=\theta(v-p_r)-h$、$\tilde{u}_{\mathrm{or}}^{\mathrm{CC}}=\theta(v-p_o)-(1-\theta)f-h_o$、$\tilde{u}_{\mathrm{os}}^{\mathrm{CC}}=\theta(v-p_o)-(1-\theta)h-h_o$，其对应的需求函数分别为

$$\tilde{d}_r^{\mathrm{CC}}=\left(1-p_r-\frac{h_o}{2\theta^2}+\frac{p_r-p_o}{2\theta}\right)(h_o-\theta(p_r-p_o))$$

$$\tilde{d}_{\mathrm{or}}^{\mathrm{CC}}=\left(1-p_o-\frac{(1-\theta)f+h_o}{\theta}\right)(1-f)$$

$$\tilde{d}_{\mathrm{os}}^{\mathrm{CC}}=\left(1-p_o-\frac{(1-\theta)f+2h_o}{2\theta}-\frac{(1-\theta)h_o}{2\theta^2}+\frac{(1-\theta)(p_r-p_o)}{2\theta}\right)\left(f-\frac{h_o}{\theta}+p_r-p_o\right)$$

线上渠道的退货量和 BORS 渠道的退货量分别为$\tilde{q}_{\mathrm{or}}^{\mathrm{CC}}=(1-\theta)(1-p_o-(((1-\theta)f+h_o)/\theta))(1-f)$和$\tilde{q}_{\mathrm{os}}^{\mathrm{CC}}=(1-\theta)\tilde{d}_{\mathrm{os}}^{\mathrm{CC}}$。因此，在 CC 情形中，零售商的期望利润为

$$\begin{aligned}\tilde{\pi}^{\mathrm{CC}}=&(p_r-c)\tilde{d}_r^{\mathrm{CC}}+(p_o-c)(\tilde{d}_{\mathrm{or}}^{\mathrm{CC}}+\tilde{d}_{\mathrm{os}}^{\mathrm{CC}})+\tilde{q}_{\mathrm{os}}^{\mathrm{CC}}r\\&+(s+f-p_o)\tilde{q}_{\mathrm{or}}^{\mathrm{CC}}+(s-p_o)\tilde{q}_{\mathrm{os}}^{\mathrm{CC}}\end{aligned} \tag{9.10}$$

通过求解零售商在 SC 和 CC 两种情形下的利润最优化问题，可得最优定价决策。通过对最优退货策略和定价决策的分析，发现在采用差异化定价策略时，主要结论仍保持不变。特别是当交叉销售利润较高时，提供跨渠道退货策略对零售商来说更有利。然而，难以用理论分析刻画这个结果，这里使用数值分析进行说明。令$c=0.3$、$\theta=0.8$、$s=0.15$、$h_o=0.05$、$f=0.1$、$p_r=0.615$，且r的变化范围为 0～0.20，得到零售商在 SC 和 CC 两种情形下的利润情况，如图 9.8 所示。

由图 9.8 可知，当交叉销售利润足够大时，即$r>0.0952$时，零售商总是能从提供跨渠道退货服务策略中受益；否则，零售商的利润将受到损害。

命题 9.5：（1）当零售商不提供跨渠道退货服务策略时，存在阈值$\bar{p}_1$和$\bar{p}_2$，线上渠道最优定价决策为

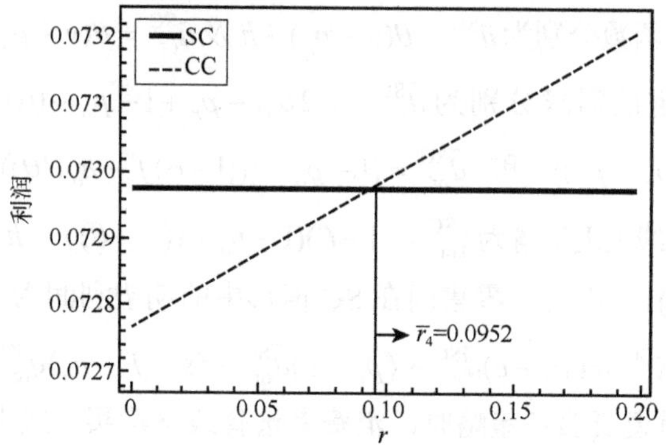

图 9.8　差异化定价策略下零售商的最优利润

$$p_o^{SC*}=\begin{cases}p_r,\ p_r<\overline{p}_1\\ \dfrac{1}{6\theta}(2+c(2-\theta)-(2s+6f)(1-\theta)+\theta(2+3p_r)-k),\ \overline{p}_1\leqslant p_r<\overline{p}_2\\ p_r-(h_o+f(1-\theta))/\theta,\ p_r\geqslant\overline{p}_2\end{cases}$$

（2）当零售商提供跨渠道退货服务策略时，存在阈值 $\overline{p}_3$ 和 $\overline{p}_4$，线上渠道最优定价决策为

$$p_o^{CC*}=\begin{cases}p_r,\ p_r<\overline{p}_3\\ \dfrac{(c-s-r+3p_r\theta+(4+r+s)\theta^2-2h_o(1+\theta)-g)}{3\theta(1+\theta)},\ \overline{p}_3\leqslant p_r<\overline{p}_4\\ p_r-h_o/\theta,\ p_r\geqslant\overline{p}_4\end{cases}$$

其中，

$$k=\sqrt{k_1+9p_r^2\theta^2+4s(1-\theta^2)-2c(2+4\theta+(3p_r-4)\theta^2+2s(2-3\theta+\theta^2))}$$

$$k_1=4+c^2(2-\theta)^2+4s^2(1-\theta)^2-4\theta+12p_r\theta+4\theta^2-12p_r\theta^2+4h_o^2+(2c(2-\theta)-8s(1-\theta))$$

$$g=\sqrt{g_1+(c-r-s)^2-\theta^2(9f^2+2r-6(1+c-2p_r)\theta^3-6f(2+r)+2c(2-r-s)+2(r+s)^2)}$$

$$g_1=\theta^4\left(9f^2+6c(1-p_r)-3p_r(4-3p_r)-6f(2+r)+10+r\right)$$
$$-\theta^4\left(4s-(r+s)^2\right)+h_o^2(1+\theta)^2+2h_o(1+\theta)\left(c-2\theta^2-(r+s)(1-\theta^2)\right)$$

命题 9.5 表明，零售商提供差异化定价策略并不总是受益的。特别地，当 SC 和 CC 两种情形下的线下渠道价格较低时，零售商应采用同价策略（即 $p_o^{SC*}=p_r$）；反之，零售商应采取差异化定价策略。

接下来假设 p_r 和 p_o 内生，进一步研究差异化定价策略对零售商最优定价决策、利润和退货渠道策略的影响。由于很难用理论分析刻画相关结果，这里使用数值分析探讨提供跨渠道退货服务策略对零售商线上渠道和线下渠道最优价格和利润的影响。为了便于分析，本章使用零售商在 CC 和 SC 两种情形下的价格之差和利润之差进行表示，即 $p_o^{CC*}-p_o^{SC*}$、$p_r^{CC*}-p_r^{SC*}$、$\tilde{\pi}^{CC*}-\tilde{\pi}^{SC*}$。$f$ 和 r 两个参数的取值和对应的结果见表 9.4。

表 9.4　两种场景下零售商的线上价格、线下价格和利润的差异

f	r											
	线上价格				线下价格				利润			
	0.05	0.1	0.15	0.2	0.05	0.1	0.15	0.2	0.05	0.1	0.15	0.2
0.07	0.0003	0.0001	−0.0002	−0.0009	0.0003	0.0001	0.0028	0.0122	−0.0015	0.0008	0.0032	0.0079
0.10	0.0003	0.0001	−0.0004	−0.0012	0.0003	0.0001	0.0049	0.0137	−0.0103	0.0011	0.0129	0.0274
0.13	0.0013	0.0009	0.0001	−0.0009	−0.0036	−0.0040	0.0020	0.0107	−0.0241	−0.0034	0.0181	0.0425

根据表 9.4 中的结果，可得一些重要发现，总结如下。

观察 9.3：（1）当交叉销售利润 r 较低时，CC 情形下的线上渠道最优价格大于 SC 情形下的线上渠道最优价格。

（2）当交叉销售利润 r 较低且退货服务费用 f 较高时，CC 情形下的线下渠道最优价格小于 SC 情形下的线下渠道最优价格。

（3）当交叉销售利润 r 较高时，CC 情形下的零售商利润高于 SC 情形下的零售商利润。

由观察 9.3 可知，在差异化定价策略下，本章前面的关键结论并没有改变。其中，观察 9.3（1）表明，当交叉销售利润 r 较低时，CC 情形下的线上渠道最优价格大于 SC 情形下的线上渠道最优价格，这与命题 9.1 一致。此外，观察 9.3（3）表明，当交叉销售利润 r 较高时，零售商可以从提供跨渠道退货服务策略中受益，这也类似于命题 9.2。

值得注意的是，CC 情形下的线下渠道最优价格是否大于 SC 情形下的线下渠道最优价格，不仅取决于交叉销售利润 r，还取决于退货服务费用 f。当退货服务费用 f 相对较低时，消费者更有可能通过线上渠道购买产品。当 f 相对较高时，部分线上消费者会转移到 BORS 渠道或线下渠道，这可能会导致线下渠道的需求增加。此时，零售商更有可能降低线下渠道价格以促进线下实体店的产品销售。

9.5　本章小结

面对大量的产品退货，除采用同渠道退货服务策略外，越来越多的双渠道零售商采用跨渠道退货服务策略。本章主要针对双渠道零售商是否采用跨渠道退货服务策略问题展开研究，分别考虑线上线下是否同价，构建了相应的决策模型，并提炼出最优退货渠道策略。通过分析，本章提炼的主要结论与启示包括下列几个方面。

（1）当交叉销售利润足够高时，零售商应提供跨渠道退货服务策略；否则，零售商应提供同渠道退货服务策略。

（2）提供跨渠道退货服务策略并不总是增加产品总需求，但总是会增加产品退货量。具体而言，当退货服务费用足够低，或退货服务费用相对较大且交叉销售利润足够大时，总需求增加；反之，总需求减少。

（3）当交叉销售利润较高时，提供跨渠道退货服务策略会导致产品价格的提高；反之，产品价格降低。最优产品价格随退货服务费用和交叉销售利润的增加而降低。

（4）零售商并不总是受益于差异化定价策略或同价策略。具体而言，当产品价格较低时，零售商应采用同价策略；否则，应采用差异化定价策略。

（5）零售商的最优利润是关于退货服务费用的凹函数。因此，零售商应收取相对较低的退货服务费用（即提供相对较高的退款金额），尤其在采用跨渠道退货服务策略时。数值分析进一步表明，当提供跨渠道退货服务策略时，零售商可以从相对较低的退货服务费用中获益。此外，当退货率相对较低或中等时，零售商应提供跨渠道退货服务策略。

本章主要探讨了双渠道零售商的退货服务策略，但本章研究仅针对单一零售商展开分析，尚未考虑竞争情形，未来可在竞争环境下进一步探讨跨渠道退货服务策略；另外，现实中，退货服务费用对产品需求及相关决策有重要影响，但本章研究假设其为外生变量，未来可放松这一假设，以进一步丰富现有研究结论。

参考文献

Akçay Y，Boyacı T，Zhang D. 2013. Selling with money - back guarantees：the impact on prices，quantities，and retail profitability[J]. Production and Operations Management，22(4)：777-791.

Cao J，So K C，Yin S. 2016. Impact of an "online-to-store" channel on demand allocation，pricing and profitability[J]. European Journal of Operational Research，248（1）：234-245.

Cao L，Li L. 2015. The impact of cross-channel integration on retailers' sales growth[J]. Journal of Retailing，91（2）：198-216.

Chen B，Chen J. 2017. When to introduce an online channel，and offer money back guarantees and personalized pricing?[J]. European Journal of Operational Research，257（2）：614-624.

Clifford S. 2012. Luring online shoppers offline[EB/OL]. https://www.cnbc.com/id/48080122 [2017-07-19].

Douthit D，Flach M，Agarwal V. 2011. A returning problem：reducing the quantity and cost of product returns in consumer electronics[J]. Accenture Communications & High tech，Accenture，3-9.

Feinleib D. 2017. From bricks to clicks to omnichannel[C]//Feinleib D. Bricks to Clicks：Why Some

Brands Will Thrive in E-Commerce and Others Won't：139-150.

Gao F，Su X. 2017. Omnichannel retail operations with buy-online-and-pick-up-in-store[J]. Management Science，63（8）：2478-2492.

Hsiao L，Chen Y J. 2014. Return policy：hassle - free or your money - back guarantee?[J]. Naval Research Logistics，61（5）：403-417.

Kumar A，Mehra A，Kumar S. 2014. How physical retail channels impact customers' online purchase behavior?[J]. Paper Under Review.

Letizia P，Pourakbar M，Harrison T. 2018. The impact of consumer returns on the multichannel sales strategies of manufacturers[J]. Production and Operations Management，27（2）：323-349.

Moorthy S，Srinivasan K. 1995. Signaling quality with a money-back guarantee：the role of transaction costs[J]. Marketing Science，14（4）：442-466.

Neslin S A，Shankar V. 2009. Key issues in multichannel customer management：current knowledge and future directions[J]. Journal of Interactive Marketing，23（1）：70-81.

Ofek E，Katona Z，Sarvary M. 2011. “Bricks and clicks”：the impact of product returns on the strategies of multichannel retailers[J]. Marketing Science，30（1）：42-60.

Radhi M，Zhang G. 2018. Pricing policies for a dual-channel retailer with cross-channel returns[J]. Computers & Industrial Engineering，119：63-75.

Shulman J D，Coughlan A T，Savaskan R C. 2011. Managing consumer returns in a competitive environment[J]. Management Science，57（2）：347-362.

Xia Y，Xiao T，Zhang G P. 2017. The impact of product returns and retailer's service investment on manufacturer's channel strategies[J]. Decision Sciences，48（5）：918-955.

Zhang J，Farris P W，Irvin J W，et al. 2010. Crafting integrated multichannel retailing strategies[J]. Journal of Interactive Marketing，24（2）：168-180.

第10章　双渠道零售商“线上购买线下退货”渠道竞争策略

随着信息技术的快速发展与消费者诉求的日新月异，零售商的销售模式不断创新，全渠道策略成为零售商促进销售及提高运营效率的必然趋势。在全渠道零售环境下，众多零售商提供多种全渠道服务模式以满足消费者的个性化需求，如“线上购买线下取货”（BOPS）及“线上购买线下退货”（BORS）（Akturk et al.，2018）。如前文所述，消费者的退货行为广泛存在于零售业中，且线上渠道的平均退货率远高于线下渠道。一项调查研究表明，线下渠道退货率仅为 8.89%，而线上渠道超出 30%（Feinleib，2017）；时尚服装等高端产品的线上退货率甚至高达 75%（Akçay et al.，2013）。针对线上退货率较高的问题，零售商需谨慎选择退货渠道策略并制定合适的退货政策。

近年来，越来越多的零售商采用跨渠道退货策略（即 BORS 策略），如彭尼、梅西百货、百思买、苹果、西尔斯和苏宁等。同渠道退货服务不允许消费者线上购买产品后在线下门店退货，因此已无法满足消费者日益增长的个性化需求（Zhang et al.，2010）。BORS 策略整合了线上渠道和线下渠道的共同优势，为消费者提供了便利的退货服务，有助于提高消费者购物的满意度和忠诚度，进而影响其购买决策（Mahar and Wright，2017）。UPS2015 年的报告显示，若零售商提供免费的 BORS 服务，82%的线上消费者将完成线上交易。此外，实施 BORS 策略可以吸引更多消费者访问门店，促使实体店创造额外的交叉销售利润（Cao and Li，2015；Zhang et al.，2010）。UPS2016 年的报告显示，约 25%的消费者到实体店退货时会产生额外购买行为（Akturk et al.，2018）。

尽管如此，零售商在实施 BORS 策略时面临着诸多挑战。例如，为处理 BORS 渠道的退货产品，零售商需承担相关成本，包括处理成本、运输成本和激励顾客跨渠道退货而产生的服务成本，如提供更多停车位及专用结算柜台等（Nageswaran et al.，2020）。为了鼓励消费者跨渠道退货，塔吉特、百思买和沃尔玛等零售商甚至为消费者提供全额退款。随着越来越多的零售商实施 BORS 策略，市场竞争愈演愈烈，这将直接影响各零售商的退货政策及定价决策，最终将影响其是否实施 BORS 策略。由此引出下列科学问题：①在竞争市场中，双渠道零售商是否应该实施 BORS 策略？②影响零售商实施 BORS 策略的重要因素是什么？③零售商实施 BORS 策略对其最优价格和退货政策有何影响？④零售商的最优

BORS 渠道竞争策略是什么？

面对上述挑战与科学问题，本章旨在构建两个相互竞争的双渠道零售商的跨渠道退货的渠道选择决策模型，探讨双渠道零售商的最优 BORS 渠道竞争策略。首先，进行了模型描述与参数假设；其次，考虑产品退货时部分退款政策，在给定提供 BORS 渠道时，构建了零售商的 BORS 渠道竞争决策模型，并分析其最优渠道竞争策略；再次，考虑 BORS 渠道内生决策，探讨了相应的零售商渠道竞争策略；最后，在考虑产品退货时全额退款情形下，进一步探讨了最优退货渠道竞争策略。

10.1　模型描述与参数假设

考虑两个相互竞争的双渠道零售商，其分别通过线上和线下渠道销售两种具有横向差异的竞争品牌产品给同一消费者群体。除了同渠道退货策略外，零售商可以选择是否实施 BORS 策略。当引入 BORS 策略后，消费者可以将线上购买的产品退货至线上渠道或附近的实体门店。为研究竞争环境下零售商的最优退货渠道策略，本章考虑三种情形：两个零售商都不提供 BORS 策略（NN）、仅有一个零售商提供 BORS 策略（BN 或 NB）及两个零售商均提供 BORS 策略（BB）。不失一般性，假设零售商是完全理性的，并追求自身利润最大化。本章所涉及的主要参数与说明如表 10.1 所示。

表 10.1　符号说明

符号	说明
p_i	零售商 $i\,(i=1,2)$ 的产品价格
f_i	零售商 $i\,(i=1,2)$ 的退货手续费
ε	单位交叉销售利润
c	单位采购成本
c_r	实体店的单位运营成本
v	消费者对产品的估值
t	线上渠道的单位不匹配成本
g	实体店的单位不匹配成本
c_o	线上渠道的单位退货成本
c_{or}	BORS 渠道的单位退货成本
s_t	消费者通过线上渠道购买产品所产生的单位运输和等待成本

续表

符号	说明
s_w	消费者通过线上渠道退货产生的单位退货成本
ρ	消费者对产品满意的可能性
h_j	消费者将线上购买的产品退回实体店所产生的麻烦成本，其中 $j=H,L$
$\alpha(1-\alpha)$	线上（线下）消费者的比例
$\beta(1-\beta)$	高（低）麻烦成本的消费者比例
u	消费者的效用函数
D_i	零售商 i（$i=1,2$）的产品需求
Π_i	零售商 i（$i=1,2$）的利润

假设零售商通过线上及线下渠道销售产品的价格 p_i（$i=1,2$）相同，且具有相同的采购成本 c（Gao and Su，2017）。在实践中，众多双渠道企业都采用同价策略，如百思买、沃尔玛、苏宁和国美。一项调查显示，70%的零售商在不同渠道中的产品价格相同（Cavallo，2017）。本章模型中的产品价格 p_i 和退货手续费 f_i 是决策变量，其他变量均为外生变量。

消费者可以选择通过线上或线下渠道购买任意一个零售商的产品，收到产品并试用后，若不满意则会选择退货。退货产品经过重新包装后，就能够以与常规产品相同的市场价格进行转售。调查显示，约95%的退货产品完好无损，可以进行再次销售。其中，服装行业的大多数退货产品经过快速目视检查后就被当作新产品进行再次售卖（Akçay et al.，2013）。因此，不考虑退货产品的贬值问题。线下实体店通常会设立展厅以展示产品样本，甚至会雇用高素质的销售人员帮助消费者了解和体验产品（Yan et al.，2020），因此可大幅度减少实体店由不匹配原因导致的退货行为（Ofek et al.，2011；Xia et al.，2017）。如前文所述，除了同渠道退货策略，零售商还可以采用 BORS 策略。假设两个零售商均为线上渠道退货的消费者提供部分退款 p_i-f_i（$0<f_i<p_i$），并为 BORS 渠道退货的消费者提供全额退款（Nageswaran et al.，2020）。例如，塔吉特、梅西百货、百思买、海恩斯莫里斯（H&M）和沃尔玛都为 BORS 渠道退货的消费者提供全额退款。其中，H&M 对线上退货的消费者收取固定费用 5.99 美元，但对在实体店退货的线上订单提供免费退货服务并给予全额退款（H&M，2021）。此外，消费者通过线上渠道退货将会产生额外的麻烦成本，包括购买和退货时产生的等待、运输及处理成本。假设 s_t 为消费者通过线上渠道购买产品的运输和等待成本，s_w 为线上渠道退货产生的退货成本。

假设线下渠道的单位运营成本为c_r，如更衣室相关成本或产品展示成本，这一成本高于线上渠道的运营成本。为简化分析，令线上渠道的运营成本为零（Cao et al.，2016）。消费者退货会使零售商产生一定的退货成本，包括回收、再包装、再入库等其他相关处理费用。假设c_o表示线上退货行为给零售商带来的单位退货成本，c_{or}表示 BORS 渠道给零售商带来的单位退货成本。由于 BORS 渠道退货可能会使零售商产生更多的人工成本及转运成本，假设$c_{or} > c_o$。与 Nageswaran 等（2020）的研究类似，将消费者分为两种类型：线上消费者和线下消费者。线上类型的消费者倾向于在线上渠道购买产品，在收到并体验产品后，若零售商实施 BORS 策略，其可将不满意的商品退回至线上商店或线下实体店。线下类型的消费者倾向于在线下渠道购买产品。假设消费者属于线上类型的概率为α，则属于线下类型的概率为$1-\alpha$。v表示消费者对产品的估值，即消费者购买产品获得的基础效用。为了便于分析，假设v足够大，以确保覆盖所有市场（$v > \overline{v}$）。类似假设在相关研究成果中极为常见，如 Mehra 等（2018）、Yan 等（2018）的研究。$t(g)$表示线上（实体）渠道的单位不匹配成本，也可表示两个零售商线上（实体）渠道之间的竞争程度（Kourandi et al.，2015）。由于消费者对线上渠道的产品估值存在较大不确定性（Cheng et al.，2015），假设$t > g$。

考虑消费者存在两个方面的异质性：首先，消费者对两个零售商产品（或品牌）的横向偏好存在异质性。根据 Hotelling（1929）的研究，假设消费者对零售商 1 的产品偏好程度为x，且均匀分布于$[0,1]$，零售商 1（零售商 2）和消费者的理想偏好之间的匹配程度表示为$x(1-x)$。其次，BORS 渠道退货产生的麻烦成本存在异质性，将市场上的消费者分为两部分，即高麻烦成本（h_H）和低麻烦成本（h_L）的消费者，其所占比例分别为β和$1-\beta$。为避免出现所有高麻烦成本的线上消费者都选择 BORS 渠道的情况，假设$h_H > f_i + s_w$。此外，与 Ofek 等（2011）、Mehra 等（2018）的研究类似，假设$h_L = 0$。

本章所涉及的问题决策顺序如下：零售商首先决定是否实施 BORS 策略；其次，同时确定产品价格和退货手续费；最后，线上消费者决定是否通过线上渠道购买零售商 1 或零售商 2 的产品，收到产品后将对其进行评估，决定是否继续保留或退回产品。若消费者选择退货，则需决定是通过线上退货并获得部分退款，还是通过 BORS 渠道退货并获得全额退款。线下消费者决定是否访问零售商 1 或零售商 2 的实体店，在实体店评估产品后，若满意就会选择购买；否则，不购买产品。消费者的决策行为如图 10.1 所示。

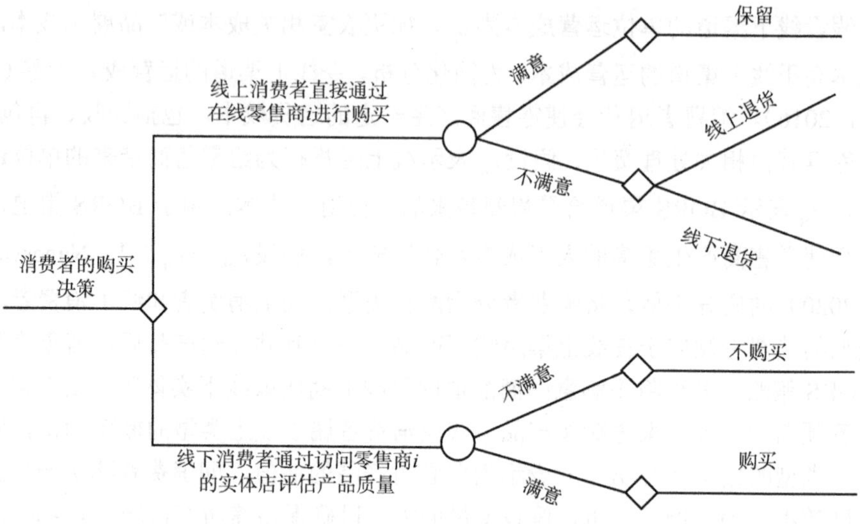

图 10.1 消费者的决策行为

10.2 零售商的跨渠道退货选择决策模型与策略分析

本节考虑部分退款情形，分别针对两个零售商都不提供、一个零售商提供以及两个零售商都提供 BORS 策略三种情形，构建相应的渠道选择决策模型，并分析相应的最优渠道竞争策略。

10.2.1 两个零售商都不提供 BORS 策略（NN）

在此情形下，两个零售商都不提供 BORS 策略。参考 Hotelling（1929）的研究，可得到线上消费者从两个零售商的线上渠道购买产品的期望效用函数分别为

$$u_{1o}^{\mathrm{NN}} = \rho(v-p_1)-(1-\rho)f_1 - tx - s_t - (1-\rho)s_w$$
$$u_{2o}^{\mathrm{NN}} = \rho(v-p_2)-(1-\rho)f_2 - t(1-x) - s_t - (1-\rho)s_w \tag{10.1}$$

线下消费者从两个零售商的实体店购买产品的期望效用函数分别为

$$u_{1r}^{\mathrm{NN}} = \rho(v-p_1-gx)$$
$$u_{2r}^{\mathrm{NN}} = \rho(v-p_2-g(1-x)) \tag{10.2}$$

基于上述效用函数，令 $u_{1o}^{\mathrm{NN}} = u_{2o}^{\mathrm{NN}}$，可得到消费者通过线上渠道购买零售商 1 和零售商 2 的产品的无差异点，即 $x_{oo}^{\mathrm{NN}} = \dfrac{t-\rho(p_1-p_2)-(1-\rho)(f_1-f_2)}{2t}$，则两个

零售商线上渠道的产品需求函数分别为 $D_{1o}^{\mathrm{NN}}=\dfrac{\alpha(t-\rho(p_1-p_2)-(1-\rho)(f_1-f_2))}{2t}$ 和 $D_{2o}^{\mathrm{NN}}=\dfrac{\alpha(t+\rho(p_1-p_2)+(1-\rho)(f_1-f_2))}{2t}$。类似地，令 $u_{1r}^{\mathrm{NN}}=u_{2r}^{\mathrm{NN}}$，得到消费者通过实体店购买零售商 1 和零售商 2 的产品的无差异点，即 $x_{rr}^{\mathrm{NN}}=\dfrac{g-(p_1-p_2)}{2g}$，则两个零售商线下渠道的产品需求函数分别为 $D_{1r}^{\mathrm{NN}}=\dfrac{\rho(1-\alpha)(g-(p_1-p_2))}{2g}$ 和 $D_{2r}^{\mathrm{NN}}=\dfrac{\rho(1-\alpha)(g+p_1-p_2)}{2g}$。根据零售商的线上产品需求，线上渠道的退货数量为 $(1-\rho)D_{io}^{\mathrm{NN}}(i=1,2)$。

基于上述需求函数和退货数量，可得到两个零售商的利润函数：

$$\max_{p_1,f_1}\Pi_1^{\mathrm{NN}}=D_{1r}^{\mathrm{NN}}\left(p_1-c_r-c\right)+\left(p_1-c\right)\rho D_{1o}^{\mathrm{NN}}-\left(c_o-f_1\right)\left(1-\rho\right)D_{1o}^{\mathrm{NN}}$$
$$\max_{p_2,f_2}\Pi_2^{\mathrm{NN}}=D_{2r}^{\mathrm{NN}}\left(p_2-c_r-c\right)+\left(p_2-c\right)\rho D_{2o}^{\mathrm{NN}}-\left(c_o-f_2\right)\left(1-\rho\right)D_{2o}^{\mathrm{NN}} \quad (10.3)$$

利用逆向归纳法可得到两个零售商的均衡决策，结果如表 10.2 所示。

表 10.2　NN 情形下的均衡决策

情形	均衡决策
NN	$p_1^{\mathrm{NN}*}=p_2^{\mathrm{NN}*}=c+c_r+g$，$f_1^{\mathrm{NN}*}=f_2^{\mathrm{NN}*}=\dfrac{t-g\rho+c_o(1-\rho)-c_r\rho}{1-\rho}c$

10.2.2　仅有一个零售商提供 BORS 策略（BN）

在此情形下，仅有一个零售商实施 BORS 策略。不失一般性，假设零售商 1 实施 BORS 策略，而零售商 2 不实施。此时，消费者可选择线上购买线上退货、线下购买以及线上购买线上退货。若消费者从某一零售商的线上渠道购买产品，此时麻烦成本较高的消费者总是选择退货至其线上商店，这一部分消费者的比例为 β；而麻烦成本较低的消费者则会退货至零售商 1 的实体店或零售商 2 的线上商店，这一部分消费者的比例为 $1-\beta$。通过同一渠道购买和退货的线上消费者与线下消费者的效用函数和 NN 情形相同，即 $u_{io}^{\mathrm{BN}}=u_{io}^{\mathrm{NN}}(i=1,2)$ 和 $u_{ir}^{\mathrm{BN}}=u_{ir}^{\mathrm{NN}}(i=1,2)$。消费者选择从零售商 1 的线上渠道购买产品并将其退货至实体店的效用函数为 $u_{1\mathrm{or}}^{\mathrm{BN}}=\rho\left(v-p_1\right)-s_t-tx$。

令 $u_{1\mathrm{or}}^{\mathrm{BN}}=u_{2o}^{\mathrm{BN}}$、$u_{1o}^{\mathrm{BN}}=u_{2o}^{\mathrm{BN}}$、$u_{1r}^{\mathrm{BN}}=u_{2r}^{\mathrm{BN}}$，得到两个零售商线上渠道、线下渠道

及 BORS 渠道的产品需求函数分别为

$$D_{1o}^{\mathrm{BN}}=\frac{\alpha\beta\left(t-\rho\left(p_1-p_2\right)-\left(1-\rho\right)\left(f_1-f_2\right)\right)}{2t}$$

$$D_{2o}^{\mathrm{BN}}=\frac{\alpha\beta\left(t+\rho\left(p_1-p_2\right)+\left(1-\rho\right)\left(f_1-f_2\right)\right)}{2t}+\alpha\left(1-\beta\right)\max\left\{\frac{t+\rho\left(p_1-p_2\right)-\left(1-\rho\right)\left(f_2+s_w\right)}{2t},0\right\}$$

$$D_{1r}^{\mathrm{BN}}=\frac{\rho\left(1-\alpha\right)\left(g-\left(p_1-p_2\right)\right)}{2g}$$

$$D_{2r}^{\mathrm{BN}}=\frac{\rho\left(1-\alpha\right)\left(g+\left(p_1-p_2\right)\right)}{2g}$$

$$D_{1\mathrm{or}}^{\mathrm{BN}}=\alpha\left(1-\beta\right)\min\left\{\frac{t-\rho\left(p_1-p_2\right)+\left(1-\rho\right)\left(f_2+s_w\right)}{2t},1\right\}$$

$$D_{2\mathrm{or}}^{\mathrm{BN}}=0$$

消费者通过同一渠道退货产生的退货量为$\left(1-\rho\right)D_{io}^{\mathrm{BN}}(i=1,2)$；零售商 1 的跨渠道退货量为$\left(1-\rho\right)D_{1\mathrm{or}}^{\mathrm{BN}}$。实践证明，当消费者到店购物、取货或退货时，都将产生额外的购买行为，从而给零售商带来额外的收益（Cao and Li，2015）。根据相关文献，假设单位交叉销售利润为ε（Gao and Su，2017；Yan et al.，2020）。

零售商的期望利润函数分别为

$$\begin{aligned}\max_{p_1,f_1}\Pi_1^{\mathrm{BN}}&=D_{1r}^{\mathrm{BN}}\left(p_1-c_r-c\right)+\left(p_1-c\right)\rho\left(D_{1o}^{\mathrm{BN}}+D_{1\mathrm{or}}^{\mathrm{BN}}\right)\\&\quad+\varepsilon\left(1-\rho\right)D_{1\mathrm{or}}^{\mathrm{BN}}-\left(c_o-f_1\right)\left(1-\rho\right)D_{1o}^{\mathrm{BN}}-c_{\mathrm{or}}\left(1-\rho\right)D_{1\mathrm{or}}^{\mathrm{BN}}\\\max_{p_2,f_2}\Pi_2^{\mathrm{BN}}&=D_{2r}^{\mathrm{BN}}\left(p_2-c_r-c\right)+\left(p_2-c\right)\rho D_{2o}^{\mathrm{BN}}-\left(c_o-f_2\right)\left(1-\rho\right)D_{2o}^{\mathrm{BN}}\end{aligned}\tag{10.4}$$

在此情形中，零售商的均衡决策如表 10.3 所示。

表 10.3 BN 情形下的均衡决策

情形	均衡决策
BN	当 $s_w \geqslant \overline{s}_w$ 时， $p_1^{\mathrm{BN}*}=c+c_r+\frac{g\left(3+\alpha-4\alpha\beta\right)}{3-3\alpha}$，$p_2^{\mathrm{BN}*}=c+c_r+\frac{g\left(3-\alpha-2\alpha\beta\right)}{3-3\alpha}$ $f_1^{\mathrm{BN}*}=c_o+\frac{3t\left(1-\alpha\right)-\left(3c_r\left(1-\alpha\right)+g\left(3+\alpha-4\alpha\beta\right)\right)\rho}{3\left(1-\alpha\right)\left(1-\rho\right)}$ $f_2^{\mathrm{BN}*}=c_o+\frac{3t\left(1-\alpha\right)-\left(3c_r\left(1-\alpha\right)+g\left(3-\alpha-2\alpha\beta\right)\right)\rho}{3\left(1-\alpha\right)\left(1-\rho\right)}$

续表

情形	均衡决策
BN	当 $s_w < \overline{s}_w$ 时， $p_1^{\mathrm{BN}*} = c + \frac{2g\alpha\left(2-\beta-\beta^2\right)(1-\rho)s_w}{3\left(t(1-\alpha)(4-\beta)+4g\alpha(1-\beta)\rho\right)} + \frac{3c_r t(1-\alpha)(4-\beta)}{3\left(t(1-\alpha)(4-\beta)+4g\alpha(1-\beta)\rho\right)} + \frac{g\left(3t(4-\beta-3\alpha\beta)+2c_o\alpha\left(2-\beta-\beta^2\right)(1-\rho)\right)+2g(\varepsilon-c_{\mathrm{or}})\alpha\left(4-5\beta+\beta^2\right)(1-\rho)}{3\left(t(1-\alpha)(4-\beta)+4g\alpha(1-\beta)\rho\right)}$ $p_2^{\mathrm{BN}*} = c + \frac{g(c_{\mathrm{or}}-\varepsilon)\alpha(4-\beta)(1-\beta)(1-\rho)}{3\left(t(1-\alpha)(4-\beta)+4g\alpha(1-\beta)\rho\right)} + \frac{g\alpha\left(2-\beta-\beta^2\right)(1-\rho)s_w}{3\left(t(1-\alpha)(4-\beta)+4g\alpha(1-\beta)\rho\right)} + \frac{3c_r t(1-\alpha)(4-\beta)+6c_r g\alpha(1-\beta)\rho+g\left(3t\left(4-\beta-\alpha(2+\beta)\right)+\alpha(1-\beta)\left(c_o(2+\beta)(1-\rho)+6g\rho\right)\right)}{3\left(t(1-\alpha)(4-\beta)+4g\alpha(1-\beta)\rho\right)}$ $f_1^{\mathrm{BN}*} = \frac{3t(1-\alpha)\left(t-(c_r+g)\rho\right)+c_o(1-\rho)\left(3t(1-\alpha)+2g\alpha(1-\beta)\rho\right)}{(1-\rho)\left(t(1-\alpha)(4-\beta)+4g\alpha(1-\beta)\rho\right)} - \frac{2g(c_{\mathrm{or}}-\varepsilon)\alpha(1-\beta)\rho}{t(1-\alpha)(4-\beta)+4g\alpha(1-\beta)\rho} - \frac{s_w(1-\beta)\left(t(1-\alpha)-2g\alpha\rho\right)}{t(1-\alpha)(4-\beta)+4g\alpha(1-\beta)\rho}$ $f_2^{\mathrm{BN}*} = \frac{\left(t-(c_r+g)\rho\right)\left(t(1-\alpha)(2+\beta)+2g\alpha(1-\beta)\rho\right)+c_o(2+\beta)(1-\rho)\left(t(1-\alpha)+g\alpha(1-\beta)\rho\right)}{(1-\rho)\left(t(1-\alpha)(4-\beta)+4g\alpha(1-\beta)\rho\right)} - \frac{g(c_{\mathrm{or}}-\varepsilon)\alpha(1-\beta)\beta\rho}{t(1-\alpha)(4-\beta)+4g\alpha(1-\beta)\rho} - \frac{s_w(1-\beta)\left(2t(1-\alpha)+g\alpha(2-\beta)\rho\right)}{t(1-\alpha)(4-\beta)+4g\alpha(1-\beta)\rho}$

通过比较分析两个零售商的最优价格、退货手续费及利润，得到以下两个命题。

命题 10.1：仅有一个零售商实施 BORS 策略。

（1）当 $s_w \geqslant \overline{s}_w$ 时，$p_i^{\mathrm{BN}*} > p_i^{\mathrm{NN}*}$ 且 $f_i^{\mathrm{BN}*} < f_i^{\mathrm{NN}*}(i=1,2)$。

（2）当 $s_w < \overline{s}_w$ 时，若 $\varepsilon < \varepsilon_1$，$p_i^{\mathrm{BN}*} > p_i^{\mathrm{NN}*}$；若 $\varepsilon < \varepsilon_2$，$f_1^{\mathrm{BN}*} < f_1^{\mathrm{NN}*}$；若 $\varepsilon < \varepsilon_3$，$f_2^{\mathrm{BN}*} < f_2^{\mathrm{NN}*}$。

命题 10.1（1）表明，当仅有一个零售商实施 BORS 策略时，若消费者的线上退货成本较大（即 $s_w \geqslant \overline{s}_w$），零售商的最优价格高于 NN 情形，而最优退货手续费低于 NN 情形。当零售商 1 实施 BORS 策略时，部分消费者从线上渠道转移到 BORS 渠道退货，从而增加零售商 1 的相关退货成本。因此，零售商 1 提高产品价格以弥补退货处理成本。此外，零售商 1 降低线上退货手续费以平衡不同渠道的需求。对零售商 2 而言，其将提高产品价格以弥补总需求降低带来的损失。此外，零售商 2 为避免更多消费者转移到 BORS 渠道而降低退货手续费。

命题 10.1（2）表明，当消费者的线上退货成本较低时，若单位交叉销售利润足够低，零售商的最优价格高于 NN 情形的价格，而最优退货手续费低于 NN 情形。当$s_w < \bar{s}_w$时，消费者更愿意从零售商 2 购买产品。尽管如此，当零售商 1 提供 BORS 策略时，仍有部分消费者从零售商 2 转移至零售商 1。此时，当单位交叉销售利润足够高时，为了吸引更多的消费者前来购买，零售商 1 将降低产品价格，零售商 2 也将随之降低价格以挽留消费者。与此同时，由于线上退货成本较低，为了获得更高的交叉销售利润，零售商 1 提供较低的退货金额以激励更多消费者选择 BORS 渠道，零售商 2 也可能这样做，以降低线上退货。

命题 10.2：（1）当$s_w \geqslant \bar{s}_w$、$\varepsilon > \underline{\varepsilon}$时，$\Pi_1^{\mathrm{BN}*} > \Pi_1^{\mathrm{NN}*}$，$\Pi_2^{\mathrm{BN}*} < \Pi_2^{\mathrm{NN}*}$；否则，$\Pi_1^{\mathrm{BN}*} \leqslant \Pi_1^{\mathrm{NN}*}$，$\Pi_2^{\mathrm{BN}*} < \Pi_2^{\mathrm{NN}*}$。

（2）当$s_w \geqslant \bar{s}_w$、$\varepsilon > \varepsilon_4(\varepsilon \leqslant \varepsilon_4)$时，$\Pi_1^{\mathrm{BN}*} > \Pi_2^{\mathrm{BN}*}$（$\Pi_1^{\mathrm{BN}*} \leqslant \Pi_2^{\mathrm{BN}*}$）。

命题 10.2 表明，当$s_w \geqslant \bar{s}_w$时，零售商 1 实施 BORS 策略并不总是获利，而零售商 2 的利益一定受损。具体而言，当单位交叉销售利润较大时，零售商 1 从交叉销售中获得的利润足以弥补因退货产生的额外退货成本。根据命题 10.1 可知，当零售商 1 实施 BORS 策略时，零售商 2 的总需求下降。此时，零售商 2 将会降低退货手续费，从而减少零售商 2 的总体利润。

10.2.3　两个零售商均提供 BORS 策略（BB）

在此情形下，除采取同渠道退货策略外，两个零售商都提供 BORS 策略。类似地，线上（线下）消费者通过线上渠道（线下渠道）从两个零售商处购买产品的效用函数与 NN 情形相同，即$u_{io}^{\mathrm{BB}} = u_{io}^{\mathrm{NN}}(i=1,2)$和$u_{ir}^{\mathrm{BB}} = u_{ir}^{\mathrm{NN}}(i=1,2)$。当线上消费者选择退回产品时，其中比例为$\beta$的高麻烦成本消费者总是将产品退回至线上渠道，而比例为$1-\beta$的低麻烦成本消费者将退货至线下实体店。因此，具有低麻烦成本的消费者选择 BORS 渠道的效用函数分别为$u_{1\mathrm{or}}^{\mathrm{BB}} = \rho(v-p_1)-s_t-tx$，$u_{2\mathrm{or}}^{\mathrm{BB}} = \rho(v-p_2)-s_t-t(1-x)$。令$u_{1o}^{\mathrm{BB}} = u_{2o}^{\mathrm{BB}}$、$u_{1\mathrm{or}}^{\mathrm{BB}} = u_{2\mathrm{or}}^{\mathrm{BB}}$、$u_{1r}^{\mathrm{BB}} = u_{2r}^{\mathrm{BB}}$，得到两个零售商线上渠道、线下渠道和 BORS 渠道的产品需求函数分别为$D_{1o}^{\mathrm{BB}} = \dfrac{\alpha\beta\left(t-\rho(p_1-p_2)-(1-\rho)(f_1-f_2)\right)}{2t}$、$D_{2o}^{\mathrm{BB}} = \dfrac{\alpha\beta\left(t+\rho(p_1-p_2)+(1-\rho)(f_1-f_2)\right)}{2t}$、$D_{1r}^{\mathrm{BB}} = \dfrac{\rho(1-\alpha)\left(g-(p_1-p_2)\right)}{2g}$、$D_{2r}^{\mathrm{BB}} = \dfrac{\rho(1-\alpha)\left(g+(p_1-p_2)\right)}{2g}$、$D_{1\mathrm{or}}^{\mathrm{BB}} = \dfrac{\alpha(1-\beta)\left(t-\rho(p_1-p_2)\right)}{2t}$、$D_{2\mathrm{or}}^{\mathrm{BB}} = \dfrac{\alpha(1-\beta)\left(t+\rho(p_1-p_2)\right)}{2t}$。两个零售商的同渠道退货量和跨渠道退货量分别为$(1-\rho)D_{io}^{\mathrm{BB}}$和$(1-\rho)D_{i\mathrm{or}}^{\mathrm{BB}}(i=1,2)$。

基于需求函数及退货量，零售商的利润函数为

$$\begin{aligned}\max_{p_1,f_1} \Pi_1^{\mathrm{BB}} &= D_{1r}^{\mathrm{BB}}\left(p_1-c_r-c\right)+\left(p_1-c\right)\rho(D_{1o}^{\mathrm{BB}}+D_{1\mathrm{or}}^{\mathrm{BB}})+\varepsilon\left(1-\rho\right)D_{1\mathrm{or}}^{\mathrm{BB}} \\ &\quad -\left(c_o-f_1\right)\left(1-\rho\right)D_{1o}^{\mathrm{BB}}-c_{\mathrm{or}}\left(1-\rho\right)D_{1\mathrm{or}}^{\mathrm{BB}} \\ \max_{p_2,f_2} \Pi_2^{\mathrm{BB}} &= D_{2r}^{\mathrm{BB}}\left(p_2-c_r-c\right)+\left(p_2-c\right)\rho(D_{2o}^{\mathrm{BB}}+D_{2\mathrm{or}}^{\mathrm{BB}})+\varepsilon\left(1-\rho\right)D_{2\mathrm{or}}^{\mathrm{BB}} \\ &\quad -\left(c_o-f_2\right)\left(1-\rho\right)D_{2o}^{\mathrm{BB}}-c_{\mathrm{or}}\left(1-\rho\right)D_{2\mathrm{or}}^{\mathrm{BB}}\end{aligned} \tag{10.5}$$

BB 情形下零售商的均衡价格和退货手续费如表 10.4 所示。通过比较分析 NN 与 BB 情形下两个零售商的最优决策与利润，可得下列命题。

表 10.4 BB 情形下的均衡决策

情形	均衡决策
BB	$p_1^{\mathrm{BB}*}=p_2^{\mathrm{BB}*}=c+\dfrac{g\alpha(1-\beta)(c_{\mathrm{or}}-\varepsilon)(1-\rho)+c_r t(1-\alpha)+gt(1-\alpha\beta)}{g\alpha(1-\beta)\rho+t(1-\alpha)}$
	$f_1^{\mathrm{BB}*}=f_2^{\mathrm{BB}*}=c_o+\dfrac{t^2(1-\alpha)-t(1-\alpha)(c_r+g)\rho-g\alpha(1-\beta)(c_{\mathrm{or}}-\varepsilon)(1-\rho)\rho}{(g\alpha(1-\beta)\rho+t(1-\alpha))(1-\rho)}$

命题 10.3：当 $\varepsilon \leqslant \tilde{\varepsilon}$ 时，$p_i^{\mathrm{BB}*} \geqslant p_i^{\mathrm{NN}*}$，$f_i^{\mathrm{BB}*} \leqslant f_i^{\mathrm{NN}*}$；否则，$p_i^{\mathrm{BB}*} < p_i^{\mathrm{NN}*}$，$f_i^{\mathrm{BB}*} > f_i^{\mathrm{NN}*}$，其中，$\tilde{\varepsilon}=\dfrac{t-g\rho+c_{\mathrm{or}}(1-\rho)-c_r\rho}{1-\rho}$，$i=1,2$。

命题 10.3 表明，当单位交叉销售利润较低时（$\varepsilon \leqslant \tilde{\varepsilon}$），零售商的最优价格高于（或等于）NN 情形，而最优退货手续费低于（或等于）NN 情形。当单位交叉销售利润较高时，两个零售商均会降低销售价格并提高退货手续费。这是因为，单位交叉销售利润的提高加剧了市场竞争，两个零售商为了获取竞争优势而降低价格。例如，梅西百货和盖璞为选择 BORS 渠道退货的消费者提供价格折扣及较高的退款。为了平衡线上渠道和 BORS 渠道之间因需求及退货成本造成的损失，两个零售商都将提高退货手续费。

命题 10.4：当 $\varepsilon > \tilde{\varepsilon}$ 时，$\Pi_i^{\mathrm{BB}*} > \Pi_i^{\mathrm{NN}*}$；否则，$\Pi_i^{\mathrm{BB}*} < \Pi_i^{\mathrm{NN}*}$。

命题 10.4 表明，当单位交叉销售利润较高（$\varepsilon > \tilde{\varepsilon}$）时，两个零售商都将受益于 BORS 策略。此时，零售商的交叉销售利润足以弥补退货成本。在现实实践中，苏宁和国美等零售商都在竞争激烈的市场中实施 BORS 策略。当单位交叉销售利润足够低时，该利润可能无法弥补所产生的成本，也无法抵消价格竞争造成的损失。

市场参数对零售商决策与利润具有一定的影响，通过分析参数 ε 和 ρ 对两个零售商最优决策和利润的影响，可得下列结论。

命题 10.5：（1）$\dfrac{\partial p_i^{\mathrm{BB}*}}{\partial \varepsilon}<0$，$\dfrac{\partial f_i^{\mathrm{BB}*}}{\partial \varepsilon}>0$。

（2）当$\varepsilon \leqslant \varepsilon_5$时，$\frac{\partial p_i^{\mathrm{BB}*}}{\partial \rho} \leqslant 0$；否则，$\frac{\partial p_i^{\mathrm{BB}*}}{\partial \rho} > 0$。

（3）当$\varepsilon > \varepsilon_6$时，$\frac{\partial \Pi_i^{\mathrm{BB}*}}{\partial \rho} \leqslant 0$；否则，$\frac{\partial \Pi_i^{\mathrm{BB}*}}{\partial \rho} > 0$。

命题 10.5（1）表明，BB 情形下零售商的最优产品价格（退货手续费）随着单位交叉销售利润ε递减（递增）。随着ε的增加，零售商可从交叉销售中获取更多的利润。此时，为了获得市场竞争优势，两个零售商都将降低产品价格，以获得更多市场份额。与此同时，两个零售商都会提高退货手续费以促使消费者从线上渠道转向 BORS 渠道，从而增加交叉销售的机会。

命题 10.5（2）表明，当单位交叉销售利润足够低时（$\varepsilon \leqslant \varepsilon_5$），零售商的最优产品价格随着产品退货率的增加（即$\rho$减小）而增加。退货率的增加将会增加退货处理成本，两个零售商将提高产品价格以弥补产生的退货处理成本。当单位交叉销售利润较高时，零售商的最优产品价格随着退货率的增加而降低。由于较高的退货率会带来较高的交叉销售利润，零售商更愿意降低产品价格来吸引更多的消费者，从而增加交叉销售利润。

命题 10.5（3）表明，当单位交叉销售利润较高时，零售商的利润随着退货率的增加（即ρ减小）而增加。由于更高的退货率意味着更多消费者将前往实体店进行退货，因此会提高零售商的交叉销售利润。当单位交叉销售利润不足以弥补单位运营成本和退货成本时，零售商的利润随着退货率的增加而减少。

10.3 BORS 渠道内生性策略分析

前文探讨了在给定 BORS 渠道策略下，两个零售商的最优退货渠道竞争策略。本节在 BORS 策略内生情形下，研究竞争环境下零售商的最优退货渠道选择策略及其相关定价、退货手续费的决策问题。

根据零售商提供的跨渠道退货策略，分别考虑四种情形：两个零售商都不提供 BORS 策略(N,N)、零售商 1 提供 BORS 策略(B,N)、零售商 2 提供 BORS 策略(N,B)及两个零售商都提供 BORS 策略(B,B)。子博弈(N,N)、(B,N)及(B,B)中的模型和最优决策分别与 NN、BN 和 BB 情形相同，而子博弈(N,B)中的模型和最优决策与 BN 情形对称。基于零售商的均衡定价、退货手续费及利润，可得下列命题。

命题 10.6：（1）当$\rho > \bar{\rho}$时，若$\varepsilon \leqslant \underline{\varepsilon}$，NN 为均衡策略；若$\underline{\varepsilon} < \varepsilon < \bar{\varepsilon}$，NB（BN）为均衡策略；若$\varepsilon \geqslant \bar{\varepsilon}$，BB 为均衡策略。

（2）当$\rho \leqslant \bar{\rho}$时，若$\varepsilon \leqslant \underline{\varepsilon}$，NN 为均衡策略；若$\varepsilon > \underline{\varepsilon}$，BB 为均衡策略。

命题 10.6 表明退货渠道均衡策略取决于退货率（即$1-\rho$）及单位交叉销售利润。具体而言，当退货率足够低时（即$\rho>\bar{\rho}$），零售商难以从交叉销售中获得更多收益。此时，当单位交叉销售利润较低时，无法弥补零售商的退货成本，则两个零售商都不提供 BORS 策略。若单位交叉销售利润适中，由于交叉销售利润带来的积极效应优于价格和退货竞争带来的消极效应，仅有一个零售商采用 BORS 策略。若单位交叉销售利润足够弥补退货成本，则两个零售商都将从 BORS 策略中获利。此时，两个零售商都会采用 BORS 策略。当退货率较高（$\rho\leqslant\bar{\rho}$）时，大部分消费者会选择到实体店退货，从而带来更多的交叉销售机会。若单位交叉销售利润足够高，则零售商均倾向于采用 BORS 策略；反之，零售商均不愿意采用 BORS 策略。因此，零售商应根据市场状况和产品特征选择最优的退货渠道。

命题 10.7：在均衡策略 BB 下，当$\varepsilon\geqslant\tilde{\varepsilon}$时，两个零售商总能从 BORS 策略中受益；当$\max\{\underline{\varepsilon},\bar{\varepsilon}\}\leqslant\varepsilon\leqslant\tilde{\varepsilon}$时，零售商将陷入囚徒困境。

命题 10.7 表明，当$\max\{\underline{\varepsilon},\bar{\varepsilon}\}\leqslant\varepsilon\leqslant\tilde{\varepsilon}$时，实施 BORS 策略并不是帕累托最优策略，但零售商均没有单方面偏离 BB 均衡策略的动机。具体而言，任何一个零售商偏离均衡策略都可能导致自身竞争优势的丧失，从而有助于提升竞争对手的利润。因此，当单位交叉销售利润适中时，两个零售商均实施 BORS 策略。Yan 等（2020）指出，当单位交叉销售利润足够高时，垄断环境中的零售商将从 BORS 策略中受益，但当单位交叉销售利润适中或较低时，BORS 策略的实施不利于零售商。

命题 10.6 中的阈值$\underline{\varepsilon}$和$\bar{\varepsilon}$对均衡退货渠道策略具有重要影响，命题 10.7 中的阈值$\underline{\varepsilon}$和$\bar{\varepsilon}$则显著影响囚徒困境的存在。因此，零售商应该如何避免囚徒困境值得进一步探讨。由命题 10.7 可知，$\tilde{\varepsilon}-\max\{\underline{\varepsilon},\bar{\varepsilon}\}$的值越大，囚徒困境出现的概率越大。因此，进一步探究ρ对阈值$\underline{\varepsilon}$和$\bar{\varepsilon}$及阈值差$\tilde{\varepsilon}-\max\{\underline{\varepsilon},\bar{\varepsilon}\}$的影响，可得下列结论。

推论 10.1：（1）$\dfrac{\partial\underline{\varepsilon}}{\partial\rho}<0$，$\dfrac{\partial\bar{\varepsilon}}{\partial\rho}<0$。

（2）$\dfrac{\partial\left(\tilde{\varepsilon}-\max\{\underline{\varepsilon},\bar{\varepsilon}\}\right)}{\partial\rho}>0$。

推论 10.1（1）表明，当退货率$1-\rho$足够大时，条件$\varepsilon>\bar{\varepsilon}$与$\underline{\varepsilon}\leqslant\varepsilon\leqslant\bar{\varepsilon}$难以满足。因此，由命题 10.6 可知，零售商采用 BORS 策略将损害自身收益，此时应选择同渠道退货策略。这意味着退货率较高的产品不适合实施 BORS 策略。

推论 10.1（2）表明，为了避免囚徒困境，对于退货率相对较高的产品，两个零售商都应谨慎选择 BORS 策略。退货量的增加将提高消费者采用 BORS 策略的可能性，从而为零售商带来更多交叉销售利润。此时，两个零售商都将从 BORS 策略中受益。此外，当产品退货率相对较低时，零售商陷入囚徒困境的概率越大。因此，在对称竞争市场中，退货率较低的产品不适合 BORS 策略。

对比推论 10.1（1）和推论 10.1（2）的结果发现，退货率适中的产品比退货率较高或较低的产品更适合 BORS 策略。例如，亚马逊仅为退货率在 25%～35%的 3C 产品（计算机类、通信类和消费类电子产品）提供 BORS 策略，不为退货率高达 70%的时尚产品或退货率为 5%～7%的书本、药品等产品提供 BORS 策略。

10.4 产品退货全额退款对零售商跨渠道退货策略的影响

前文分析中，假设零售商为线上退货的消费者提供部分退款策略。在现实实践中，诺德斯特龙、尼曼等众多零售商均为在线上渠道退货的消费者提供全额退款政策（$f_i = 0$，$i = 1,2$）。考虑两个零售商均提供全额退款政策时，本节进一步探讨竞争环境下零售商的退货渠道选择策略。在这种情况下，本章的主要结论保持不变，部分结论稍有变化，如下列命题所述。

命题 10.8：给定均衡策略 BB，当 $\varepsilon > \varepsilon_8$ 或 $\rho < \tilde{\rho}$ 时，两个零售商总能从 BORS 策略中受益；当 $\rho > \tilde{\rho}$ 且 $\varepsilon_7 < \varepsilon < \varepsilon_8$ 时，零售商将陷入囚徒困境。

命题 10.8 表明，当退货率相对较低且交叉销售利润适中时，两个零售商均实施 BORS 策略。此时，它们的利益都受到损害，即陷入囚徒困境。在这种情况下，零售商实施 BORS 策略并不是帕累托最优策略。

具体而言，相对较低的退货率意味着少部分消费者选择通过线下渠道退货，这将减少零售商的交叉销售利润。因此，若单位交叉销售利润不够高，零售商的利润将会进一步降低。这一结果表明，零售商在实施 BORS 策略时应谨慎决定是否选择全额退款政策。零售商应只对退货率相对较高或单位交叉销售利润足够高的产品实施全额退款政策。

为了进一步研究退货策略的影响，通过比较 BB 情形下零售商提供部分退款策略和全额退款策略时的利润，可得下列命题。

命题 10.9：在 BB 情形中，当 $\alpha > \alpha_1$ 且 $\varepsilon < \varepsilon_9$ 时，零售商将从提供全额退款策略中受益；否则，零售商应提供部分退款策略。

命题 10.9 表明了两个零售商均提供 BORS 策略情况下的最优退货政策和相关条件。具体而言，当线上消费者比例 α 足够大时，会导致更多消费者选择将产品退回至实体店，进而提高零售商的交叉销售利润。此时，对通过线上渠道退货的消费者提供部分退款策略，促使消费者选择通过线下渠道退货以获得全额退款。

尽管该部分退款策略提高了交叉销售利润，但也可能导致更多的 BORS 渠道退货成本。在这种情况下，若交叉销售利润足以弥补退货成本，零售商将从提供部分退款策略中受益；否则，提供部分退款策略将会降低零售商的利润。另外，当 α 较小时，线上消费者选择退货的概率较小。此时，零售商应提供部分退款服务。现实生活中，诺德斯特龙和尼曼都提供全额退款服务（Nageswaran et al.，2020）。

10.5　本章小结

本章针对两个竞争的双渠道零售商是否提供跨渠道退货服务策略问题展开研究，构建了相应的竞争决策模型，并提炼出最优的渠道策略，而且分析了退货政策对渠道策略的影响机理。通过理论分析，得到下列主要结论。

（1）零售商是否实施 BORS 策略取决于退货率和单位交叉销售利润。具体而言，当退货率足够低时，若单位交叉销售利润足够高，两个零售商均将提供 BORS 策略；若单位交叉销售利润适中，仅有一个零售商提供该策略；当单位交叉销售利润极低时，两个零售商均不提供 BORS 策略。当退货率足够高时，零售商是否提供 BORS 策略同样取决于单位交叉销售利润。

（2）在均衡策略 BB 下，当两个零售商均提供部分退款政策且交叉销售利润较低时，或两个零售商均提供全额退款政策且退货率相对较低时，零售商将陷入囚徒困境。

（3）退货率对均衡策略和囚徒困境的存在具有显著影响。当产品退货率适中时，零售商均会采用 BORS 策略，此时不会陷入囚徒困境。

（4）当单位交叉销售利润较高时，提供 BORS 策略的零售商的利润随着退货率的增加而增加。因此，零售商应谨慎选择适用于 BORS 策略的产品，即退货率适中的产品，如 3C 产品，而不是时尚产品、图书或媒体产品。

（5）当两个零售商均提供 BORS 策略时，若线上消费者数量足够多且单位交叉销售利润相对较小，零售商将从提供全额退款政策中受益。当仅有一个零售商实施 BORS 策略时，零售商应提供部分退款政策。

本章的研究结论为零售商在竞争环境下实施跨渠道退货策略提供了决策依据，丰富了全渠道管理理论方法。未来研究主要包括三个方面：首先，本章假设零售商在竞争市场中销售的产品不存在质量差异。若考虑存在质量差异的两个产品，消费者市场将进一步细分，并可能产生不同的结果。其次，本章尚未考虑与库存相关的问题，未来可进一步考虑订单决策与退货产品转售问题。最后，本章假设两个零售商的单位交叉销售利润是相同的，未来可以进一步研究单位交叉销售利润不同的情况。

参考文献

Akçay Y，Boyacı T，Zhang D. 2013. Selling with money - back guarantees：the impact on prices，quantities，and retail profitability[J]. Production and Operations Management，22（4）：777-791.

Akturk M S，Ketzenberg M，Heim G R. 2018. Assessing impacts of introducing ship-to-store service on sales and returns in omnichannel retailing：a data analytics study[J]. Journal of Operations Management，61：15-45.

Cao J，So K C，Yin S. 2016. Impact of an "online-to-store" channel on demand allocation，pricing and profitability[J]. European Journal of Operational Research，248（1）：234-245.

Cao L，Li L. 2015. The impact of cross-channel integration on retailers' sales growth[J]. Journal of Retailing，91（2）：198-216.

Cavallo A. 2017. Are online and offline prices similar? Evidence from large multi-channel retailers[J]. American Economic Review，107（1）：283-303.

Cheng H K，Li S，Liu Y. 2015. Optimal software free trial strategy：limited version，time - locked，or hybrid?[J]. Production and Operations Management，24（3）：504-517.

Feinleib D. 2017. From bricks to clicks to omnichannel[C]// Feinleib D. Bricks to Clicks：Why Some Brands Will Thrive in E-Commerce and Others Won't：139-150.

Gao F，Su X. 2017. Omnichannel retail operations with buy-online-and-pick-up-in-store[J]. Management Science，63（8）：2478-2492.

H&M. 2021. H&M Return Policy[EB/OL]. http://storereturnpolicy.com/store-directory/h/hm/[2021-06-06].

Hotelling H. 1929. Stability in competition[J]. The Economic Journal，39（153）：41-57.

Kourandi F，Krämer J，Valletti T. 2015. Net neutrality，exclusivity contracts，and internet fragmentation[J]. Information Systems Research，26（2）：320-338.

Mahar S，Wright P D. 2017. In-store pickup and returns for a dual channel retailer[J]. IEEE Transactions on Engineering Management，64（4）：491-504.

Mehra A，Kumar S，Raju J S. 2018. Competitive strategies for brick-and-mortar stores to counter "showrooming"[J]. Management Science，64（7）：3076-3090.

Nageswaran L，Cho S H，Scheller-Wolf A. 2020. Consumer return policies in omnichannel operations[J]. Management Science，66（12）：5558-5575.

Ofek E，Katona Z，Sarvary M. 2011. "Bricks and clicks"：the impact of product returns on the strategies of multichannel retailers[J]. Marketing Science，30（1）：42-60.

Xia Y，Xiao T，Zhang G P. 2017. The impact of product returns and retailer's service investment on manufacturer's channel strategies[J]. Decision Sciences，48（5）：918-955.

Yan S，Hua Z，Bian Y. 2018. Does retailer benefit from implementing "online-to-store" channel in a competitive market?[J]. IEEE Transactions on Engineering Management，67（2）：496-512.

Yan S，Xu X，Bian Y. 2020. Pricing and return strategy：whether to adopt a cross-channel return option?[J]. IEEE Transactions on Systems，Man，and Cybernetics：Systems，50（12）：5058-5073.

Zhang J，Farris P W，Irvin J W，et al. 2010. Crafting integrated multichannel retailing strategies[J]. Journal of Interactive Marketing，24（2）：168-180.

第四篇

服 务 管 理

第 11 章　平台零售商产品包邮服务和退货政策设计

网络购物中买卖双方分离，货物递送、退货问题获得业界广泛关注，包邮服务与退货服务成为平台零售商的重要战略决策。一方面，消费者的在线订单只有通过邮递才得以顺利履行，包邮问题应运而生；另一方面，消费者无法通过线上渠道准确了解产品信息（Dimoka et al.，2012），由此产生消费者退货退款需求（Choi，2013）。无论平台零售商是提供包邮服务还是提供退货服务，均对消费者购买行为产生显著影响，从而影响产品销量。

为了增加销量，很多网络平台零售商通过提供包邮服务吸引消费者，如亚马逊、诺德斯特龙、京东等。然而，零售商的包邮政策具有一定的差异。一部分零售商宣称为部分或者所有的商品提供包邮服务，也有零售商只在消费者订单价格超过一定阈值的情况下才提供包邮服务。例如，加拿大香料产品公司 Natural Sense 只有在订单超过 300 加元的时候才会提供包邮服务（Leng and Parlar，2005）。然而，包邮服务在提高消费者需求的同时也会使得销售成本大大增加。例如，2008 年，亚马逊邮寄及其相关成本造成的损失高达 6.3 亿美元，2009 年增长为 8.49 亿美元（Gümüş et al.，2013）。为了降低产品邮递所带来的成本损失，部分零售商选择不提供包邮服务，而是要求消费者为自己购买的产品承担邮费。显然，收取邮费将可能会对消费者的购买决定产生显著的负面影响，一些消费者会因为高昂的邮费放弃在网上购买产品。某企业 2001 年的调查研究表明，邮费是人们抱怨在线购物的主要因素之一，超过 60%的在线消费者在订单加上了邮费之后选择放弃提交订单。由此可得，商家的包邮策略对于消费者的购买决策有着非常重要的影响。

线上购买环境中消费者无法体验产品或评估产品的质量，如零售商提供明确的退货政策被视为增加客户信心的有效方式，同时可以促进更多的消费者选择在线购买产品（Mukhopadhyay and Setaputra，2006）。相关调查研究表明，超过 70%的消费者在做出购买决策前会考虑退货政策问题（Cruz，2001）。基于此，很多平台零售商，如亚马逊、盖璞和京东，都会明确给出其退货政策。例如，耐克在线商城表示：只要消费者对产品不满意，其可在收到产品之日起 30 天内无理由退货并且由耐克承担全部退货费用（Choi，2013）；国内的京东与天猫等平台企业推出 7 天无理由退货政策。线上渠道产品退货量一般会占到总销售量的 18%，远高于线下零售（5%～10%）；时尚产品（如时装）的线上退货率高达 74%（Vlachos and Dekker，2003）。产品退货可能是由于质量缺陷、零售商邮递错误或者运输造成的产品损坏。在这些情况下，当消费者要求退货时，在线零售商如京东和盖璞通常会承担全部的成本（参见京东和盖璞官方网站），或者由第三方快递企业承担由运输损毁导致的损失。因此，大量的产品退货直接导致在线零售商退货成本的增加。Li 等（2013）指出，线上退货导致零售商的年度收入损失可能高达 15 亿～25 亿美元。

随着产品生产技术水平的提升，大量的产品退货并不是因为产品存在质量或者功能问题，而是和消费者行为有关，如消费者对所购买的产品不满意、消费者不知道如何使用产品，或者仅仅是后悔冲动性购买等（Li et al.，2014）。在这种情形下，为刺激产品销售，零售商纷纷提供无理由退货服务。通过无理由退货，零售商可以增加消费者的信任，吸引并留住更多的消费者；然而，该服务也会带给零售商巨大的退货成本，包括退货运费、再包装成本和其他相关的处理成本等。为此，很多零售商在提供无理由退货的同时，也会要求消费者承担一定的成本，即退货服务费用。较高的退货服务费用能够减少由消费者的主观原因造成的退货，从而降低退货量，但同时也会增加消费者购买时的顾虑，从而减少产品的销量（Wood，2001）。

基于上述分析，虽然平台零售商提供包邮服务与退货服务均可能会增加产品销量，但也使其面临一定的成本挑战。所产生的服务成本使其在制定相关政策时比较谨慎，可能让消费者承担部分费用，从而影响产品销量，对零售商是否实施相关服务策略产生显著影响。由此引发下列几个主要的科学问题：①零售商在递送产品时是否提供包邮服务？如果零售商不提供包邮服务，相关的邮费将全部由消费者承担。②如果零售商提供包邮服务，考虑到包邮策略和无理由退货，零售商应该如何向消费者收取退货服务费用？即如何制定相应的退货政策？

面对上述主要科学问题，本章旨在构建一种平台零售商的包邮服务与无理由退货政策的决策模型，探讨零售商的包邮服务与退货政策设计问题。首先，进行了模型描述与主要参数假设，并构建了相应的服务决策模型；其次，从服务单独决策与联合决策视角，分析了平台零售商的最优服务策略；最后，基于灵敏度分析，探讨了主要参数对相关决策与平台零售商利润的影响。

11.1 服务决策模型与主要参数假设

本章考虑一个平台零售商向一群消费者销售特定的产品，并可能提供包邮服务与退货服务。每位消费者至多购买一件产品，零售商决定产品的包邮策略和退货服务费用。具体来说，当零售商将产品交付给消费者时，需决定是否采用包邮策略。当零售商选择不提供包邮策略（SFES）时，消费者需支付所有运费。当消费者对购买的产品不满意时，可以在规定的时间内无理由退货。在这种情况下，零售商决定如何向消费者收取退货费用（退货服务费用）。如前文所述，在无理由退货政策下产品退货不是因为任何与质量或功能相关的原因，而是因为与消费者行为相关的问题。因此，在重新包装后，退货的产品可以与正常产品相同的市场价格出售。另外，假设零售商是理性且自利的，以最大化个体利润为决策目标。本章所涉及的主要参数符号与说明如表 11.1 所示。

表 11.1 符号与参数说明

符号	含义
x	包邮策略，$x \in \{0,1\}$，其中 0 和 1 分别代表 SFRS 和 SFES
l	单位产品的退货服务费用
s	单位产品的邮费
ω	单位产品的退货费用，包括退货运费、再包装成本等
p	单位产品的价格
c	单位产品的成本
$D(\cdot)$	产品需求函数
α	基础需求量，与产品价格、退款及包邮策略无关
β	需求对价格的敏感系数
γ	需求对退款的敏感系数
λ	需求对运费的敏感系数
$R(\cdot)$	退货量函数
ϕ	基础退货量，与退款无关
ψ	退货量对退款的敏感系数
$\pi(\cdot)$	零售商的利润函数

在线上渠道零售过程中，平台零售商制定产品价格 $p(p>c)$、包邮策略 x 和退货服务费用 l。假设 x 和 l 是两个决策变量，产品价格、邮费、退货费用和单位产品成本都是外生变量。具体地，当 $x=0$，意味着零售商在邮递产品时选择包邮策略（SFRS）；当 $x=1$，选择不包邮策略（SFES）且消费者承担邮费 s。假设消费者都是在充分理解零售商的包邮策略和退货费用政策（退货服务费用）的基础上做出的购买决定，当消费者收到所购买的产品后，如果满意，则确认订单，此时零售商获得净利润 $p-c-(1-x)s$；如果消费者对产品不满意，则退回产品并得

到退款 $p-l$，此时，零售商遭受损失 $(1-x)s+\omega-l$。单位退货费用 ω 包括退货运费、再包装成本和由产品退货导致的处理成本等。

产品需求一般假设为产品价格和退货退款的线性函数（Choi，2013；Li et al.，2013）。考虑零售商提供包邮服务，可得产品需求函数：$D(x,l)=\alpha-\beta p+\gamma(p-l)-\lambda xs$。不失一般性，假设 $\alpha>0$、$\beta>0$、$\gamma>0$ 和 $\lambda>0$，且满足 $D(x,l)>0$。由上述需求函数可以看出需求量随着退货退款递增，而随着零售价格递减。在无理由退货政策下，借鉴 Choi（2013）、Mukhopadhyay 和 Setaputra（2006）的研究成果，退货量可以描述为产品退款的线性函数，即 $R(l)=\phi+\psi(p-l)$。与需求函数类似，假设退货量是正的，因此 $\phi>0$ 和 $\psi>0$。显然，退货量随着产品退款 $p-l$ 递增。基于上述需求函数和退货量函数，可以得到产品的净需求函数为 $N(x,l)=D(x,l)-R(l)=\alpha-\phi-\beta p+(\gamma-\psi)(p-l)-\lambda xs$。

基于平台零售无理由退货实践，零售商的总利润取决于两部分：从净销售（销售的产品量减去退货量）中赚取的利润和退货导致的损失。因此，零售商的利润为 $\pi(x,l)=N(x,l)(p-c-(1-x)s)-R(l)[(1-x)s+\omega-l]$。其中第一项是从净销售中获得的利润，第二项则是由退货造成的损失。

产品无理由退货给零售商带来的最大成本包括运费和退货成本，即 $\omega+s(1-x)$。其中，当零售商提供包邮服务，即 $x=0$ 时，最大成本为 $\omega+s$，即邮费和退货费用的总和；当零售商不提供包邮服务，即 $x=1$ 时，最大成本为 ω，即仅包括退货费用。另外，为保证退货费用低于消费者支付的退货费用（退货服务费用），需满足 $l\leqslant\omega+s(1-x)$。

因此，零售商在给定的约束条件下来最大化其利润，得到其利润函数模型：

$$\begin{aligned}&\max_{l,x}\pi(x,l)\\&\text{s.t. } x\in\{0,1\}\\&\qquad l\leqslant\omega+s(1-x)\\&\qquad l\geqslant 0\end{aligned}\tag{11.1}$$

11.2 平台零售商的包邮服务策略与退货政策

为探讨平台零售商在无理由退货政策下的最优包邮服务策略和退货服务费用，本节分别从包邮服务策略和退货政策的单独决策与联合决策两种情形分析其最优服务策略。

11.2.1 单独决策情形下的服务策略与退货政策设计

在两种服务单独决策情形下，先在给定退货服务费用情况下探讨零售商的最优包邮服务策略；然后分析给定包邮服务策略下的最优退货服务费用。

首先，根据给定的退货服务费用 l，易得零售商最优包邮服务策略，如命题 11.1 所示。

命题 11.1：对于给定的退货服务费用 $l(l\in[0,\omega])$，当 $l>[\alpha-\beta p+\gamma p-\lambda(p-c)]/\gamma$ 时，零售商提供包邮服务。

命题 11.1 表明，当退货服务费用大于阈值 $\left[\alpha-\beta p+\gamma p-\lambda(p-c)\right]/\gamma$ 时，零售商提供包邮服务，即在给定的无理由退货政策下，如果 $l>[\alpha-\beta p+\gamma p-\lambda(p-c)]/\gamma$，零售商可能采取 SFRS 配送；否则，零售商将不提供包邮服务，收取邮费。在这种情况下，零售商应该在销售产品之前设置包邮策略和退货服务费用阈值。

退货服务费用阈值表达式 $l>\left[\alpha-\beta p+\gamma p-\lambda(p-c)\right]/\gamma$ 可以转变为等价的形式 $\lambda>D(0,l)/(p-c)$。因此，最优包邮策略可能与邮费无关，这与包邮策略可能在一定程度上取决于邮费的常识相矛盾。这一发现表明，在无理由退货策略下，零售商是否选择包邮服务完全取决于其所采用的退货服务费用阈值。HRC 咨询公司的一项研究表明，线上退货对 95%的零售商来说是一个主要问题，高达 30%的订单被退回，并且在实行包邮服务后，退货情况可能会变得更糟。这反过来表明，当零售商提供 SFRS 时，需要设置一定的退货服务费用。该研究报告在一定程度上支持了命题 11.1 的结论。

需要说明的是，在命题 11.1 中，假设退货服务费用的给定区间为 $l\in[0,\omega]$，其合理性在于：当 $l\in[0,\omega]$ 时，可以推导出在给定退货服务费用情况下，零售商是否选择 SFRS 的条件；当 $l\in(\omega,\omega+s]$ 时，根据上述零售商的利润函数，零售商肯定会选择 SFRS。

其次，在给定的包邮服务策略下，根据式（11.1）也可以得到零售商的最优退货服务费用，结论如命题 11.2 所示。

命题 11.2：当零售商选择 SFRS 时，其最优的退货服务费用为

$$l_0^*=\begin{cases}s+\omega, & \phi\geqslant\gamma(p-c)-\psi(2p-c-\omega)\\ 0, & \phi<\gamma(p-c)-\psi(2p-c+\omega)\\ \left(\phi-\gamma(p-s-c)+\psi(2p-c+\omega)\right)/2\psi, & \text{其他}\end{cases}$$

当零售商选择 SFES 时，其最优的退货服务费用为

$$
l_1^* = \begin{cases} \omega, \ \phi \geqslant \gamma(p-c) - \psi(2p-c-\omega) \\ 0, \ \phi < \gamma(p-c) - \psi(2p-c+\omega) \\ \left(\phi - \gamma(p-c) + \psi(2p-c+\omega)\right)/2\psi, \text{其他} \end{cases}
$$

注意，l_0^*和l_1^*分别是给定 SFRS 和 SFES 下的最优退货服务费用。命题 11.2 给出了零售商的最优退货服务费用和相应的条件。显然在零售商选择 SFRS 时，最优退货服务费用部分取决于邮费 s；而当零售商选择 SFES 时，最优退货服务费用与邮费 s 无关。具体而言，当基础退货量足够大时，零售商可能会收取最高的退货服务费用；否则，零售商可能会收取较低的退货服务费用。基础退货量越大意味着零售商收到的退货越多，在这种情况下，零售商最好选择收取更高的退货服务费用，以降低消费者的退货意愿。相反，当基础退货量相对较小时，零售商可能会收取较低的退货服务费用，从而增加产品需求，尤其当基础退货量足够低时，零售商会提供免费的退货服务。

γ 描述了需求对退货政策的敏感性，反映了当退货政策变得更加宽松时的需求增长率。当消费者对退货政策更敏感时，零售商可能会收取较低的退货服务费用，从而刺激产品需求，并用销量增加来弥补产品退货造成的成本增加。因此，较高的γ对于零售商是可取的，因为可以增加销售额，提高利润率。另外，ψ为退货量对退款的敏感系数，反映了消费者的退货意愿，即当退货服务费用降低（即退货政策变得更宽松）时退货量增加的速率。当零售商的退货服务费用降低时，ψ减小和γ增加带来的影响是类似的。这些结果表明，零售商可采取一些可能的努力来影响市场，从而增加γ和降低ψ。例如，利用广告或促销手段使消费者了解退货政策，这可以看作一种尝试增加γ的努力；同时，也可以通过各种途径向消费者表达诚信，这可以看作一种降低ψ的努力，类似的策略见 eBay 官网。

在等式 $N(x,l)=D(x,l)-R(l)=\alpha-\phi-\beta p+(\gamma-\psi)(p-l)-\lambda xs$ 所示的产品净需求表达式中，参数$\gamma-\psi$可用于反映净需求对退货政策的敏感性，这种敏感性表示退货政策变得更加明确和宽松时净需求的增长率。因此，零售商可能期望一个足够大的$\gamma-\psi$来减少ψ对退货量的影响，这一预期与现实企业实践一致。例如，平台零售商可能会强调其退货政策或其他促销活动，以阻止消费者退货，从而增加销售额（Choi，2013；Mukhopadhyay and Setaputra，2006）。因此，$(\gamma-\psi)/\psi$越大，对零售商越有利。

由命题 11.2 可以发现，比值$(\gamma-\psi)/\psi$对零售商的退货服务费用决策具有至关重要的影响。当$(\gamma-\psi)/\psi=1$时，零售商的最优退货服务费用与产品价格无关；当$(\gamma-\psi)/\psi<1$时，零售商的最优退货服务费用随产品价格的增加而增加。如上

所述，这两种情形对线上零售商来说是不可取的，会尽量避免这两种情形出现。当$(\gamma-\psi)/\psi>1$时，零售商的最优退货服务费用随产品价格的增加而减小。这是因为较高的产品价格会直接降低产品需求，而降低退货服务费用可以抵消部分由需求降低带来的损失，从而有效地增加产品净需求。主营奢侈品的线上零售商尼曼在其网站声明为所有订单提供包邮服务，接受从购买之日起 15 天内的无理由退货并且承担所有退货运费成本。该举措从一定程度上支持了以上结论。

由于$p>c$，当$(\gamma-\psi)/\psi\leqslant 1$时，易得$\phi<\gamma(p-c-s)-\psi(2p-c+\omega)$和$\phi<\gamma(p-c)-\psi(2p-c+\omega)$不成立。由此可得：无论是否提供包邮服务，零售商都没有动机来提供免费退货服务，即零售商总是会向消费者的无理由退货收取费用。然而，当$(\gamma-\psi)/\psi>1$时，这两个条件可能成立，因此零售商可能会提供免费退货服务。例如，当$\phi<\gamma(p-c)-\psi(2p-c+\omega)$时，零售商可能会在 SFRS 下提供免费退货服务；否则，零售商会收取退货服务费用。

11.2.2　联合决策情形下平台零售商的服务策略与退货政策设计

如前文所述，命题 11.1 描述了零售商在给定退货服务费用下的最优包邮服务策略，并且发现退货服务费用对零售商的包邮服务策略有显著影响；命题 11.2 描述了零售商在给定包邮服务策略下的最优退货服务费用策略，发现包邮服务策略对零售商的退货服务费用决策有显著影响。因此，零售商最好采用联合决策确定其最优包邮策略和退货服务费用策略，即零售商采用联合决策方法，优化决策包邮策略和退货服务费用。

零售商的最优包邮策略和退货服务费用分别用x^*和l^*表示，通过求解式(11.1)，可以确定零售商的最优联合决策，如定理 11.1 所示。

定理 11.1：当$\lambda>\bar{\lambda}$时，$x^*=0$，$l^*=l_0^*$；否则，$x^*=1$，$l^*=l_1^*$，其中

$$\bar{\lambda}=\frac{\alpha-\beta p+\gamma\left(p-l_0^*\right)}{p-c}+\frac{\gamma(p-c)-\phi-\psi\left(2p-c+\omega-l_1^*-l_0^*\right)}{p-c}\times\frac{l_0^*-l_1^*}{s}。$$

定理 11.1 表明，联合决策情形下零售商最优决策与给定包邮策略时的单独决策情形下的最优退货服务费用$\left(l_0^*,l_1^*\right)$有关，因此阈值$\bar{\lambda}$是分段函数。当需求对运费的敏感系数λ高于特定阈值$\bar{\lambda}$时，零售商会选择 SFRS，此时，最优退货服务费用为l_0^*。否则，零售商可能会选择 SFES，并收取l_1^*的最优退货服务费用。定理 11.1 表明，当消费者对运费足够敏感时，零售商可能会选择包邮服务策略，从而增加产品需求，弥补包邮导致的成本。相反，当消费者对运费不够敏感时，零售

商将会收取运费，为其节省邮递成本，从而产生额外利润。

值得注意的是，阈值$\bar{\lambda}$随市场参数的变化而变化，基于$(\gamma-\psi)/\psi$的变化对此进行具体说明可得下列结论。

推论 11.1：当$(\gamma-\psi)/\psi>1$且$\phi\leqslant\gamma(p-c-s)-\psi(2p-c+\omega)$时，有$l_0^*=l_1^*=0$，并且$\bar{\lambda}=A/(p-c)$，$A=\alpha-\beta p+\gamma p$；否则，有$l_0^*>l_1^*$。

如前所述，条件$(\gamma-\psi)/\psi>1$是对零售商比较有利的情形。在这种情况下，当$\phi\leqslant\gamma(p-c-s)-\psi(2p-c+\omega)$，即基础退货量小于某特定值时，无论是否提供包邮服务，零售商都提供免费退货服务。这是因为当基础退货量相对较小时，零售商提供免费退货服务以增加产品需求，从而产生更多的利润来抵消退货成本。

注意，条件$\phi\leqslant\gamma(p-c-s)-\psi(2p-c+\omega)$也可以表示为$\gamma\geqslant[\phi+\psi(2p-c+\omega)]/(p-c-s)$。这意味着，当$\gamma\geqslant\max\{[\phi+\psi(2p-c+\omega)]/(p-c-s),2\psi\}$且$\lambda>\bar{\lambda}$时，零售商将会同时提供包邮服务和免费退货服务。很多在线零售商都宣称向消费者同时提供包邮和免费退货服务，其中有的为所有订单都提供这样的服务，而有的只有当订单价值大于某个阈值时才提供这样的服务。Kyle（2014）列举了 28 家为部分或者全部商品同时提供免费递送和免费退货服务的在线商店，其中，大多数的商店主要销售如鞋子、衣服等时尚产品以及厨房用具、餐厅用具等家居产品。对于鞋子和服装，一些零售商可能会努力增加γ的水平，从而满足条件$\phi\leqslant\gamma(p-c-s)-\psi(2p-c+\omega)$。对于耐用品，其基础退货量可能比较小，条件$\phi\leqslant\gamma(p-c-s)-\psi(2p-c+\omega)$也能被满足。这些证据充分支持了所得结论的合理性。

在实际中，一些线上零售商向其注册会员或高级会员提供免费或相对较低费用的退货服务，不是向所有会员（或消费者）提供这样的服务。这些现象可以尝试用推论 11.1 解释：$\phi\leqslant\gamma(p-c-s)-\psi(2p-c+\omega)$可以转化为$p\geqslant\dfrac{\phi+(\gamma-\psi)(c+s)+\psi(\omega+s)}{\gamma-2\psi}$，这表明当零售商从注册会员身上获得的相应收益足够高时，可以为这些会员提供免费退货服务。在这种情况下，收益也可以是注册会员在产品价格之外提供的一些附加商业价值，如更多次的重复购买、更高的忠诚度，以及更值得信赖和有意义的评论或反馈。类似的结论可在 Choi（2013）的研究中得到印证。

进一步分析推论 11.1，可以得到如下结论。

评论 11.1：当且仅当 $\lambda > \gamma - \beta$、$(\gamma - \psi)/\psi > 1$ 及 $p \geqslant \max\left\{\dfrac{\alpha + \lambda c}{\lambda + \beta - \gamma}, \dfrac{\phi + (\gamma - \psi)(c + s) + \psi(\omega + s)}{\gamma - 2\psi}\right\}$时，零售商可能会同时提供包邮服务和免费退货服务。

评论 11.1 从理论上阐述了零售商同时提供包邮和免费退货服务的条件。

根据推论 11.1，当$\phi > \gamma(p - c - s) - \psi(2p - c + \omega)$时，零售商可能会收取退货服务费用，这是因为零售商可以使用退货服务费用来避免消费者滥用无理由退货政策，从而减少退货量。需要注意的是，当$(\gamma - \psi)/\psi > 1$不满足时，这种情形对零售商来说是不可取的，类似于$\phi > \gamma(p - c - s) - \psi(2p - c + \omega)$，零售商将使用退货服务费用来减少退货量。

在推论 11.1 中，可以发现$\overline{\lambda} = A/(p - c)$与邮费$s$无关，因为当$\phi \leqslant \gamma(p - c - s) - \psi(2p - c + \omega)$时，在 SFRS 和 SFES 下零售商有相同的退货服务费用（即$l_0^* = l_1^* = 0$）。这一发现表明，在该情况下，最优包邮策略的选择与邮费无关。然而，当基础退货量足够大，即$\phi > \gamma(p - c - s) - \psi(2p - c + \omega)$时，零售商的最优包邮策略在一定程度上与邮费有关。

为更好地说明推论 11.1，设$\alpha = 100$、$\beta = 10$、$p = 140$、$c = 90$、$s = 10$、$\omega = 25$及$\psi = 2$。退货服务费用关于ϕ和γ的结果分别如图 11.1 和图 11.2 所示。

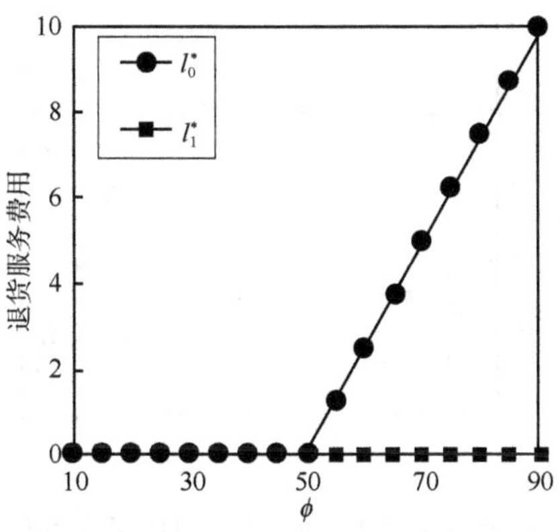

图 11.1　当$\gamma = 12$时的退货服务费用

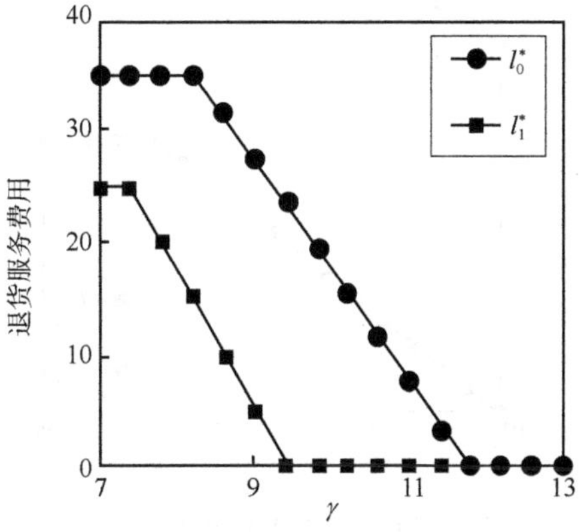

图 11.2　当$\phi = 40$时的退货服务费用

由图 11.1 可知，当$\phi \leqslant \gamma(p - c - s) - \psi(2p - c + \omega) = 50$时，无论是否提供包邮服务，零售商都选择免费退货服务；否则，零售商将在 SFRS 策略下收取更高的退货服务费用。由图 11.2 可知，当$\gamma \geqslant \max\{[\phi + \psi(2p - c + \omega)]/(p - c - s), 2\psi\} =$

11.75时，零售商在提供包邮服务的同时提供免费退货服务；反之，当$\gamma < 11.75$时，零售商将在 SFRS 策略下收取更高的退货服务费用。注意，当$\lambda \geqslant \bar{\lambda}$时，零售商会选择 SFRS 策略，当$\lambda < \bar{\lambda}$时选择 SFES 策略。

推论 11.2：当$(\gamma-\psi)/\psi > 1$且$\phi \geqslant \gamma(p-c)-\psi(2p-c-\omega)$，或者$(\gamma-\psi)/\psi \leqslant 1$且$\phi \geqslant \gamma(p-c-s)-\psi(2p-2s-c-\omega)$时，$l_0^* = s+\omega$和$l_1^* = \omega$，此时$\bar{\lambda} = C/(p-c)$，$C = A+\gamma(p-\omega-c-s)-\phi-\psi(2p-\omega-c-s)$。

推论 11.2 表明，当基础退货量足够大时，零售商可能会收取最大的退货服务费用来限制产品退货，即在包邮策略下$l_0^* = s+\omega$，在 SFES 策略下$l_1^* = \omega$，从而控制退货导致的损失。使用与推论 11.1 相同的参数，通过数值算例可分析在这种情况下零售商的最优退货服务费用。退货服务费用随着基础退货量ϕ变化的趋势如图 11.3 所示。

由图 11.3 可知，当$\phi \geqslant \gamma(p-c)-\psi(2p-c-\omega) = 70$时，无论是否提供包邮服务，零售商都将收取最高的退货服务费用。在这种情况下，零售商在 SFRS 下的最优退货服务费用高于在 SFES 下的最优退货服务费用。$\phi \geqslant \gamma(p-c)-\psi(2p-c-\omega) = 70$可以转变为$\gamma \leqslant [\phi+\psi(2p-c-w)]/(p-c)$，图 11.4 描述了$\gamma$对零售商最优退货服务费用的影响。

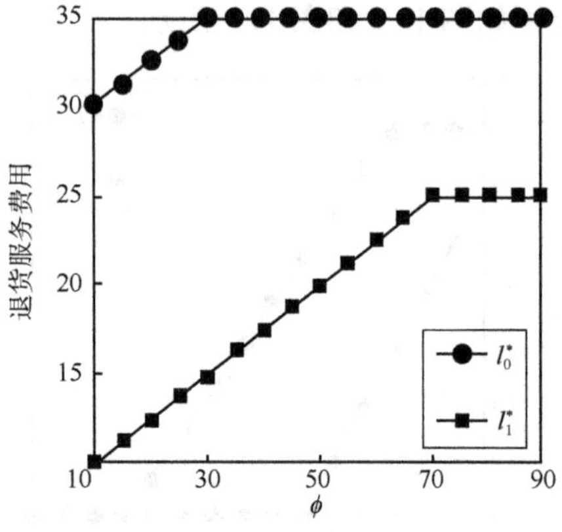

图 11.3　当$\gamma = 8$时的退货服务费用

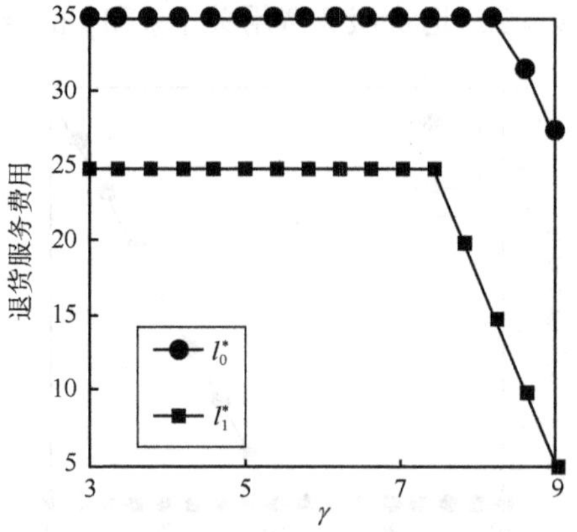

图 11.4　推论 11.2 中当$\phi = 40$时的退货服务费用

由图 11.4 可知，当$\gamma \leqslant [\phi+\psi(2p-c-w)]/(p-c) = 7.40$时，零售商将收取最高退货服务费用。此外，$\lambda > \bar{\lambda}$可以转变为$s > \bar{s}_1$，其中$\bar{s}_1 = [\alpha-\phi-\beta p+(\gamma-\psi)(2p-w-c)-\lambda(p-c)]/(\gamma-\psi)$。基于推论 11.2，可以得出以下结论。

评论 11.2：当$\gamma-\psi>0$时，若$s>\overline{s}_1$，零售商将提供包邮服务；否则，零售商将收取邮费。

由评论 11.2 可知，当邮费足够高时，即$s>\overline{s}_1$，零售商将在递送产品时采用包邮策略，并收取最高退货服务费用，即$s+\omega$；否则，零售商将不提供包邮服务，并收取最高退货服务费用，即ω。通常来说，当邮费相对较低时，零售商更愿意提供包邮服务；当邮费相对较高时，零售商更不愿意提供包邮服务。然而，在推论 11.2 的条件下，当邮费较高时，零售商可能会设置较高的退货服务费用以减少退货量。

推论 11.1 和推论 11.2 分别描述了基础退货量足够低或足够高的情况下的最优退货服务费用。当基础退货量落入一个特定的区间内时，可以得出以下结论。

推论 11.3：当$\gamma(p-c-s)-\psi(2p-2s-c-\omega)\leqslant\phi\leqslant\gamma(p-c)-\psi(2p-c+\omega)$且$(\gamma-\psi)/\psi\geqslant 1+2\omega/s$时，$l_0^*=s+\omega$和$l_1^*=0$，此时$\overline{\lambda}=G/(p-c)$，$G=C+[\gamma(p-c)-\phi-\psi(2p-c)]\omega/s$。

推论 11.3 给出了一种有趣的情况，即零售商在 SFES 下提供免费退货服务，而在 SFRS 下收取最高的退货服务费用。这是因为即使退货服务费用对净需求的影响比对退货量的影响更显著，但由于基础退货量相对较高，零售商需要通过权衡退货服务费用和邮费来平衡其产生的成本。也就是说，在 SFRS 下，零售商通过收取最高的退货服务费用来减少退货量；而在 SFES 下，零售商最好提供免费退货服务来抵消需求的降低。使用与上述相同的数据进行数值算例分析，结果如图 11.5 所示。

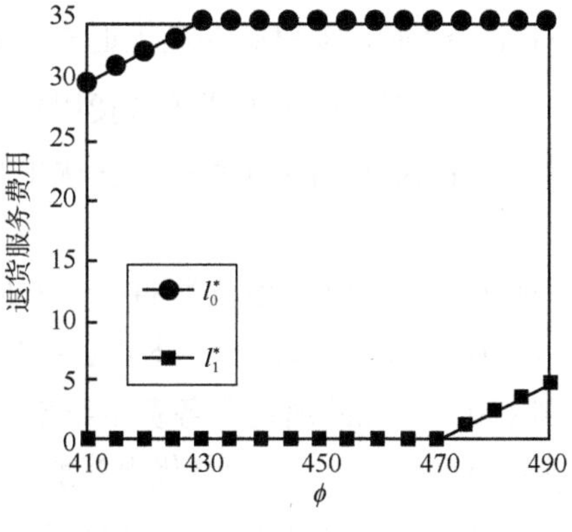

图 11.5　当$\gamma=18$时的退货服务费用

由图 11.5 可知，当$\gamma\geqslant\psi+\psi(1+2\omega/s)=14$且$430\leqslant\phi\leqslant 470$时，在 SFRS 策略下零售商将收取最高的退货服务费用，而在 SFES 策略下零售商提供免费退

货服务。

由图 11.1～图 11.5 可知，无论是否提供包邮服务，当基础退货量较高时，零售商可能会设定较高的退货服务费用；当基础退货量较低时，零售商会设定较低的退货服务费用。这是因为基础退货量较高意味着会收到更多的退货，零售商可以通过增加退货服务费用来降低消费者的退货意愿，从而减少产品潜在退货。相反，当基础退货量较低时，零售商没有动力对退货收取更高的费用，因为这样做可能会降低产品需求。此外，零售商在 SFRS 策略下收取的退货服务费用比 SFES 策略下的更高。这是因为零售商承担了递送产品的邮递成本，因此会收取更多的费用来弥补包邮带来的邮费损失。一个重要的例外情形是推论 11.1 中的情形，即 $(\gamma-\psi)/\psi>1$ 且 $\phi\leqslant\gamma(p-c-s)-\psi(2p-c+\omega)$，此时，基础退货量较低，消费者可能对退货服务费用不太敏感，在这种情况下，零售商可以通过提供免费退货服务来增加产品需求。

通过分析基础退货量对敏感系数 λ 的影响，得到以下结论。

命题 11.3： 当 $\phi\leqslant\gamma(p-c-s)-\psi(2p-c+\omega)$ 时，$\partial\bar{\lambda}/\partial\phi=0$；反之，$\partial\bar{\lambda}/\partial\phi<0$。

命题 11.3 表明，当基础退货量较低时，阈值 $\bar{\lambda}$ 不随 ϕ 的改变而改变。然而，当基础退货量超过某个特定值时，阈值 $\bar{\lambda}$ 随着基础退货量的增加而减小。因此，结合定理 11.1 可知，基础退货量越大，零售商越有可能提供包邮服务。这说明基础退货量会对零售商包邮策略的选择产生显著影响。

如命题 11.2 所示，产品价格也可能对零售商的包邮策略和退货服务费用的联合决策产生重要影响。因此，基于定理 11.1，可以得出以下有趣的结论。

推论 11.4： 当 $(\gamma-\psi)/\psi>1$ 时，零售商的最优退货服务费用为常数或者关于产品价格递减；当 $(\gamma-\psi)/\psi<1$ 时，最优退货服务费用关于产品价格递增或者保持不变。当最优包邮策略从 SFES 变为 SFRS 时，最优退货服务费用将出现跳跃式增加。

下面的两个数值算例分析可以更好地说明推论 11.4。首先，设 $\alpha=100$、$\beta=10$、$c=90$、$s=10$、$\omega=25$、$\lambda=12$、$\gamma=8$、$\psi=2$、$\phi=40$，并令价格 p 按照步长 5 从 110 增加到 190。最优的退货服务费用结果如图 11.6 所示。

图 11.6 给出了当 $(\gamma-\psi)/\psi=3>1$ 时的最优退货服务费用结果。当 $p<129$ 时，最优的包邮策略为 SFES，且最优退货服务费用随着产品价格 p 的增加保持不变（常数 25）。然而，当 $129\leqslant p<142.5$ 时，最优包邮策略变为 SFRS，此时的最优退货服务费用增加至 35，并保持不变。从 $p=142.5$ 开始，最优退货服务费用开始随着产品价格 p 的增加而下降。当价格 p 达到 177.5 时，最优退货服务费

用降低到零，并随着产品价格 p 的增加保持不变。

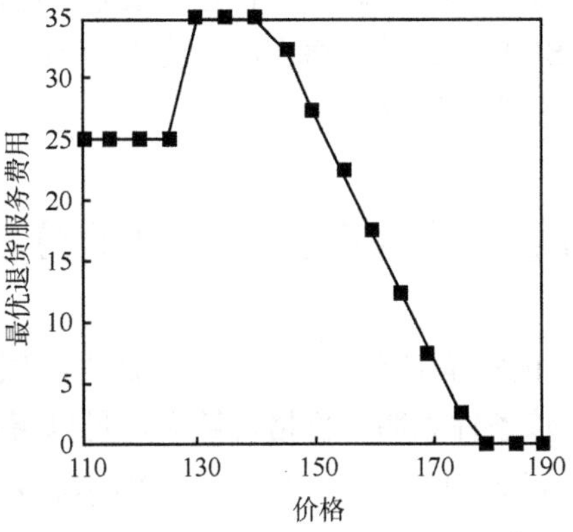

图 11.6　联合决策下当 $(\gamma-\psi)/\psi>1$ 时的退货服务费用

其次，设 $\alpha=1000$、$\beta=10$、$c=20$、$s=10$、$\omega=25$、$\lambda=12$、$\gamma=3.9$、$\psi=2$、$\phi=5$，并令价格 p 按照步长 5 从 30 增加到 110。最优的退货服务费用结果如图 11.7 所示。

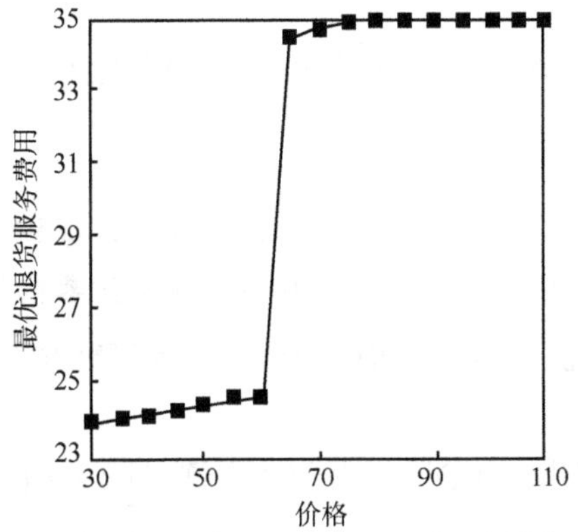

图 11.7　联合决策下当 $(\gamma-\psi)/\psi<1$ 时的退货服务费用

图 11.7 显示了当 $(\gamma-\psi)/\psi=0.95<1$ 时最优退货服务费用随产品价格变化的趋势，并进一步说明了在该情况下推论 11.4 背后的基本原理。当 $p=62.11$ 时，最优包邮策略由 SFES 变为 SFRS，这使得最优退货服务费用在此处有一个跳跃。

推论 11.4 给出了零售商在联合优化包邮策略和退货服务费用时的重要管理启示，即在特定的产品价格范围内，零售商的最优包邮策略将保持不变。在这种情况下，若 $(\gamma-\psi)/\psi>1$，零售商的最优退货服务费用随着价格的增加而降低，此时可以通过采取更宽松的退货政策来抵消需求的减小。当$(\gamma-\psi)/\psi<1$时，随着产品价格的增加，零售商可能会收取更高的退货服务费用以减少退货，最优包邮策略可能从 SFES 变为 SFRS，此时零售商的最优退货服务费用会急剧增加，用于弥补包邮服务带来的邮费成本的增加。

11.3　平台零售商的利润分析

为分析零售商的最优利润的性质，不失一般性，假设产品价格满足条件$p>\max\{c+s,\omega+s\}$。该条件表明，价格足够大，足以覆盖 SFRS 情形以及无理由退货下产生的成本。在这种情况下，需求对运费的敏感系数λ、需求对退款的敏感系数γ、退货量对退款的敏感系数ψ对平台零售商的利润具有显著影响，具体如下列命题所述。

命题 11.4： 平台零售商的最优利润$\pi\left(x^*,l^*\right)$有如下性质。

（1）当$\lambda\leqslant\bar{\lambda}$时，$\pi\left(x^*,l^*\right)$关于$\lambda$是递减的；当$\lambda>\bar{\lambda}$时，$\pi\left(x^*,l^*\right)$与$\lambda$无关。

（2）当$\gamma>\left[\phi+\psi(\omega-c)\right]/(p-c-s)$时，$\pi\left(x^*,l^*\right)$关于$\gamma$是递增的。

（3）当$\psi>\max\left\{\left[\gamma(p-c)-\phi\right]/(p-\omega-s),\left[\gamma(p-c)-\phi\right]/(p-c-s)\right\}$时，$\pi\left(x^*,l^*\right)$关于$\psi$是递减的。

命题 11.4（1）表明，当参数λ不大于阈值$\bar{\lambda}$时，零售商会向消费者收取递送产品的邮费。随着λ的增加，产品需求下降，这导致零售商的利润也随之下降。然而，当参数λ大于阈值$\bar{\lambda}$时，零售商的最优包邮策略是 SFRS，此时零售商的最优利润与λ无关。

命题 11.4（2）表明，当参数γ大于特定阈值$\left[\phi+\psi(\omega-c)\right]/(p-c-s)$时，零售商会收取更低的退货服务费用。在这种情况下，随着γ的增加，产品需求增加，这直接导致零售商利润的增加。

命题 11.4（3）表明，当退货量对退款的敏感系数ψ足够大，即$\psi>\max\left\{\left[\gamma(p-c)-\phi\right]/(p-\omega-s),\left[\gamma(p-c)-\phi\right]/(p-c-s)\right\}$时，零售商可能会收取较高的退货服务费用来减少退货，这会降低产品需求，从而直接导致零售商的利润降低。以上结论可以作为零售商通过选择有利的包邮策略和退货服务费用来营销其产品的有力指导。

11.4　主要参数的灵敏度分析

本节通过一组数值实验探究参数γ和参数ψ对阈值$\bar{\lambda}$的影响，并进一步对比研究不同包邮策略和退货服务费用下的利润。为此，给参数赋予如下初始值：$\alpha=1000$、$\beta=10$、$\lambda=12$、$s=10$、$\gamma=8$、$c=90$、$\psi=2$、$\omega=25$、$p=140$、$\phi=40$。在不特殊说明的情况下，这些参数数值保持不变。

先研究参数γ对阈值$\bar{\lambda}$的影响。保持其他参数不变，令γ从 6 增加到 10，对应的结果如图 11.8 所示。

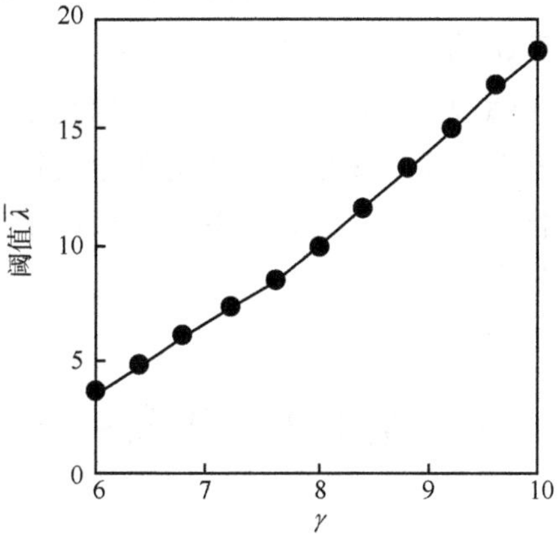

图 11.8　γ的灵敏度结果

图 11.8 表明阈值$\bar{\lambda}$关于γ递增，即当退货政策对产品需求的影响增大时，零售商提供包邮服务的阈值$\bar{\lambda}$增加。这是因为，当参数γ增大时，零售商会降低退货服务费用来吸引更多的消费者购买产品，从而导致退货成本的增加。为了补偿这一损失，根据定理 11.1，零售商提供 SFRS 策略的可能性降低。反之，当γ降低时，零售商会提高退货服务费用并提供 SFRS 策略。

保持其他参数不变，令ψ以步长 0.1 从 1 增加到 2.5，探究参数ψ对阈值$\bar{\lambda}$的影响。结果如图 11.9 所示。

当$\psi \leqslant 1.3$时，阈值$\bar{\lambda}$相对较大且随着ψ的增加保持不变。当$\psi > 1.3$时，阈值$\bar{\lambda}$随着ψ的增加而减小。这个结果意味着，当ψ足够小时，阈值$\bar{\lambda}$保持在一个相对比较高的水平上不变，此时卖家采取 SFRS 的可能性相对较小。在γ不变的情况下，相对较小的ψ意味着$\gamma-\psi$比较大。此时，零售商只需要设定一个相对

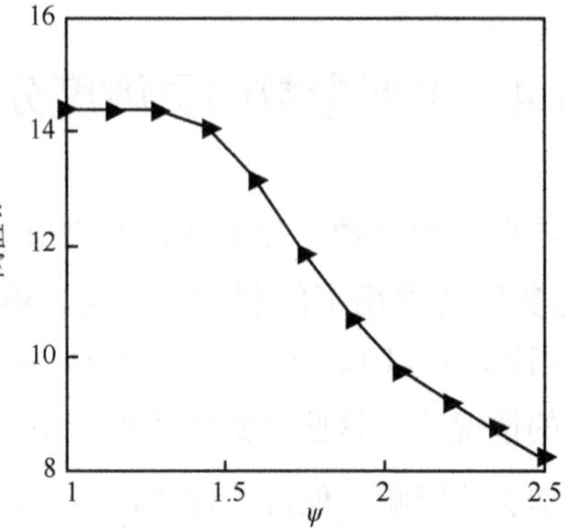

图 11.9　ψ 的灵敏度结果

较低的退货服务费用来增加销量就可以产生更多的利润并因此补偿由退货造成的损失。当$\psi>1.3$时，随着ψ的增加，阈值$\bar{\lambda}$减小，这使得零售商倾向于选择 SFRS 并承担邮费成本。在这种情况下，退货服务费用对退货量的影响增加，因此零售商会通过收取更高的退货服务费用来阻止消费者的退货行为。值得注意的是，更高的退货服务费用会降低产品需求，此时零售商会倾向于提供包邮服务来抵消退货服务费用增加对需求的负面影响。

11.5　不同情形下零售商利润分析

为进一步说明联合决策包邮服务策略和退货服务费用的优势，先对比零售商在联合决策包邮服务策略和退货服务费用（$x=x^*$、$l=l^*$）时与单独决策（即固定退货服务费用、优化包邮服务策略，固定包邮服务策略、优化退货服务费用）时的利润。由于联合决策和单独决策时的利润对比的条件很难提炼，本节通过数值算例比较两种情形下的零售商利润，令单独决策包邮服务策略时退货服务费用的取值为$l=\omega$和$l=10$。为便于描述，记联合最优决策为 SJD，固定退货服务费用为$l=\omega$和$l=10$而优化包邮服务策略的情形分别记为 SS1 和 SS2，固定包邮服务策略 SFRS 和 SFES 而优化退货服务费用的情形分别记为 SRR 和 SRE，分别令价格从 110 增加到 190，γ 从 6.4 增加到 10，ψ 从 1 增加到 2.5，保持其他参数不变，从而得到图 11.10 所示的结果。

从图 11.10（a）可以观察到，当产品价格从 110 增加到 190 时，零售商的联合最优利润多于或等于固定退货服务费用而优化包邮服务策略时的利润，无论是$l=\omega$还是$l=10$。虽然联合决策情形下零售商的最优利润在有些价格情况下和只优化包邮服务策略时的利润重合，但是当价格偏离这些情况时，联合决策下的零售商最优利润明显高于单独决策。类似的结果如图 11.10（b）所示。这些结果表明，联合决策包邮服务策略和退货服务费用比单独决策对零售商更有利。

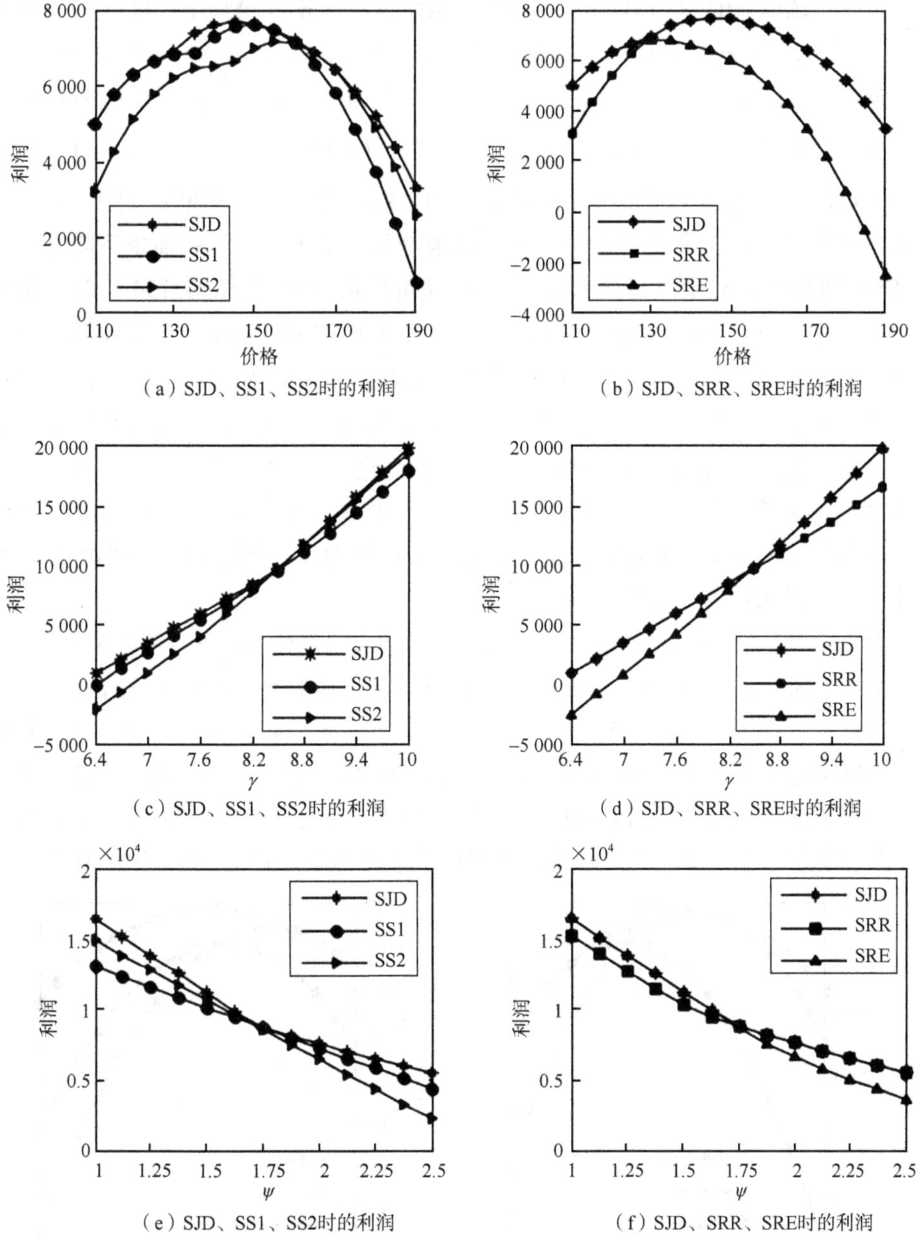

（a）SJD、SS1、SS2时的利润
（b）SJD、SRR、SRE时的利润
（c）SJD、SS1、SS2时的利润
（d）SJD、SRR、SRE时的利润
（e）SJD、SS1、SS2时的利润
（f）SJD、SRR、SRE时的利润

图 11.10　不同决策情形下的零售商利润对比图

从图 11.10（c）～图 11.10（f）可以观察到，零售商在联合决策情形下的利润大于或等于单独决策时的利润，无论是参数 γ 从 6.4 增加到 10，还是参数 ψ 从

1 增加到 2.5。这些结果进一步说明相较于单独决策，零售商能够从联合决策包邮服务策略和退货服务费用中获得更高的利润。

进一步选取 SJD 和 SS1 为例来解释这些结果。在 SJD 情形下，推论 11.1 中的条件 $\phi \leqslant \gamma(p-c-s)-\psi(2p-c+\omega)$ 可转变为 $p \geqslant [\phi+(\gamma-\psi)(c+s)+\psi(\omega+s)]/(\gamma-2\psi)$。在该情形下，$(\gamma-\psi)/\psi=3>1$ 且 $[\phi+(\gamma-\psi)(c+s)+\psi(\omega+s)]/(\gamma-2\psi)=177.5$。此外，$\bar{\lambda}=A/(p-c)=7.37<\lambda=12$，并且当价格 p 从 177.5 增加到 190 时，$\bar{\lambda}$ 的值关于产品价格是递减的。根据定理 11.1 和推论 11.1，零售商会同时提供包邮服务和免费退货服务来抵消产品价格上涨导致的需求下降。然而，在 SS1 情形下，对于给定的 $l=\omega$，当产品价格从 110 增加到 134.3 时，条件 $l>[\alpha-\beta p+\gamma p-\lambda(p-c)]/\gamma$ 不成立。因此根据命题 11.1，零售商将在递送产品时选择 SFES。但是当 $p>134.3$ 时，零售商将选择 SFRS。特别地，当产品价格从 177.5 增加到 190 时，零售商会提供包邮服务，但收取 ω 的退货服务费用。和 SJD 相比，这种情形会导致产品需求在一定程度上减少。该结果可以合理地解释为什么零售商的联合决策能够获得更高的利润。同样地，当产品价格从 110 增加到 177.5 时的情况可以根据文中的理论结果（如命题 11.1、定理 11.1、评论 11.1 和推论 11.2）做出解释，这里不再赘述。

对比零售商在联合决策（$x=x^*$、$l=l^*$）和其他几种常见的退货服务费用与包邮策略组合下的利润，可以进一步说明联合决策的优势。选择如下四种常见的策略组合：①$x=0$，$l=s+\omega$；②$x=0$，$l=0$；③$x=1$，$l=\omega$；④$x=1$，$l=0$。这四种情形是包邮策略和退货服务费用的四种可能组合。例如，情形①表示零售商选择 SFRS 并收取最大的退货服务费用 $s+\omega$。为了便于描述，令这四种情形为 S1、S2、S3、S4。保持其他参数不变，将产品价格从 110 增加到 190，相关结果如图 11.11 所示。

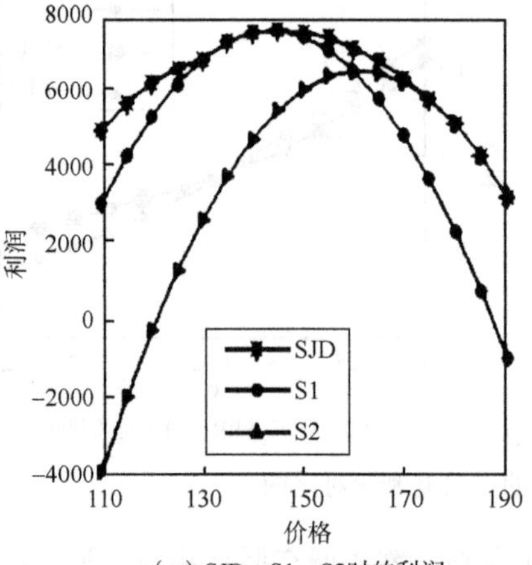

（a）SJD、S1、S2时的利润

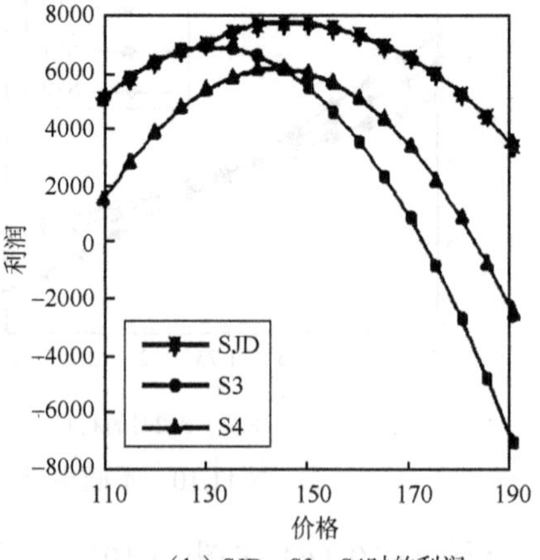

（b）SJD、S3、S4时的利润

图 11.11　不同决策情形下的零售商利润对比图

图 11.11 显示，零售商在联合决策时的利润多于或等于其他四种情况下的利润。更为重要的是，联合决策情形下零售商的利润在相对较小的区间范围内变化，而其他四种情形下的利润变化范围较大，甚至在有些情形下是小于零的。这些结果说明，零售商在联合决策包邮策略和退货服务费用下的利润与一般常用的决策组合下的利润相比具有更好的稳定性。

从上面的结果可以得到如下重要的结论。

观察 11.1：零售商选择联合优化包邮策略和退货服务费用可以在变化的市场参数情形下提高利润，并使其利润保持在更稳定的水平上。

各个市场参数（即λ、γ、ψ、p、ϕ）的变化都会直接导致市场环境变化，从而影响卖家的联合决策。可见，虽然零售商可以在某些市场情况下通过单独决策来获得像联合决策一样的利润，但是当市场情况改变时，零售商就会因为单独决策，利润大大低于联合决策。换句话说，如果零售商固定包邮策略而单独决策退货服务费用或者固定退货服务费用而单独决策包邮策略，则很可能无法获得最大利润，因此联合决策是更好的。这一结果可以从图 11.10 中观察到，也可以从一些在线零售商在实践中所采取的策略中得到验证。例如，诺德斯特龙、尼曼等零售商就是同时提供包邮策略和退货服务费用。该结果说明，为了最大化自身的利润，零售商应该联合决策包邮策略和退货服务费用。

11.6　本章小结

现实中，许多平台零售商提供产品包邮服务策略，并允许消费者对不满意的产品进行无理由退货以提高销售额。然而，无论是包邮服务还是无理由退货政策，均会增加零售商的运营成本，因此平台零售商如何确定合理的服务策略成为其运营管理中的主要问题。本章构建了平台零售商提供包邮服务与无理由退货政策的决策优化模型，探讨了两者在单独决策与联合决策时的最优策略。通过分析，本章得到了一些重要的发现和管理启示。

（1）平台零售商的最优包邮服务策略和退货服务费用是相互影响的，并且其最优决策依赖于市场参数，如λ、γ、ψ、p和ϕ。当联合决策包邮服务策略和退货服务费用时，零售商可以获得更高的利润。数值实验证实了该结论，该结论说明零售商应该根据市场参数的变化联合决策包邮服务策略和退货服务费用。

（2）零售商提供包邮服务时，应该设置一个较高的退货服务费用；当零售商不提供包邮服务时，应该设置一个较低的退货服务费用。尤其当消费者对退货服务费用足够敏感时，无论其是否提供包邮服务，零售商都会提供免费退货服务。

（3）当基础退货量相对较大时，零售商可能会设置一个较高的退货服务费用，当基础退货量相对较小时，零售商可能会选择一个较低的退货服务费用。尤其当基础退货量足够大时，零售商会收取最高退货服务费用；相反，当基础退货量足够小时，零售商会提供免费退货服务。有趣的是，基础退货量对零售商有关包邮服务的决策具有显著的积极影响，随着基础退货量的增加，零售商更有动力提供包邮服务。

（4）当退货服务费用对净需求的影响大于对退货量的影响时，产品的价格越高，零售商收取的退货服务费用越低。相反，产品的价格越高，零售商收取的退货服务费用越高。尤其当零售商的最优包邮策略从不提供包邮服务变为提供包邮服务时，其最优退货服务费用将出现跳跃式增长。

（5）三个市场参数（即λ、γ和ψ）对零售商的联合决策及利润有显著的影响。当λ大于一个特定的阈值时，零售商将提供包邮服务，此时其利润不受λ的影响；当λ小于这个阈值时，零售商将不提供包邮服务，此时其利润随着λ的增大而减小。数值实验的结果显示，决定零售商包邮与否的阈值$\bar{\lambda}$关于γ递增，而关于ψ递减。因此，γ和ψ也将影响零售商对包邮策略的选择。此外，当这些参数分别超过各自给定的阈值时，零售商的最优利润随着γ递增，随着ψ递减。这些结果为零售商管理其邮寄服务和退货服务提供了非常重要的管理启示。换言之，为了增加利润，零售商应该采取各种积极努力来增大γ并降低ψ。

本章阐述了零售商包邮策略和退货服务费用的联合决策问题，可以帮助平台零售商提高包邮服务策略和退货服务费用的运营绩效，未来研究主要包括四个方面。首先，当前所考虑的产品需求函数是确定的，当考虑随机需求时模型可能会产生不同的结果。其次，在网络环境中，当零售商不提供包邮服务时，零售商必须支付运费，在这种情况下，当零售商选择退货时，运费被视为沉没成本。事实上，这种沉没成本可能会改变消费者的退货策略，从而降低退货率。因此，在模型中考虑沉没成本将为零售商管理包邮服务策略和退货服务提供更多的见解。再次，季节性折扣和限时包邮服务等问题可能会对包邮策略和退货服务费用决策产生重大影响，这些问题也可以被视为未来研究的重要延伸。最后，本章只考虑了一个平台零售商，研究不同零售商在竞争环境下的相关服务策略决策，应该会得到更丰富的结论，这个问题将成为未来研究的重要课题。

参考文献

Choi T M. 2013. Optimal return service charging policy for a fashion mass customization program[J]. Service Science，5（1）：56-68.

Cruz M. 2001. Channel players：product returns still a problem[J]. CRN，963：61-62.

Dimoka A，Hong Y，Pavlou P A. 2012. On product uncertainty in online markets：theory and evidence[J]. MIS Quarterly，36（2）：395-426.

Gümüş M，Li S，Oh W，et al. 2013. Shipping fees or shipping free? A tale of two price partitioning strategies in online retailing[J]. Production and Operations Management，22（4）：758-776.

Kyle J. 2014. Shop Risk Free：28 Online Retailers Offering Free Shipping and Returns[EB/OL]. http://www.rather-be-shopping.com/blog/2014/09/23/retailers-with-free-shipping-and-returns/ [2018-06-09].

Leng M，Parlar M. 2005. Free shipping and purchasing decisions in B2B transactions：a game-theoretic analysis[J]. IIE Transactions，37（12）：1119-1128.

Li Y，Xu L，Choi T M，et al. 2014. Optimal advance-selling strategy for fashionable products with opportunistic consumers returns[J]. IEEE Transactions on Systems，Man，and Cybernetics：Systems，44（7）：938-952.

Li Y，Xu L，Li D. 2013. Examining relationships between the return policy，product quality，and pricing strategy in online direct selling[J]. International Journal of Production Economics，144（2）：451-460.

Mukhopadhyay S K，Setaputra R. 2006. Optimal return policy for e-business[C]//2006 Technology Management for the Global Future-PICMET 2006 Conference. IEEE，3：1203-1209.

Vlachos D，Dekker R. 2003. Return handling options and order quantities for single period products[J]. European Journal of Operational Research，151（1）：38-52.

Wood S L. 2001. Remote purchase environments：the influence of return policy leniency on two-stage decision processes[J]. Journal of Marketing Research，38（2）：157-169.

第12章　平台供应链产品延长质保与以旧换新服务策略

面对日益激烈的市场竞争，为获取竞争优势，电商平台企业除“拼价格”外，开始“拼服务”，作为增值服务的产品质量保证服务备受电商平台企业热宠。质保作为一种典型服务，其供应商承诺在一定时间段内为消费者免费维修、更换或维护产品。通常来说，质保服务由制造商承担，即该服务与产品捆绑销售。除此之外，制造商、零售商甚至第三方供应商还会在市场上出售延长质保（以下简称延保）服务。延保服务是一种可选择的服务计划，它为消费者提供额外的保障，通常与产品分开销售（Desai and Padmanabhan，2004）。随着家用电器、电子产品等耐用品的利润率迅速下降，延保因其能够提高盈利能力等优势，受到制造商和电商企业（零售商）的广泛关注（Gallego et al.，2014）。一项调查显示：零售商的利润有60%～70%是来自销售延保服务（Hsiao et al.，2010）。此外，延保还可以帮助延长产品的使用寿命，从而提高消费者的忠诚度、品牌形象和品牌资产价值（Gallego et al.，2014）。

为更好地在细分市场获取竞争优势，越来越多的制造商和零售商推出各种新型延保服务，包括：差异化价格延保，即根据购买时间点差异性定价，如在产品销售时购买、基础保修期结束时购买，或其他任何时间点购买的延保服务价格是不同的（Zheng et al.，2021）；按月销售的灵活期限延保（Gallego et al.，2014）；剩余价值延保，即在质保覆盖范围到期时退还剩余价值（Gallego et al.，2015）。近年来，众多零售商推出一种新型延保服务，即“延保+以旧换新”，该服务在传统的维修和更换服务的基础上，允许消费者在质保期内的特定时间点以较低的价格用旧产品换取新产品或升级产品。一般来说，该服务由制造商提供。例如，苹果公司近年来推出了一个典型的延长保修服务“AppleCare+”。当旧 iPhone 符合苹果公司提供的以旧换新的条件标准时，购买“AppleCare+”服务的消费者可自行选择是否以旧换新：中国消费者在购买该服务10～13个月后，美国消费者在购买该服务 12 个月后，可以以优惠的价格将旧 iPhone 更换成新的（或升级的）iPhone。由于该服务能更好地吸引顾客购买产品，很多电商平台企业也纷纷推出相关服务。例如，美国板卡公司为客户提供3年的延保。在保修期内，若旧产品符合原厂条件且未遭受物理修改和损坏，客户可以用旧产品换取相似类型的新产品（EVGA，2018）。T-Mobile 推出了延保期的以旧换新服务“JUMP”，允许消费者在购买延保服务的 6 个月后升级他们旧的旗舰设备，如三星 Galaxy、苹果 iPhone 等智能手机。

尽管“延保+以旧换新”服务可以为消费者提供更多的选择或额外收益，但任何延保服务在质保期内都会产生大量的服务成本，包括处理成本、运输成本、包装成本和旧产品的库存成本，这些成本可能会直接影响到有关是否提供这种服务、服务价格和新产品换购价格的决策，进而对制造商或平台零售商的延保和以旧换新策略管理带来了较大的挑战。由此引出下列主要科学问题：①平台零售商、制造商是否一定提供该服务？②若提供该服务，如何确定延保服务价格？③延保期内是否提供以旧换新服务？若提供，如何确定以旧换新的新产品价格？

面对上述挑战，本章旨在构建一种“延保+以旧换新”服务决策模型，探讨平台供应链中平台零售商、制造商的新型延保服务策略。首先，进行了模型描述与主要参数假设；其次，构建了平台零售商的延保服务决策模型，并分析了平台零售商的延保服务策略；再次，探讨了延保服务的提供主体决策问题；最后，分析了产品故障概率对延保服务策略的影响。

12.1　模型描述与主要参数假设

本章考虑一个平台零售商向制造商批发新产品后向消费者出售新产品与延保服务，基础质保服务由制造商提供。平台零售商可选择出售传统的延保（EWR），包含免费维修和更换服务，或出售新型内含以旧换新服务的延保（EWT），包含传统的免费维修和更换服务。假设每个消费者至多购买一个单位的新产品，并决定是否购买 EWR 或 EWT。若消费者选择购买 EWT，则会面临是否在质保期内的特定时间选择以旧换新服务。其中，以旧换新提供的新产品可以与原产品相同，也可以是原产品的升级版本。例如，“AppleCare+”计划允许购买该服务的消费者以旧换新，并声明“本计划提供的所有替换产品至少在功能上与原产品相当”。相应地，当消费者选择以旧换新时，零售商需决策新产品的销售价格、是否出售 EWR 或 EWT、两种质保服务的价格和新产品换购价格。不失一般性，假设平台零售商与制造商是风险中性的，且以个体利益最大化为决策目标。本章所涉及的主要参数符号与说明如表 12.1 所示。

表 12.1　符号与参数说明

参数	参数解释
v	产品单位时间内可产生的使用价值
ρ	产品故障概率，$\rho \in (0, 1]$

续表

参数	参数解释
ω	基础质保期限，$\omega \in (0, 1)$
T	延保期限，$T \in [\omega, 1)$
λ	以旧换新的新产品相对于旧产品的价值系数
β	折扣因子，$\beta \in (0, 1)$
p_0^j（p_e^j）	新产品（延保服务）价格，$j=r$ 或 $j=t$ 表示 EWR 或 EWT
p_n^t	EWT 下零售商提供的以旧换新服务的新产品价格
c_0	新产品批发价
c_r	零售商维修成本系数
c_i	延保成本，$i=e$ 或 $i=\mathrm{et}$ 分别表示 EWR 和 EWT
θ	消费者风险厌恶系数
α	刻画以旧换新的时间点，$\alpha \in (\omega/T, 1]$，αT 表示以旧换新的时间点
δ	剩余质保覆盖期的残值变化率
c_h	旧产品的单位处理成本，包括运输、重新包装、库存及其他相关成本
s	旧产品的单位残值
u_p^j（u_e^j）	消费者购买新产品（包括产品和延保服务）的效用函数，$j=r$ 或 $j=t$ 表示 EWR 或 EWT
u_e^{tt}（u_e^{tk}）	消费者以旧换新（保留旧产品）的效用函数
D_0^j（D_n^j、D_e^j）	新产品（以旧换新、质保）需求函数，$j=r$ 或 $j=t$ 表示 EWR 或 EWT
D_e^{tt}	以旧换新产品需求
C_j	总成本，$j=r$ 或 $j=t$ 表示 EWR 或 EWT
π_j	零售商的利润函数，$j=r$ 或 $j=t$ 表示 EWR 或 EWT

为进行延保服务相关决策，设延保服务价格、产品销售价格以及以旧换新的新产品价格为决策变量，其他变量均为外生变量。为简化问题，假设产品的最大生命周期为 1，并假定延保期限与基础质保期限满足$T \geqslant \omega$，延保服务在基础质保期满后生效，即有效的延保时长实际为$[\omega, T]$，且$T \in [\omega, 1)$。这一假设与企业实践一致，并在相关研究中广泛使用（Heese，2012；Jiang and Zhang，2011）。若消费者进行以旧换新，原有产品剩余的延保期自动终止，这一假设与企业实践吻合。例如，苹果公司允许中国消费者在购买“AppleCare+”10～13 个月后（或美国消费者在购买服务 12 个月后）可以用旧 iPhone 进行以旧换新。此时，换新产品仅有制造商提供的基础质保服务。

假设 12.1：任何产品均存在一定的故障概率，假设产品的故障概率为ρ，$1-\rho$表示产品在延保期内运行良好的概率。值得注意的是，ρ指故障概率而非故障率，并且不随时间变化（Mai et al.，2017）。产品发生故障必然产生一定的维修等质保服务费，基础质保期限 ω 内的保修费用由制造商承担，而延保期间 $[\omega, T]$ 的费用由该服务提供商承担。一般而言，维修成本可能因故障而异。延保成本函数采取二次形式，即 $c_e = c_r\rho\left(T^2 - \omega^2\right)$，其中，$c_r$ 表示服务提供商的维修成本系数，c_r 越大，成本效率越低。质保成本函数具有以下特性：为低质量的产品提供服务的成本比为高质量的产品提供服务的成本高，更长的质保期成本比更短的质保期成本高。因此，质保成本取决于产品的故障概率和质保覆盖期。这种成本形式在相关研究中被广泛使用，如 Jiang 和 Zhang（2011）、Li 等（2012）的研究。

12.2　平台零售商的延保服务决策模型

首先针对平台零售商的延保服务展开研究，本节主要考虑平台零售商分别提供传统延保服务与新型延保服务两种情形，构建相应的服务决策模型。

12.2.1　传统延保服务决策模型（EWR）

参考 Jiang 和 Zhang（2011）、Mai 等（2017）的相关研究，假设产品在每个正常工作单位时间内将为消费者提供使用价值 v；当产品处于故障状态时，产品使用价值为 0。此时，若消费者不购买延保服务，当产品在基础质保时长 ω 下发生故障时，消费者将从制造商处获得货币转移支付 ωv。因此，仅购买新产品的消费者的效用函数为

$$u_p = v(1-\rho) + v\rho\omega - \theta v^2 \rho(1-\rho)(1-\omega)^2 - p_0^r \tag{12.1}$$

其中，等号右边第一项表示产品在生命周期内使用价值的期望值；第二项表示延保服务为消费者带来的期望货币转移支付。另外，假设消费者的风险规避程度不同，风险厌恶系数 θ 是异质的，且在 [0, 1] 上服从均匀分布，由此可得式（12.1）等号右边的第三项表示消费者对产品故障可能的风险厌恶损失，第四项为新产品的销售价格。

在延保服务期内发生故障时，消费者将在产品损坏时从服务提供商处获得价值为 $v(T-\omega)$ 的货币转移支付。因此，对于同时购买新产品与延保服务的消费者而言，其效用函数为

$$u_e^r = v(1-\rho) + v\rho T - \theta v^2 \rho(1-\rho)(1-T)^2 - p_e^r - p_0^r \tag{12.2}$$

根据上述效应函数，可得消费者同时购买产品与延保服务和不购买任何产品的无差异点为 $\bar{\theta} = \dfrac{v(1-\rho) + v\rho T - p_0^r - p_e^r}{v^2 \rho(1-\rho)(1-T)^2}$；新产品需求为 $D_n^r = \bar{\theta}$。同样，消费者同时

购买产品与延保服务和仅购买产品的无差异点为$\overline{\overline{\theta}} = \dfrac{p_e^r - v\rho(T-\omega)}{v^2\rho(1-\rho)(2-T-\omega)(T-\omega)}$，由此可得延保服务需求为$D_e^r = \overline{\theta} - \overline{\overline{\theta}}$。因此，平台零售商销售 EWR 的利润函数表示为

$$\pi_r = D_n^r\left(p_0^r - c_0\right) + D_e^r\left(p_e^r - c_e\right) \tag{12.3}$$

其中，等号右边第一项表示来自新产品销售的利润；等号右边第二项表示来自延保服务销售的利润。零售商通过确定最优延保销售价格和新产品销售价格实现其利润最大化。通过模型求解，可得最优决策，如定理 12.1 所示。

定理 12.1：平台零售商最优延保销售价格和新产品销售价格分别是$p_e^{r^*} = \dfrac{1}{2}\times\rho\left((T-\omega)v + C_{\text{er}}\right)$和$p_0^{r^*} = \dfrac{1}{2}\left(c_0 + V_p\right)$。其中，$C_{\text{er}} = c_r\rho(T-\omega)(T+\omega)$，$V_p = v(1-\rho) + \rho\omega v$。

定理 12.1 表明，$p_e^{r^*}$随着ω递减，但随着c_r和ρ递增；$p_0^{r^*}$随着ω递增，但随着ρ递减。这是由于随着基础质保期限ω的增加，延保的有效期限缩短，保修服务成本下降。此时，零售商有动力降低延保售价以促进 EWR 的销售。随着c_r的增加，保修服务成本上升，零售商会设定较高的延保价格以对抗保修服务成本的提升。另外，随着ρ的增加，消费者更迫切需要购买 EWR 来对抗故障风险，即 EWR 需求提高，零售商承担的服务成本提高，因此相应地提高延保销售价格。在这种情况下，零售商有更大的动力降低产品价格以增加产品需求，从而促进 EWR 需求。

12.2.2 带有以旧换新的延保服务决策模型（EWT）

如果消费者以p_e^t的价格购买 EWT，他们就能够在质保期限的某个时间点进行以旧换新。假设消费者在时间点αT处以旧换新，需先将旧产品退还给零售商，然后支付p_n^t获得新产品。新产品可以与原始版本相同，也可以是升级版。如果换新产品为升级版，那么其产生的价值会相对高于原始版本，以λv（$\lambda \geqslant 1$）表示以旧换新后新产品的价值。需要注意的是，λ表示升级产品引入的一些新功能，为简化分析，假设两个版本的产品单位生产成本相同（Liang et al.，2014）、故障概率相同（Zhu et al.，2016）。

在以旧换新时间点，若消费者不进行以旧换新，其将继续使用旧产品，在剩余的质保期限$\left[\alpha T, T\right]$内，延保服务仍然生效。此时，消费者能够从旧产品中继

续获取$v(1-\rho)(1-\alpha T)$的使用价值，以及在产品故障时从零售商处获取$v(T-\alpha T)$的剩余货币转移支付。因此，选择继续使用旧产品的消费者在旧产品剩余生命周期$[\alpha T,1]$内能获得的效用可表示为

$$\begin{aligned} u_e^{\text{tk}} &= v(1-\rho)+v\rho T-\theta v^2\rho(1-\rho)(1-T)^2-\alpha Tv(1-\rho)-\alpha Tv\rho \\ &= v(1-\rho)(1-\alpha T)+v\rho(T-\alpha T)-\theta v^2\rho(1-\rho)(1-T)^2 \end{aligned} \tag{12.4}$$

此时如果消费者选择以旧换新，首先要退还旧产品，并支付换购价格p_n^t以获得由制造商提供的新产品，该新产品同样与基础质保服务捆绑销售。此时，消费者将失去旧产品和剩余的延保服务。因此，消费者进行以旧换新的效用函数为

$$u_e^{\text{tt}} = \lambda v(1-\rho)+\lambda v\rho\omega-\theta(\lambda v)^2\rho(1-\rho)(1-\omega)^2-p_n^t-u_e^{\text{tk}} \tag{12.5}$$

在时间点αT处，只有当消费者以旧换新的效用非负时，其才会选择换购产品。因此，可得参与以旧换新以及继续使用现有旧产品的无差异点，即$\overline{\theta}_3 = \dfrac{v(T\alpha+\rho(1-T)+\lambda(1-\rho(1-\omega))-1)-p_n^t}{v^2(1-\rho)\rho\left(\lambda^2(1-\omega)^2-(1-T)^2\right)}$。

与 EWR 不同，消费者购买 EWT 的效用受以旧换新服务的影响，即若消费者能从以旧换新中获益，他们将更有动力购买 EWT 服务。据此，引入折扣因子描述以旧换新服务的价值（Besanko and Winston，1990；Frederick et al.，2002）。因此，购买新产品和 EWT 的消费者效用函数为

$$u_e^t = v(1-\rho)+v\rho T-\theta v^2\rho(1-\rho)(1-T)^2-p_0^t-p_e^t+\beta\max\left\{u_e^{\text{tt}},0\right\} \tag{12.6}$$

其中，$\beta\,(0<\beta<1)$表示折扣因子。

与 EWR 类似，只有效用非负的消费者会购买新产品或者同时购买新产品与 EWT 服务。因此，可推导出消费者同时购买新产品与 EWT 服务和不购买任何产品的无差异点$\overline{\theta}_1 = \dfrac{v(1-\rho)+v\rho T-p_0^t-p_e^t}{v^2\rho(1-\rho)(1-T)^2}$，以及购买 EWT 与否的无差异点$\overline{\theta}_2 = \dfrac{p_e^t+p_n^t\beta+v(\beta(1-\lambda-T\alpha-\rho+\lambda\rho+T\rho-\lambda\rho\omega)-\rho(T-\omega))}{v^2(1-\rho)\rho\left(T^2(1-\beta)+\beta\left(\lambda^2(1-\omega)^2-1\right)+(2-\omega)\omega-2T(1-\beta)\right)}$，EWT 模式下的延保服务需求为

$$\begin{aligned} D_e^t = \overline{\theta}_1-\overline{\theta}_2 &= \frac{v(1-\rho)+v\rho T-p_0^t-p_e^t}{v^2\rho(1-\rho)(1-T)^2} \\ &\quad -\frac{p_e^t+p_n^t\beta+v(\beta(1-\lambda-T\alpha-\rho+\lambda\rho+T\rho-\lambda\rho\omega)-\rho(T-\omega))}{v^2(1-\rho)\rho\left(T^2(1-\beta)+\beta\left(\lambda^2(1-\omega)^2-1\right)+(2-\omega)\omega-2T(1-\beta)\right)} \end{aligned} \tag{12.7}$$

相应地，可得以旧换新产品和新产品的需求函数，分别是$D_e^{\text{tt}}=\bar{\theta}_3-\bar{\theta}_2$、$D_n^t=\bar{\theta}_1$。

图 12.1 说明了新产品、EWT 和以旧换新服务的需求分布情况。具体来看，$\theta\in\left[0,\ \bar{\theta}_2\right]$的消费者购买没有延保服务的产品；$\theta\in\left(\bar{\theta}_2,\ \bar{\theta}_3\right]$的消费者购买延保服务并进行以旧换新；$\theta\in\left(\bar{\theta}_3,\ \bar{\theta}_1\right]$的消费者购买延保服务但不进行以旧换新；$\theta\in\left(\bar{\theta}_1,\ 1\right]$的消费者风险厌恶程度相对较高，即不购买该产品。

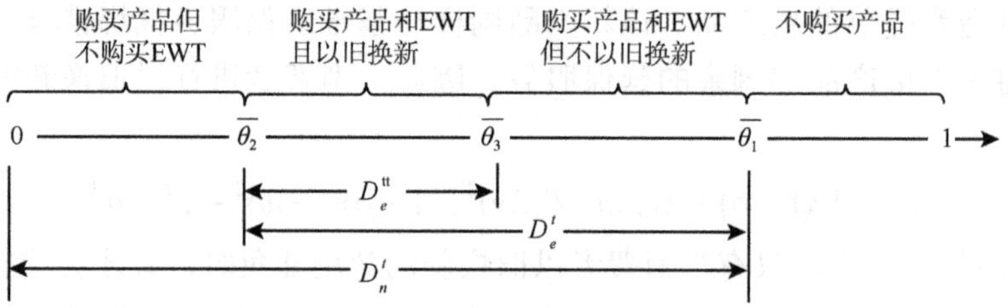

图 12.1　产品需求以及质保服务和以旧换新的需求

假设以旧换新的旧产品有足够的残值可供回收。参照 Ray 等（2005）的研究，假设旧产品的残值与产品年龄呈线性关系，即$s=\delta(1-\alpha T)$。$\delta(1-\alpha T)$代表了剩余价值，δ是残值随时间变化的比率，较高的δ意味着产品的残值较大。因此，δ可看作对产品耐用性的测度（Ray et al.，2005）。此外，如果消费者以旧换新，质保服务中承诺的维修和更换部分只在$[\omega,\ \alpha T]$区间有效。因此，相应的质保成本是$c_{\text{et}}=c_r\rho\left(\alpha^2T^2-\omega^2\right)$。

零售商的利润源于三部分：新产品销售利润、向选择持有旧产品的顾客销售延保服务获取的利润和选择以旧换新服务的消费者产生的利润，表述为

$$\pi_t=D_n^t\left(p_0^t-c_0\right)+\left(D_e^t-D_e^{\text{tt}}\right)\left(p_e^t-c_e\right)+D_e^{\text{tt}}\left(p_e^t-c_{\text{et}}+p_n^t-c_h+s-c_0\right) \tag{12.8}$$

为避免以旧换新需求随处理成本递增的情况，本章假设$\dfrac{\partial\left(\bar{\theta}_3-\bar{\theta}_2\right)}{\partial c_h}\leqslant 0$始终成立，继而可得$\lambda$的上限值，即$\lambda_u=\dfrac{\sqrt{1+2T-T^2+\beta-2T\beta+T^2\beta-4\omega+2\omega^2}}{\sqrt{(1+\beta)(1-\omega)^2}}$。因此，本章分析仅限于$1\leqslant\lambda\leqslant\lambda_u$。实践中，产品升级通常为渐进式改进而非颠覆式创新，因此升级后的产品价值不会增加太多（Galbreth et al.，2013）。据此可知，λ不会太大，可得下列结论。

命题 12.1：当$1\leqslant\lambda\leqslant\lambda_u$时，EWT 情形下零售商存在唯一的最优决策组合$(p_e^{t^*},p_0^{t^*},p_n^{t^*})$。

命题 12.1 表明，零售商在 EWT 情形下的最优决策是可以实现的。由于很难明确零售商在 EWT 情形下的最优定价决策，本节针对特殊情况 $\lambda=1$ 得到零售商的最优定价策略，如定理 12.2 所示。

定理 12.2：当 $\lambda=1$ 时，EWT 情形下零售商的最优决策 $(p_e^{t^*}, p_0^{t^*}, p_n^{t^*})$ 是：$p_e^{t^*}=\dfrac{\rho\left(v(T-\omega)+C_{\text{er}}\right)}{2}-\dfrac{\Delta\bar{c}_{h2r}}{3+\beta}$；$p_0^{t^*}=\dfrac{c_0+V_p}{2}+\dfrac{\Delta\bar{c}_{h2r}}{3+\beta}$；$p_n^{t^*}=\dfrac{2\alpha Tv-C_{\text{er}}-(T-\omega)v\rho}{2}-\dfrac{\Delta\bar{c}_{h2r}}{3+\beta}$。其中，$\Delta\bar{c}_{h2r}=s+\alpha Tv+\dfrac{\left(c_rT^2\left(1-2\alpha^2-\beta\right)\rho+c_r(1+\beta)\omega^2\rho-(1-\beta)(T-\omega)\rho v\right)}{2}-c_h-c_0$；$C_{\text{er}}=c_r\rho(T-\omega)(T+\omega)$；$V_p=v(1-\rho)+\rho\omega v$。

12.3　平台零售商的延保服务策略

为确定最优延保服务策略和相关定价策略，先比较零售商在 EWR 和 EWT 服务下的最优决策和利润。如果 EWT 下的以旧换新价格足够高，以至于没有消费者会进行以旧换新，那么 EWT 将等同于 EWR。因此，EWR 可被看作 EWT 的一个特例。所以，当零售商提供 EWT 时，其利润将至少与提供 EWR 时的一样高，具体如下列结论所述。

命题 12.2：（1）当 $c_h\leqslant\bar{c}_{h1}$ 时，$D_e^{\text{tt}}=D_e^t$；否则，$D_e^{\text{tt}}<D_e^t$。

（2）当 $c_h\leqslant\bar{c}_{h2}$ 时，$D_e^t\geqslant D_e^r$，EWT 需求大于或等于 EWR 需求并且 $p_e^{t^*}\leqslant p_e^{r^*}$。

（3）当 $c_h>\bar{c}_{h2}$ 时，$D_e^{\text{tt}}=0$ 并且 EWT 和 EWR 是等价的，因此 $D_e^t=D_e^r$、$p_e^{t^*}=p_e^{r^*}$。其中，$\bar{c}_{h1}$ 和 $\bar{c}_{h2}$ 分别是 $\bar{\theta}_3-\bar{\theta}_1=0$ 和 $\bar{\theta}_3-\bar{\theta}_2=0$ 关于 c_h 的解。

命题 12.2（1）表明，当旧产品处理成本相对较低，即 $c_h\leqslant\bar{c}_{h1}$ 时，所有购买 EWT 的消费者将在延保期限内参与以旧换新。否则，以旧换新需求将小于 EWT 需求。具体来说，当 $c_h\leqslant\bar{c}_{h1}$ 时，零售商将设定一个相对较低的以旧换新产品价格，以激发所有消费者进行以旧换新；否则，零售商会设定一个相对较高的以旧换新产品价格，消费者将没有足够的动力进行以旧换新。

命题 12.2（2）和命题 12.2（3）表明，当旧产品的处理成本相对较小，即 $c_h\leqslant\bar{c}_{h2}$ 时，零售商可能会设定一个相对较低的以旧换新产品价格（即 $p_n^{t^*}\leqslant\bar{p}_n^t$），从而使 EWT 的销售价格不高于 EWR，即 $p_e^{t^*}\leqslant p_e^{r^*}$，这将导致 EWT 的需求不低于 EWR，即 $D_e^t\geqslant D_e^r$。相反，当 $c_h>\bar{c}_{h2}$ 时，以旧换新的需求将为零，故 EWT 等价于 EWR。特

别地，当$\lambda=1$时，$c_h > \overline{c}_{h2}$等价于$p_n^{t^*} > \overline{p}_n^t$，其中$\overline{p}_n^t=\dfrac{2\alpha Tv-C_{\text{er}}-(T-\omega)v\rho}{2}$，这意味着零售商将设定一个足够高的以旧换新产品价格，导致没有消费者进行以旧换新。

可见，零售商决定提供EWT或EWR在很大程度上取决于旧产品的处理成本。当$c_h \leqslant \overline{c}_{h2}$时，零售商提供EWT更有利；否则，EWR更有利。如果处理成本足够高（即$c_h > \overline{c}_{h2}$），零售商从以旧换新服务中获得的利润将非常低，甚至出现亏损。在这种情况下，零售商将不太愿意提供较低的以旧换新产品价格。因此，EWT退化成EWR，和EWR没有实质性差别。这一发现与Chen和Hsu（2015）的研究不谋而合，即是否提供以旧换新服务与旧产品的处理成本有关。这可以解释为什么苹果公司为iPhone提供EWT服务，而为iPad和Mac仅提供EWR服务。

实际上，$c_h \leqslant \overline{c}_{h2}$可以转换成等价形式$\delta \geqslant \overline{\delta}$。例如，当$\lambda=1$时，$\overline{\delta}=$
$$\left(c_0+c_h-\alpha Tv-\frac{\left(c_rT^2\rho\left(1-2\alpha^2-\beta\right)+c_r\omega^2\rho(1+\beta)-(1-\beta)(T-\omega)\rho v\right)}{2}\right)/(1-\alpha T)\text{。}$$
如前所述，δ越大意味着每单位旧产品的剩余价值越高。因此，当δ相对较大时，零售商可从循环利用旧产品的过程中获得高额利润。在这种情况下，零售商将有更多的动力提供EWT服务。相比之下，若零售商没有动力提供更高的以旧换新折扣，那么可能没有消费者进行以旧换新。

为更好地描述命题12.2（2）和命题12.2（3），设$\lambda=1.1$、$v=4$、$\beta=0.4$、$\rho=0.2$、$c_r=15$、$\omega=0.2$、$T=0.5$、$\alpha=0.8$、$c_0=0.3$以及$\delta=0.2$，并且令c_h从0.4增加至2，EWR和EWT的最优销售价格如图12.2所示。可见，当$c_h<\overline{c}_{h2}=1.4599$时，EWT的最优销售价格小于EWR的最优销售价格；否则，EWR和EWT的最优销售价格相等。

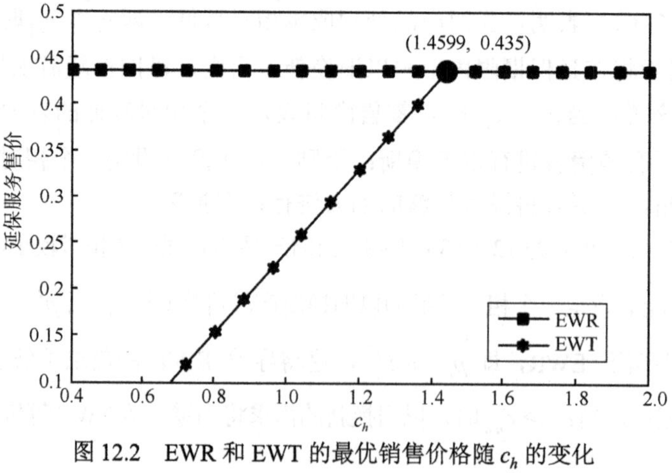

图12.2　EWR和EWT的最优销售价格随c_h的变化

鉴于$\overline{c}_{h2}$与以旧换新的时间点和剩余质保覆盖期的残值变化率密切相关，通过分析，可得以下结论来说明这些参数对阈值的影响。

推论 12.1：（1）$\overline{c}_{h2}$随δ递增。

（2）如果$\alpha \in \left(\dfrac{\omega}{T}, \dfrac{v-\delta}{2c_r\rho T}\right)$，$\overline{c}_{h2}$随$\alpha$递增；反之，随之递减。

推论 12.1（1）表明，一个具有较高残值变化率的旧产品意味着较高的回收利润，因此零售商可能更有动力接受较高的处理成本。Miao 等（2017）、Genc 和 de Giovanni（2017）发现了类似的结果，即企业更有可能为高残值产品提供以旧换新服务，并承担相关成本，如运输成本和再处理成本等。

推论 12.1（2）表明，当α相对较小时，$\overline{c}_{h2}$随α递增，反之随α递减。这是由于以旧换新时间点较早时，消费者提交的产品剩余生命周期较长，残值较大，参与以旧换新的动机较小。随着以旧换新时机的推迟，消费者的换新意愿提升，这使得以旧换新的需求增加，因此零售商更有动力承担处理成本。相反地，当α相对较大时，旧产品残值相对较低，消费者会有更强的以旧换新诉求。然而，由于需要检查旧产品剩余价值，这反过来会产生更高的额外处理成本（Klausner and Hendrickson，2000）。此外，当α相对较大时，零售商已经承担了很高的保修成本。在这种情况下，提供以旧换新服务无法有效降低延保成本。这表明，零售商应在延保期限内设定合适的时间提供以旧换新服务。

如命题 12.2 所示，零售商是否选择 EWT 主要取决于c_h。一般来说，这种处理成本阈值会受到产品故障概率ρ的显著影响。由于较难通过理论求解$\lambda > 1$时的决策，本章以$\lambda = 1$的特殊情形研究ρ对零售商最优质保策略的影响，结论如推论 12.2 所示。

推论 12.2：以旧换新的新产品与原始产品为同一版本，即以旧换新的新产品相对于旧产品的价值系数$\lambda = 1$。

（1）如果$T \leqslant \dfrac{v}{c_r} - \omega$，或$T > \dfrac{v}{c_r} - \omega$且$\alpha \in (\alpha_0, 1)$，存在$\overline{\rho} \in (0, 1)$使得如果$\rho \leqslant \overline{\rho}$，零售商更愿意提供 EWT 服务，其中，$\alpha_0 = \dfrac{\sqrt{\begin{array}{c} T\left(c_r T - v\right)(1-\beta) + v(1-\beta)\omega \\ + c_r(1+\beta)\omega^2 \end{array}}}{T\sqrt{2c_r}}$，

$$\overline{\rho} = \frac{2\left(c_0 + c_h - \delta - T\alpha(v-\delta)\right)}{c_r T^2\left(1 - 2\alpha^2 - \beta\right) - v(1-\beta)(T-\omega) + c_r(1+\beta)\omega^2}。$$

（2）如果$T > \dfrac{v}{c_r} - \omega$且$\alpha \in \left(\dfrac{\omega}{T}, \alpha_0\right)$，则不论$\rho$取多少，零售商总是会提供

EWT 服务。

推论 12.2（1）表明，当T相对较小，即$T \leqslant \dfrac{v}{c_r} - \omega$时，若$\rho \leqslant \bar{\rho}$，零售商更有可能提供 EWT 服务。当$T \leqslant \dfrac{v}{c_r} - \omega$和$\rho \leqslant \bar{\rho}$这两个条件成立时，处理成本阈值$\bar{c}_{h2}$将相对较高，命题 12.2（2）中的条件$c_h \leqslant \bar{c}_{h2}$将很容易成立。因此，零售商将有更大的动力来提供 EWT 服务。相反，如果ρ足够大，即$\rho > \bar{\rho}$，即使$T \leqslant \dfrac{v}{c_r} - \omega$，零售商也可能会产生很大的处理成本，因此提供 EWT 服务不会给零售商带来更多的利益。对于较大的T，只要以旧换新的时间点相对较晚，类似的结论也会成立。

推论 12.2（2）表明，当$T > \dfrac{v}{c_r} - \omega$且以旧换新时间相对较早时，无论$\rho$较高还是较低，零售商都会从提供 EWT 服务中获益。这是因为，当这两个条件成立时，零售商所产生的处理成本相对较低，即条件$c_h \leqslant \bar{c}_{h2}$可以成立。在这种情况下，零售商提供 EWT 服务将是更好的选择。

从理论上很难刻画ρ对零售商延保服务策略的影响，通过将α设置为 0.5 和 0.8 分别进行算例分析，其他参数基于命题 12.2 的数据。这里考虑相对较长的延保覆盖期，即$T = 0.5$。图 12.3 显示，与推论 12.2（2）一致，当α相对较小（如$\alpha = 0.5$）且T相对较高时，无论故障概率如何，零售商总是从提供 EWT 服务中获益更多。然而，当α相对较大（如$\alpha = 0.8$）且T相对较高时，零售商只有在故障概率不是非常高时才更愿意提供 EWT 服务（如$\rho < \bar{\rho} = 0.858$）。

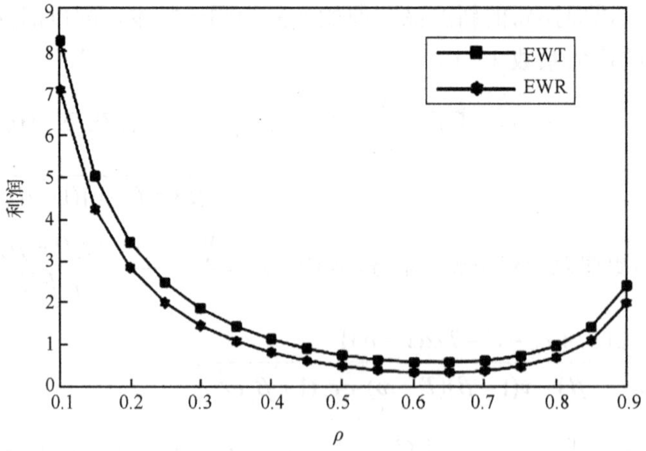

（a）$\alpha = 0.5$时

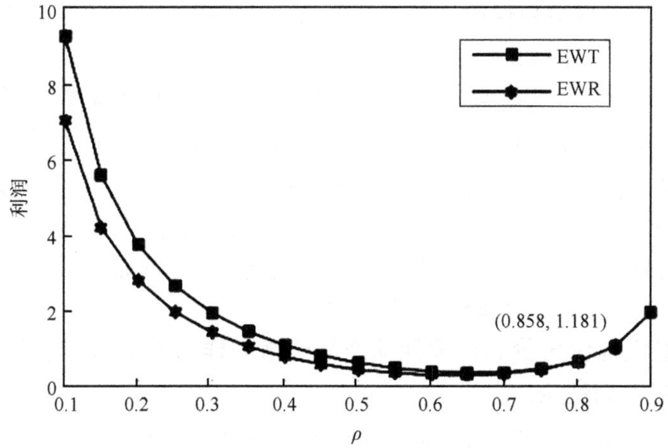

（b）$\alpha = 0.8$ 时

图 12.3　EWT 和 EWR 下的最优利润随 ρ 的变化

接下来将进一步分析以旧换新相关参数（即 δ 、α 、c_h 和 c_r ）对最优质保售价和 EWT 下以旧换新的价格的影响，并得到如下命题。

命题 12.3：（1） $p_e^{t^*}$ 和 $p_n^{t^*}$ 均随 δ 递减。

（2）如果 $\alpha \leqslant (v-\delta)/(2c_r\rho T)$， $p_e^{t^*}$ 随 α 递减，但 $p_n^{t^*}$ 随 α 递增；反之， $p_e^{t^*}$ 和 $p_n^{t^*}$ 均随 α 递增。

（3） $p_e^{t^*}$ 和 $p_n^{t^*}$ 均随 c_h 递增。

（4） $p_e^{t^*}$ 随 c_r 递增，但是 $p_n^{t^*}$ 随 c_r 递减。

命题 12.3（1）表明， $p_e^{t^*}$ 和 $p_n^{t^*}$ 均随 δ 递减。δ 更大意味着零售商能从旧产品中获取更高的剩余价值，从以旧换新中获得更大的边际利润。因此，零售商可能愿意向消费者提供一个更低的换新价格 $p_n^{t^*}$，同时降低延保价格 $p_e^{t^*}$ 以扩大延保总需求。

命题 12.3（2）的结论比较反常，显示 $p_e^{t^*}$ 是 α 的凸函数。这是因为当 α 相对较小时，零售商可以大大降低选择以旧换新的消费者的质保成本。因此，零售商可能有降低 EWT 服务售价的动机，这将扩大延保服务和相关以旧换新服务的需求。然而，当 α 足够大时，零售商将在以旧换新之前承担大量质保成本。虽然消费者可能更有动力购买新产品，但通过牺牲 EWT 售价以增加总需求对零售商不利。此外，为了弥补已经产生的质保费用，零售商将相应提高延保售价。有趣的是，无论 α 是大还是小，最优以旧换新价格总随 α 递增。随着 α 增加，消费者更有动力以旧换新，从而产生更高的以旧换新利润。

命题 12.3（3）表明，随着 c_h 增加，零售商可能会制定一个更高的以旧换新价格以包含相关处理成本。由于随着 c_h 减少，零售商可能会降低以旧换新的价格以扩大需求，这将导致延保服务需求的增加，从而引起以旧换新需求的增加，继而为零售商带来更多的利润。

命题 12.3（4）表明，最优延保售价随零售商维修成本系数 c_r 递增，但最优以旧换新产品价格随 c_r 递减。这是因为 c_r 增加，质保成本也随之上升。因此，一方面，零售商会提高 EWT 服务售价以包含这种成本。另一方面，零售商迫切地想要吸引消费者进行以旧换新，以减少质保成本。因此，零售商更有动力降低以旧换新产品价格，以吸引更多消费者进行以旧换新。这可能会导致以旧换新交易的利润降低，但它也会大大降低质保成本。

此外，最优延保售价和以旧换新产品价格同样与参数 ω 和 ρ 密切相关，当 $\lambda=1$ 时，可得下列结论。

命题 12.4： 当 $\lambda=1$ 时，$p_e^{t^*}$ 随 ω 单调递减，但随 ρ 单调递增；然而，$p_n^{t^*}$ 随 ω 单调递增，但随 ρ 单调递减。

命题 12.4 表明，与 EWR 类似，EWT 售价随 ω 递减，但随 ρ 递增。相比之下，与延保服务售价不同，最优以旧换新产品价格随 ω 递增，但随 ρ 递减。这是因为，ω 越高，意味着消费者因新产品故障而遭受的风险越小（Lei et al.，2017）。随着 ω 增加，消费者更愿意以旧换新。因此，零售商会提高以旧换新的产品价格以获得更多利润。此外，随着 ρ 增加，为了减少质保成本，零售商有更大的动力降低以旧换新产品价格，以鼓励更多的消费者换购产品。

当 $\lambda>1$ 时，很难从理论上刻画 ω 和 ρ 对 $p_e^{t^*}$ 和 $p_n^{t^*}$ 的影响，根据命题 12.2 的数据通过算例进行分析（如当 $\lambda=1.1$ 时），设 $c_h=0.1$，并且令 ω 从 0.2 增加到 0.4，ρ 从 0.2 增加到 0.4。从图 12.4 可以看出，与命题 12.4 中 $\lambda=1$ 时的情形一致，零售商 EWT 的售价（$p_e^{t^*}$）仍然随 ω 递减，随 ρ 递增，而以旧换新产品价格（$p_n^{t^*}$）总是随 ω 递增，但随 ρ 递减。

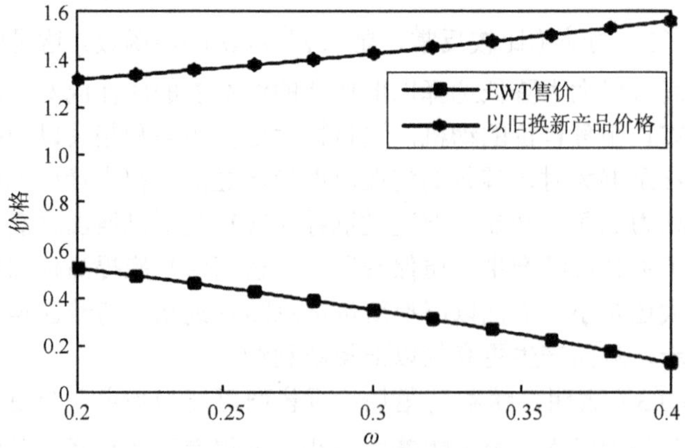

（a）最优价格随ω的变化

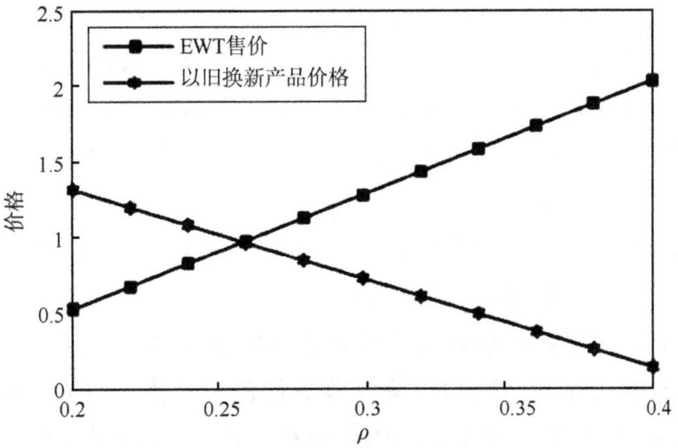

（b）最优价格随ρ的变化

图 12.4　最优价格与 ω、ρ 的关系图

新产品销售价格和以旧换新产品价格之间的差额可以看作以旧换新折扣，又称以旧换新回扣。此处，令 $R^{t^*}=p_0^{t^*}-p_n^{t^*}$。为检验主要参数对此折扣的影响，以 $\lambda=1$ 为例，可得以下结论。

命题 12.5：当 $\lambda=1$ 时，有以下结论。

（1）R^{t^*} 随着 c_r 和 δ 的增加而增加，但随着 α 的增加而减少。

（2）当 $\omega\leqslant\dfrac{v}{c_r}$ 时，R^{t^*} 随 ω 递增；否则，R^{t^*} 随 ω 递减。

（3）当 $\alpha\leqslant\bar{\alpha}$ 时，R^{t^*} 随 ρ 递增；否则，R^{t^*} 随 ρ 递减。其中，

$$\bar{\alpha}=\frac{\sqrt{c_rT^2(5-\beta)-c_r(1-\beta)\omega^2+v(-3+T-\beta+3T\beta+2\omega-2\beta\omega)}}{2\sqrt{c_r}T}$$

命题 12.5（1）表明，最优以旧换新折扣总是随 c_r 和 δ 递增，但随 α 递减。随着 c_r 的增加，质保成本上升，零售商更有动力向消费者提供更高的以旧换新折扣（即更低的以旧换新产品价格）。这有助于增加以旧换新需求，从而降低质保成本。这一点与命题 12.3（4）中以旧换新产品价格的情况类似。以旧换新折扣在 δ 和 α 上的单调性与命题 12.3（1）和 12.3（2）中的以旧换新产品价格相似。

命题 12.5（2）表明，最优以旧换新折扣是基础质保期限的凹函数。这一点比较反常，因为如命题 12.4 所示，$p_n^{t^*}$ 随 ω 递增，这意味着以旧换新折扣随 ω 递减。然而，根据命题 12.5（2），当 $\omega\leqslant\dfrac{v}{c_r}$ 时，这个结论并不成立。当 ω 相对小时，零售商会承担更多的质保成本，其更有动力提供更高的折扣，以吸引更多的消费者进行以旧换新。

命题 12.5（3）表明，当α相对较小时，最优以旧换新折扣随产品故障概率递增；反之，随之递减。当α较大时，由于以旧换新导致的服务处理成本较高，旧产品的剩余价值较低。增加ρ会促使更多的消费者进行以旧换新，与零售商的利益不符。为减少以旧换新的需求，增加以旧换新服务的利润，零售商可能会相应地设定较高的以旧换新产品价格。

值得一提的是，本章进一步用算例研究当$\lambda>1$时，命题 12.5 中的参数对以旧换新折扣的影响，结果发现与$\lambda=1$时的情况一致。

基于上述结论，零售商最优决策显著影响质保成本和以旧换新中旧产品的处理成本。为探索哪种延保策略可以降低零售商的总成本，令C_r和C_t分别表示提供 EWR 和 EWT 服务的总成本。为简化分析，以$\lambda=1$为例说明。通过比较这两种质保策略下的总成本，可得到下列命题。

命题 12.6：当$\lambda=1$时，若$\alpha\leqslant\bar{\alpha}_1$，则$C_r\geqslant C_t$；反之，$C_r<C_t$。其中，

$$\bar{\alpha}_1=\frac{\sqrt{\left(c_r\rho\left((1-\beta)T^2+(1+\beta)\omega^2\right)-2c_h\right)^+}}{\sqrt{2c_r\rho T^2}}$$

命题 12.6 表明，当以旧换新的时间点相对较早时，以旧换新服务有助于降低零售商的总成本，即$C_r\geqslant C_t$。反之，当以旧换新的时间点相对较晚时，EWT 服务总成本要大于 EWR 服务总成本，这是由旧产品的处理成本导致的。上述结果预示着零售商应该设定一个合适的以旧换新时间点以降低总成本。这也解释了为什么苹果公司和 T-Mobile 在质保期限内对消费者进行以旧换新的时间点有严格限制。

需要说明的是，$\alpha\leqslant\bar{\alpha}_1$等价于$c_h\leqslant\frac{c_r\rho\left((1+\beta)\omega^2+T^2\left(1-\beta-2\alpha^2\right)\right)}{2}$，即当处理成本相对较低时，$C_r\geqslant C_t$；反之，$C_r<C_t$。可以发现，当$\alpha^2\leqslant\frac{(1+\beta)\omega^2+T^2(1-\beta)}{2T^2}$时，$\frac{c_r\rho\left((1+\beta)\omega^2+T^2\left(1-\beta-2\alpha^2\right)\right)}{2}$这个阈值随$\rho$递增。这表明，当零售商设定的以旧换新时间点较早时，较高的产品故障概率会导致处理成本阈值较高，从而更容易满足条件$c_h\leqslant\frac{c_r\rho\left((1+\beta)\omega^2+T^2\left(1-\beta-2\alpha^2\right)\right)}{2}$。这意味着，当销售故障概率较高的产品时，EWR 服务总成本通常要高于 EWT 服务总成本，即 EWT 可以帮助零售商降低总成本，尤其面临故障概率比较高的产品时。

当$\lambda>1$时，很难从理论上分析α对两种质保策略总成本大小的影响，基于命题 12.2 使用过的相同数据，并令c_h=0.1，采用算例分析进行说明。为此，假设α在 0～0.5 变化。图 12.5 显示，当$\alpha<\bar{\alpha}_1=0.275$时，EWT 服务总成本小于 EWR 服务总成本；

反之，EWT 服务总成本大于 EWR 服务总成本，这与命题 12.6 中的结果一致。

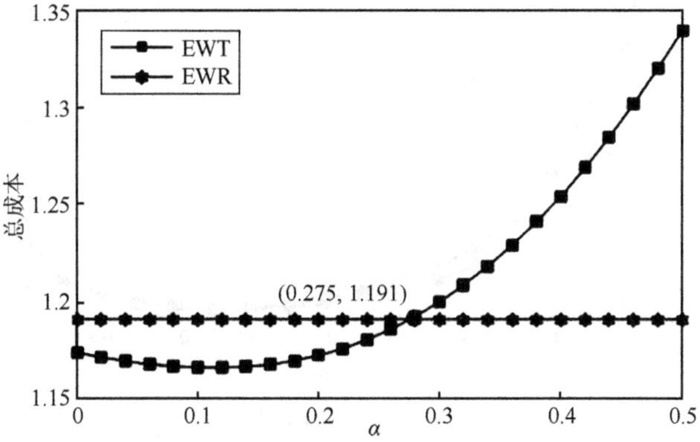

图 12.5　EWT 和 EWR 下总成本随 α 的变化

基于上述结果，以旧换新的时间点对最优决策有显著影响，因此其对零售商的最优利润必然产生显著影响，结论如下列命题所述。

命题 12.7：当 $\alpha \leqslant (v-\delta)/\left(2c_r\rho T\right)$ 时，EWT 情形下零售商的最优利润随 α 递增；反之，则随之递减。

命题 12.7 描述了 α 对零售商最优利润的影响，结果是直观的，相关机理与命题 12.3（2）类似，这表明，对质保成本效率低的零售商而言，促进以旧换新交易是有利可图的。

由于很难从理论上刻画 λ、ρ 和 T 对 EWR 和 EWT 情形下零售商最优利润的影响，同样根据命题 12.2 中的数据，用三个算例进行说明。令 $c_h=0.3$、$\beta=0.5$，λ 分别取 1 和 1.1，并令 ρ 从 0.1 提高到 0.9。图 12.6 显示，当 ρ 相对较低时，零售商在两种延保服务策略下的最优利润随 ρ 递减；但当 ρ 相对较高时，其随 ρ 递

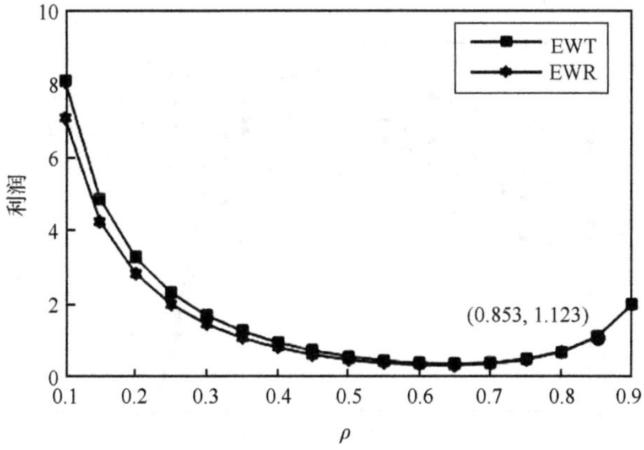

（a）$\lambda=1$ 时

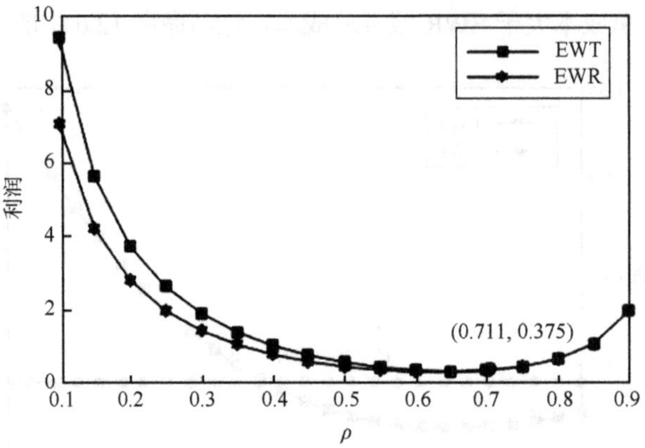

（b）$\lambda=1.1$ 时

图 12.6　零售商在 EWR 和 EWT 情形下最优利润随 ρ 的变化

增。这是因为当 ρ 相对较低时，随着 ρ 的增加，质保成本上升，导致利润下降。然而，当 ρ 足够高时，购买产品的消费者更有动机购买相应的延保服务，延保需求增加，从而产生更高的利润。

显然，零售商在 EWT 情形下的最优利润不低于 EWR 情形下的最优利润，且利润差随着 ρ 的增加而缩小。尤其是当 $\lambda=1$ 且 $\rho\geqslant\bar{\rho}=0.853$，$\lambda=1.1$ 且 $\rho\geqslant\bar{\rho}=0.711$ 时，零售商在两种延保服务策略下获得相同的利润。推论 12.2（1）表明，当 ρ 相对较小时，EWT 优于 EWR。与之相反，当 ρ 足够大时，EWT 的优势消失，从而等同于 EWR。这是因为随着 ρ 的增加，以旧换新产品的故障风险在增加，从而降低了消费者进行以旧换新的意愿。

令 λ 分别为 1、1.1 和 1.2，同时令 T 在 0.5~1 变动，以探究 T 和 λ 对零售商最优利润的交互影响；令 $c_h=0.1$、$c_r=25$，其他参数维持不变，结果如图 12.7 所示。

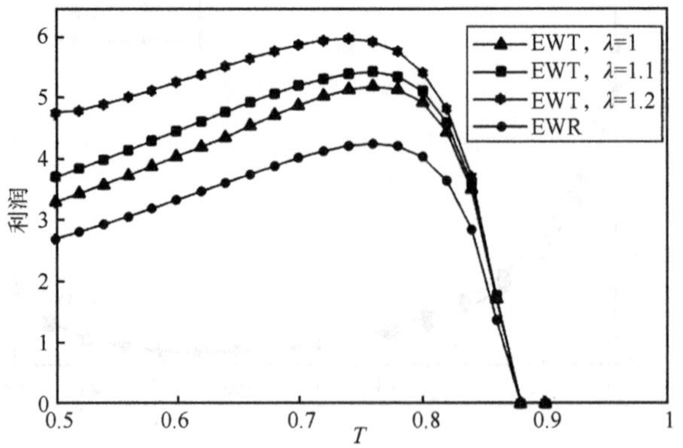

图 12.7　零售商在 EWR 和 EWT 情形下最优利润随 T 的变化

图 12.7 显示了 T 和 λ 对零售商最优利润的交互影响。具体来看，无论 λ 如何变化，零售商的最优利润都是关于 T 的凹函数。当 T 相对较小时，较长的质保期限促进更多的延保销售，从而获得更多利润。但是，当 T 足够大时，交互影响就会减弱，零售商的利润也会随着 T 的增加而减少。这是因为当 T 足够大时，较长时间期限的延保有助于促进销售，但也会降低消费者进行以旧换新的意愿。同时，过长的质保期限也会大大增加质保成本。此外，图 12.7 还表明，较高的 λ 总是有助于增加零售商的最优利润，因为其可以为消费者提供更大的效用。然而，当 T 足够大时，由于以旧换新的需求过低，提供升级产品和相同版本的原产品没有明显区别。

12.4　延保服务提供主体决策模型与策略

在业界，很多制造商直接向消费者提供延保服务，如苹果、戴尔等。前文主要考虑平台零售商提供延保服务，本节从制造商视角构建相应的决策模型，分析其最优服务策略，并将其与零售商延保服务情形进行比较分析，以探讨服务主体策略。

由于平台零售商和制造商两者提供的延保服务仅仅在服务成本方面具有一定的差别，即制造商承担基础质保成本，而零售商不承担，其他方面并无明显差异，因此，当制造商提供延保服务时，消费者的效用函数、延保需求函数和以旧换新的产品需求函数都与零售商提供延保服务情形时相同。当制造商提供 EWT 服务时，$c_{\text{et}}=c_m\rho\left(\alpha^2T^2-\omega^2\right)+c_m\rho\omega^2=c_m\rho\alpha^2T^2$，基础质保成本为 $c_b=c_m\rho\omega^2$，其中，c_m 表示制造商的质保成本效率系数。此处，无论制造商提供 EWR 还是 EWT 服务，零售商的批发价格 c_0 将不低于制造商承担的基础质保成本，即 $c_m\rho\omega^2\leqslant c_0$，否则没有制造商愿意提供该产品。此外，现实中制造商的质保成本效率系数 c_m 通常低于零售商的质保成本效率系数。这是因为零售商没有产品研发与成熟的生产设施和经验，零售商难以在提供质保方面比制造商更有效率（Jiang and Zhang, 2011），所以假设 $c_r\geqslant c_m$。

令 p_0^{mr}、p_e^{mr}、p_0^{mt}、p_e^{mt} 和 p_n^{mt} 分别表示 EWR 情形下新产品售价、EWR 售价、EWT 情形下新产品售价、EWT 售价和制造商提供的以旧换新产品价格；令 π_{mr} 和 π_{mt} 分别代表 EWR 和 EWT 情形下制造商的利润，其表达式为

$$\pi_{mr}=D_n^r\left(p_0^{mr}-c_b\right)+D_e^r\left(p_e^{mr}-c_e\right)\tag{12.9}$$

$$\pi_{mt}=D_n^t\left(p_0^{mt}-c_b\right)+\left(D_e^t-D_e^{\text{tt}}\right)\left(p_e^{mt}-c_e\right)+D_e^{\text{tt}}\left(p_e^{mt}-c_{\text{et}}+p_n^{mt}-c_h+s\right)\tag{12.10}$$

可见，以上两个利润函数与零售商提供延保情形下的利润函数类似。为明确地表述制造商的最优决策和利润，此处分析仅限于 $\lambda=1$ 时的情形，相应的最优决策如定理 12.3 所示。

定理 12.3：提供 EWR 时，$p_e^{mr^*}=\frac{1}{2}\rho\left(v(T-\omega)+C_{em}\right)$，$p_0^{mr^*}=\frac{1}{2}\left(c_m\rho\omega^2+V_p\right)$。提供 EWT 时，$p_e^{mt^*}=\frac{\rho\left(v(T-\omega)+C_{em}\right)}{2}-\frac{\Delta\bar{c}_{h2m}}{3+\beta}$；$p_0^{mt^*}=\frac{\left(c_m\rho\omega^2+V_p\right)}{2}+\frac{\Delta\bar{c}_{h2m}}{3+\beta}$；$p_n^{mt^*}=\frac{2\alpha Tv-C_{em}-(T-\omega)v\rho}{2}-\frac{\Delta\bar{c}_{h2m}}{3+\beta}$。其中，$\Delta\bar{c}_{h2m}=s+\alpha Tv-\alpha^2c_mT^2\rho+\frac{(1-\beta)\left(C_{em}-(T-\omega)\rho v\right)}{2}-c_h$；$V_p=v(1-\rho)+\rho\omega v$；$C_{em}=c_m\rho(T-\omega)(T+\omega)$。

通过分析制造商提供延保时的最优决策和利润，发现主要结论和启示与零售商提供延保服务时基本一致，但 c_m 对最优以旧换新产品价格的影响有所不同，具体如下列命题所述。

命题 12.8：当 $\alpha\leqslant\frac{\sqrt{2\left(T^2-\omega^2\right)}}{T}$ 时，$p_n^{mt^*}$ 随 c_m 递减；反之，$p_n^{mt^*}$ 随 c_m 递增。

命题 12.8 表明，当以旧换新发生的时间较早时，$p_n^{mt^*}$ 随 c_m 递减。随着 c_m 的上升，制造商将承担更多的质保成本，其更有动力降低以旧换新产品价格以吸引更多的消费者进行以旧换新，从而降低总成本。当以旧换新发生的时间较晚时，制造商已经承担了大量的质保成本，提供以旧换新服务并不能有效地降低质保成本，会产生以旧换新服务的额外成本。也就是说，随着 c_m 的增加，制造商缺乏降低以旧换新产品价格的动机，可能会提高以旧换新产品价格。

零售商和制造商均能提供延保服务，通过比较两种情形下两个主体的最优决策，可得以下命题。

命题 12.9：给定 $c_r\geqslant c_m$，EWR 和 EWT 情形下最优价格的关系如下。

（1）制造商提供的 EWR 和 EWT 最优售价总是分别低于零售商提供的 EWR 和 EWT 最优售价。

（2）当 $c_r\leqslant c_m+\frac{c_0-c_m\rho\omega^2}{\rho\left(T^2\left(2-\alpha^2\right)-\omega^2\right)}$ 时，制造商提供 EWT 时的最优以旧换新产品价格比零售商提供 EWT 时的最优以旧换新产品价格低。

（3）当 $c_r\leqslant c_m+\frac{(1-\beta)\left(c_0-c_m\rho\omega^2\right)}{T^2\left(5-4\alpha^2-\beta\right)\rho-(1-\beta)\rho\omega^2}$ 时，制造商提供 EWT 时的最

优以旧换新折扣比零售商提供 EWT 时的最优以旧换新折扣大。

命题 12.9（1）表明，当制造商的质保成本效率较小时，其提供的 EWR 和 EWT 服务的售价总是分别低于零售商提供的相应服务的价格。这是因为零售商会设定一个较高的延保售价以弥补较高的质保成本。条件 $c_r \geqslant c_m$ 也表明，现实中制造商的延保服务售价通常低于零售商的相应服务价格。

命题 12.9（2）表明，若 $c_r \leqslant c_m + \dfrac{c_0 - c_m\rho\omega^2}{\rho\left(T^2\left(2-\alpha^2\right)-\omega^2\right)}$，制造商会制定比零售商更低的以旧换新产品价格；反之，制造商可能会制定更高的以旧换新产品价格。如命题 12.3（4）所示，$p_n^{t^*}$ 随零售商质保成本效率系数递减，由此可得制造商将设定比零售商更低的以旧换新产品价格，即当 $c_r \leqslant c_m + \dfrac{c_0 - c_m\rho\omega^2}{\rho\left(T^2\left(2-\alpha^2\right)-\omega^2\right)}$ 时，制造商提供的以旧换新产品价格比零售商的低。

命题 12.9（3）表明，当 $c_r \leqslant c_m + \dfrac{(1-\beta)\left(c_0 - c_m\rho\omega^2\right)}{T^2\left(5-4\alpha^2-\beta\right)\rho-(1-\beta)\rho\omega^2}$ 时，相对于零售商提供质保服务的情形而言，制造商提供的以旧换新折扣更大；反之则是零售商提供的以旧换新折扣更大。这一发现与命题 12.5（1）类似，即零售商的质保成本效率系数越高，以旧换新的折扣就越高。

为了更好地说明命题 12.9，同样基于先前使用的数据进行算例分析。令 $\lambda=1$、$c_m=14$、$c_h=0.1$，并且令 c_r 从 10 增加至 20。制造商和零售商提供 EWR 和 EWT 时的最优质保售价分别如图 12.8（a）和图 12.8（b）所示；相应的最优以旧换新产品价格和以旧换新折扣分别如图 12.9（a）和图 12.9（b）所示。

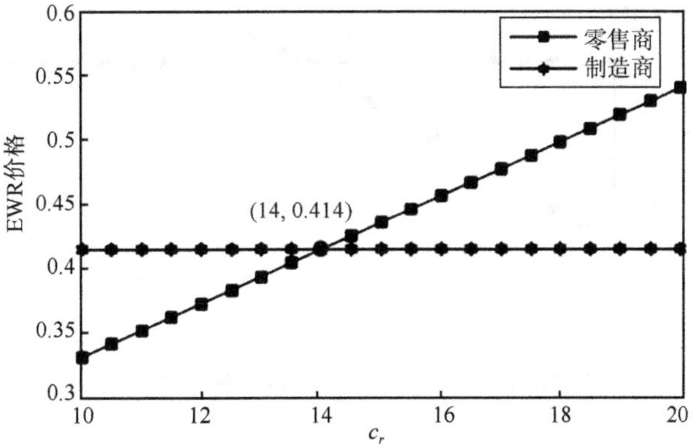

（a）服务提供商提供EWR时的售价

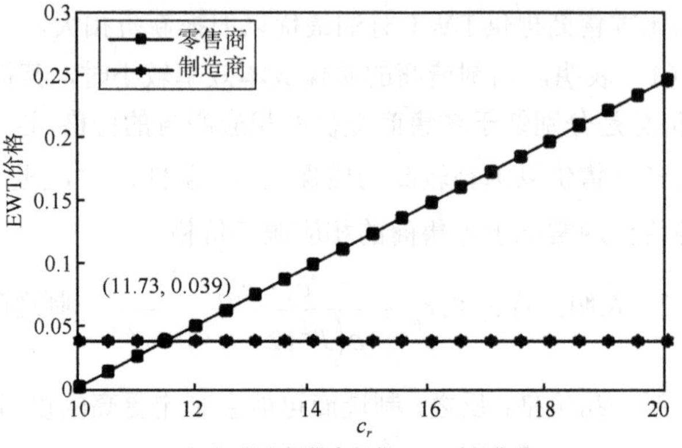

（b）服务提供商提供EWT时的售价

图 12.8　服务提供商提供 EWR 和 EWT 时的最优质保售价

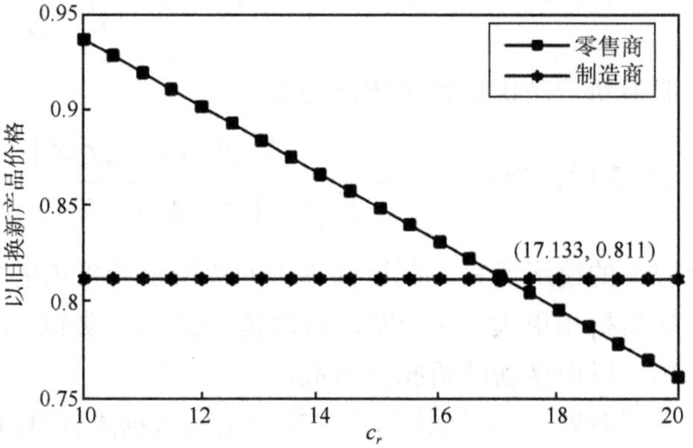

（a）以旧换新产品价格

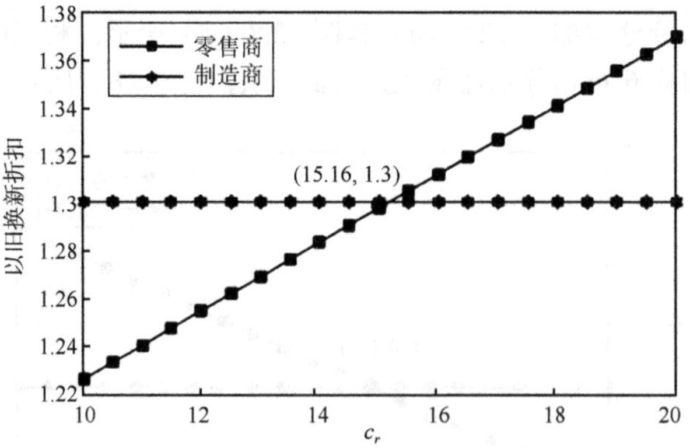

（b）以旧换新折扣

图 12.9　服务提供商提供 EWR 和 EWT 时的以旧换新产品价格与以旧换新折扣

图 12.8（a）表明，当 $c_r > c_m = 14$ 时，零售商提供的 EWR 售价总是比制造商提供的高。图 12.8（b）表明，当 $c_r > c_m = 11.73$ 时，零售商提供的 EWT 售价总是

比制造商提供的高。图 12.9（a）表明，当$c_r < c_m + \dfrac{c_0 - c_m\rho\omega^2}{\rho\left(T^2\left(2-\alpha^2\right)-\omega^2\right)} = 17.133$时，制造商提供的以旧换新产品价格比零售商提供的低。图 12.9（b）表明，当$c_r < c_m + \dfrac{(1-\beta)\left(c_0 - c_m\rho\omega^2\right)}{T^2\left(5-4\alpha^2-\beta\right)\rho-(1-\beta)\rho\omega^2} = 15.16$时，制造商提供的以旧换新折扣比零售商提供的大。

12.5　产品故障概率的影响分析

在平台零售商提供延保服务决策模型中假设升级产品的故障概率与原产品的相同。但是在实践中，升级后的产品可能质量更好，因此故障概率相对较低（Xiong et al.，2016），也有可能存在一些新的、复杂的、甚至不稳定的功能，因此故障概率可能更高。本节放开故障概率相同的假设，进一步研究升级产品的故障概率对零售商的延保服务决策和利润的影响。假设升级产品的故障概率为$\gamma\rho$，其中，$\gamma > 0$。此时，消费者在产品剩余使用期限$[\alpha T,\ 1]$内持有旧产品的效用函数与式（12.4）相同，即$u_{e,\gamma}^{\text{tk}} = u_e^{\text{tk}}$。若消费者选择以旧换新，其效用函数为

$$u_{e,\gamma}^{\text{tt}} = \lambda v(1-\gamma\rho) + \lambda v\gamma\rho\omega - p_0 - p_e^t - \theta\lambda^2 v^2\gamma\rho(1-\gamma\rho)(1-\omega)(1-\omega) - p_n^t \quad (12.11)$$

因此，以旧换新和持有旧产品之间的无差异点为

$$\bar{\theta}_{3,\gamma} = \frac{v(-1+T\alpha+\rho-T\rho+\lambda(1-\gamma\rho(1-\omega))) - p_n^t}{v^2\rho\left(2T(1-\rho)-T^2(1-\rho)+\rho+\lambda^2\gamma(1-\gamma\rho)(1-\omega)^2-1\right)}$$

消费者购买新产品和 EWT 服务的效用函数为

$$u_{e,\gamma}^t = v(1-\rho) + v\rho T - \theta v^2\rho(1-\rho)(1-T)^2 - p_0^t - p_e^t + \beta\max\left\{u_{e,\gamma}^{\text{tt}}, 0\right\} \quad (12.12)$$

与零售商提供延保服务决策模型相似，同时购买新产品和延保服务与不购买任何产品的无差异点是$\bar{\theta}_{1,\gamma} = \dfrac{v(1-\rho)+v\rho T - p_0^t - p_e^t}{v^2\rho(1-\rho)(1-T)^2}$。因此，购买 EWT 与否的无差异点是

$$\bar{\theta}_{2,\gamma} = \frac{p_e^t + p_n^t\beta + v(\beta(1-T\alpha-\rho+T\rho+\lambda(1-\gamma\rho(1-\omega))) - \rho(T-\omega))}{v^2\rho\begin{pmatrix}2T(1-\beta-\rho+\beta\rho)+\beta\left(1-\rho-\lambda^2\gamma(1-\gamma\rho)(1-\omega)^2\right)\\ -(1-\rho)(2-\omega)\omega - T^2(1-\beta)(1-\rho)\end{pmatrix}}$$

因此，EWT、以旧换新的新产品和原产品的需求函数分别是$D_{e,\gamma}^t = \bar{\theta}_{1,\gamma} - \bar{\theta}_{2,\gamma}$、

$D_{e,\gamma}^{\mathrm{tt}}=\bar{\theta}_{3,\gamma}-\bar{\theta}_{2,\gamma}$、$D_{n,\gamma}^{t}=\bar{\theta}_{1,\gamma}$。

根据上述需求函数，平台零售商的利润为

$$\pi_{t,\gamma}=D_{n,\gamma}^{t}\left(p_0^t-c_0\right)+\left(D_{e,\gamma}^{t}-D_{e,\gamma}^{\mathrm{tt}}\right)\left(p_e^t-c_e\right)+D_{e,\gamma}^{\mathrm{tt}}\left(p_e^t-c_{\mathrm{et}}+p_n^t-c_h+s-c_0\right) \tag{12.13}$$

据此可得零售商的最优决策。由于很难从理论上刻画γ以及其与其他参数的交互作用对零售商延保服务决策和利润的影响，此处用算例进行分析说明。同样使用命题 12.2 中的数据，此外，分别令$c_h=1.2$、$\lambda=1.1$，并且令γ从 0.5 增加至 1.5，结果如图 12.10 所示。

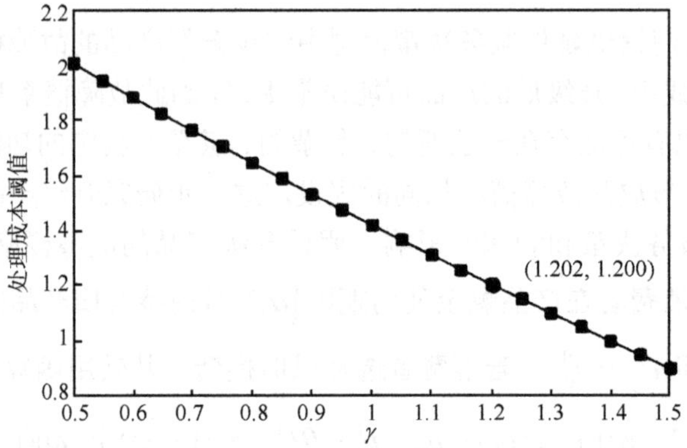

（a）$\bar{c}_{h2}$随γ的变化

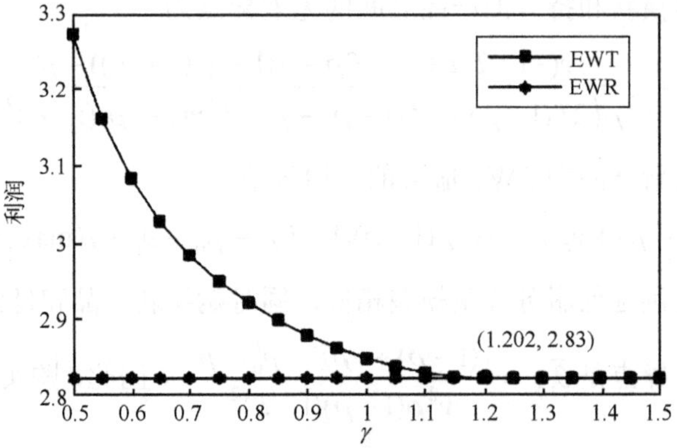

（b）最优利润随γ的变化

图 12.10　$\bar{c}_{h2}$和最优利润与γ的关系

图 12.10 可直观地表明处理成本阈值$\bar{c}_{h2}$和 EWT 情形下零售商的利润随γ递减。通常而言，当γ相对较低时，升级产品的故障概率相对较低，消费者更愿意进行以旧换新，因此零售商可以从以旧换新服务中获得更多利润。这意味着零售

商更愿意承担高额的旧产品处理成本。因此，命题 12.2（2）中 $c_h \leqslant \overline{c}_{h2}$ 很容易成立，故零售商提供 EWT 能获得更多利润。反之，当 γ 足够高时，$c_h \leqslant \overline{c}_{h2}$ 可能不成立，因此零售商可能选择 EWR 而非 EWT。图 12.10（b）佐证了这一点，随着 γ 增加，升级产品相对较高的故障概率会降低消费者进行以旧换新的意愿，从而减少零售商利润（如当 $\gamma \geqslant 1.202$ 时，EWT 的利润与 EWR 相当）。

12.6　本 章 小 结

由于大多数耐用品的利润率不断下降，越来越多的零售商和制造商销售延保服务以获得更高利润。本章主要针对平台供应链中新型延保服务策略（即延保服务期限内提供以旧换新服务）展开研究，分别构建了平台零售商与制造商提供新型延保服务决策模型，探讨了最优延保服务策略以及最优服务提供主体选择策略。通过模型构建与理论分析，得到下列主要结论与启示。

（1）最优延保服务策略取决于产品的单位处理成本。当处理成本相对较低，即小于阈值时，服务提供商的最优策略是销售 EWT；否则，EWT 等价于 EWR。其中，该阈值受到重要的市场参数的影响，包括旧产品的残值、以旧换新的时间点和产品故障概率。具体而言，当延保期限足够短时，若产品故障概率相对较低，零售商更愿意提供 EWT。相反，当延保期限相对较长时，若以旧换新的时间点相对较早，零售商总是能从提供 EWT 中获益；否则，若产品故障概率相对较低，零售商更有动力提供 EWT。上述结论表明，供应商总是可以根据市场参数选择一个合适的延保服务进行销售。

（2）EWT 情形下的最优质保售价永远不会超过 EWR 情形下的售价。尤其当单位旧产品的处理成本大于特定的阈值时，两种质保的销售价格相同。研究发现，虽然 EWR 和 EWT 的最优销售价格随产品故障概率递增，但最优以旧换新产品价格随之递减。有趣的是，最优以旧换新折扣并不总是随着产品故障概率递增或递减。

（3）以旧换新的时间点是一个重要参数，它会影响 EWT 的最优售价、以旧换新产品价格、最优利润及总成本。一般而言，服务提供者的最优利润是关于以旧换新时间点的凹函数；当以旧换新时间相对较早时，EWT 情形下的总成本低于 EWR 情形下的总成本，最优利润随着时间的延迟而增加。这表明，服务提供者应该在质保期限内为以旧换新设定一个合适的时间点。

（4）制造商和零售商究竟谁能提供较低的延保售价，取决于它们的质保成本效率。无论选择销售 EWR 还是 EWT，制造商与零售商都可以提供较低的延保售价，并且在特定条件下，其可以提供较低的以旧换新产品价格或较高的以旧换新折扣。

（5）升级产品的故障概率极大地影响了消费者以旧换新的意愿。当故障概率相对较低时，零售商将从提供 EWT 中获益更多；否则，EWT 往往等同于 EWR。

本章主要探讨了平台零售商或制造商应该销售传统延保还是提供以旧换新选项的新型延保，以及相关的最优定价策略。未来研究主要可以考虑两个方面：首先，本章只考虑一个零售商（或制造商），当出现两个或更多的服务提供商时，商家之间的竞争可能会导致不同的结果。其次，本章只考虑一个零售商（或制造商）提供延保服务，而不是在一个供应链环境中。在供应链中，延保服务可以由制造商、零售商或两者共同提供，甚至可以由制造商或零售商提供但通过零售商销售。这就产生了以下问题：谁提供的服务可以为供应链和双方参与者带来更高的利润？如何确定最优的延保销售价格和相关的以旧换新产品价格？

参 考 文 献

Besanko D，Winston W L. 1990. Optimal price skimming by a monopolist facing rational consumers[J]. Management Science，36（5）：555-567.

Chen J-M，Hsu Y-T. 2015. Trade-in strategy for a durable goods firm with recovery cost[J]. Journal of Industrial and Production Engineering，32（6）：396-407.

Desai P S，Padmanabhan P. 2004. Durable good，extended warranty and channel coordination[J]. Review of Marketing Science，2（1）：25.

EVGA. 2018. EVGA 90 day step-up program protect your investment[EB/OL]. https://eu.evga.com/support/stepup/[2018-10-28].

Frederick S，Loewenstein G，O'donoghue T. 2002. Time discounting and time preference：a critical review[J]. Journal of Economic Literature，40（2）：351-401.

Galbreth M R，Boyacı T，Verter V. 2013. Product reuse in innovative industries[J]. Production and Operations Management，22（4）：1011-1033.

Gallego G，Wang R，Hu M，et al. 2015. No claim? Your gain：design of residual value extended warranties under risk aversion and strategic claim behavior[J]. Manufacturing & Service Operations Management，17（1）：87-100.

Gallego G，Wang R，Ward J，et al. 2014. Flexible-duration extended warranties with dynamic reliability learning[J]. Production and Operations Management，23（4）：645-659.

Genc T S，de Giovanni P. 2017. Trade-in and save：a two-period closed-loop supply chain game with price and technology dependent returns[J]. International Journal of Production Economics，183：514-527.

Heese H S. 2012. Retail strategies for extended warranty sales and impact on manufacturer base warranties[J]. Decision Sciences，43（2）：341-367.

Hsiao L，Chen Y，Wu C. 2010. Selling through a retailer with quality enhancement capability：deter，acquiesce，or foster?[R]. Working paper，IEOR Department，UC Berkerly.

Jiang B，Zhang X. 2011. How does a retailer's service plan affect a manufacturer's warranty?[J].

Management Science，57（4）：727-740.

Klausner M，Hendrickson C T. 2000. Reverse-logistics strategy for product take-back[J]. Interfaces，30（3）：156-165.

Lei Y，Liu Q，Shum S. 2017. Warranty pricing with consumer learning[J]. European Journal of Operational Research，263（2）：596-610.

Li K，Mallik S，Chhajed D. 2012. Design of extended warranties in supply chains under additive demand[J]. Production and Operations Management，21（4）：730-746.

Liang C，Çakanyıldırım M，Sethi S P. 2014. Analysis of product rollover strategies in the presence of strategic customers[J]. Management Science，60（4）：1033-1056.

Mai D T，Liu T，Morris M D，et al. 2017. Quality coordination with extended warranty for store-brand products[J]. European Journal of Operational Research，256（2）：524-532.

Miao Z，Fu K，Xia Z，et al. 2017. Models for closed-loop supply chain with trade-ins[J]. Omega，66：308-326.

Ray S，Boyaci T，Aras N. 2005. Optimal prices and trade-in rebates for durable，remanufacturable products[J]. Manufacturing & Service Operations Management，7（3）：208-228.

Xiong Y，Zhao P，Xiong Z，et al. 2016. The impact of product upgrading on the decision of entrance to a secondary market[J]. European Journal of Operational Research，252（2）：443-454.

Zheng B，Bian Y，Sun Y，et al. 2021. Optimal extended warranty strategy：uniform or nonuniform pricing?[J]. International Transactions in Operational Research，28（3）：1441-1464.

Zhu X，Wang M，Chen G，et al. 2016. The effect of implementing trade-in strategy on duopoly competition[J]. European Journal of Operational Research，248（3）：856-868.

第五篇

总结与展望

第 13 章　全书总结与研究展望

信息技术的发展推动了零售业的转型发展，极大地推动了平台零售业的发展，实践中积累了大量的事实证据与管理问题。本书力求对平台零售运营管理的部分问题进行分析，构建了相应的决策方法，并提炼出相应的管理策略，以求为平台运营管理理论与方法的发展提供一点力所能及的贡献。

13.1　全书研究内容总结

本书遵循“行为—渠道—服务”这一逻辑，对平台零售环境下的渠道迁移行为与渠道策略、全渠道策略与服务管理等选择决策问题展开了系统性研究，综合运用消费者效用理论、博弈论、机制设计、优化理论与方法等，构建了相应的决策模型与方法，并提炼出相应的最优管理策略、理论条件与管理启示。全书在三个方面开展了探索性研究，具体如下所述。

（1）渠道迁移行为与渠道策略方面，考虑消费者的线上渠道迁移的展厅行为，探讨了制造商如何开设线上渠道问题，包括自建线上渠道与入驻零售商平台等，进而研究了平台供应链线下渠道策略与模式选择的交互决策问题，并考虑两个零售商竞争进一步研究了零售商的线下渠道策略选择问题，即是实体渠道还是线下展厅。考虑消费者线下渠道迁移的“反展厅”行为，探讨了平台零售商是否提供数字展厅服务以及双渠道供应链的数字展厅服务提供策略与协调机制设计等问题。

（2）全渠道策略方面，针对两类典型的全渠道管理问题展开研究，即线上购买线下取货、线上购买线下退货。首先，探讨了实体零售商与双渠道零售商是否提供线上购买线下取货渠道服务策略，分别在竞争环境下考虑两个零售商是否提供该渠道等情形构建了相应的决策模型。其次，分别在垄断市场与竞争市场环境下，研究了双渠道零售商是否提供线上购买线下退货渠道服务策略，值得一提的是，在竞争环境中发现了两个零售商同时提供该策略容易产生“囚徒困境”现象，并提炼出相应的抑制机制与管理启示。

（3）服务管理方面，针对平台零售环境中几种典型服务，如包邮服务、退货服务、质保服务、以旧换新服务等，考虑服务策略之间的交互作用，开展了包邮服务与退货服务策略研究以及质保服务与以旧换新服务策略研究等。首先，构建决策模型，探讨了平台零售商提供的包邮服务与退货服务之间的交互影响与联合决策问题；其次，针对质保服务期内提供以旧换新服务的新型质保服务策略展开研究，建立了两种服务的交互决策模型，并提炼出相应的最优服务策略。

13.2 当前研究工作不足

本书虽然对平台零售环境下渠道迁移行为与（全）渠道策略以及服务管理进行了较为深入的探讨与分析，并得到一些有意义的结论与管理启示，但仍然存在一些不足。

（1）本书主要研究均基于博弈论构建模型开展的，模型构建均采用了一定的参数假设，通过数学推导进行理论分析而得到相关结论。由于参数假设具有一定的情境相依特性，难以保证模型的普适性与鲁棒性，需要在实践应用中不断完善。至少需要进行一定的实证研究或实验研究，以检验模型的有效性与普适性。

（2）本书主要考虑消费者渠道迁移行为，开展渠道策略研究以及平台零售服务策略选择决策问题研究。研究过程中，仅仅针对渠道、运营模式、质保与退货等服务进行了研究，很多管理问题并未考虑，如物流服务、库存管理、新产品策略、需求管理、信息策略与产品策略等。

（3）研究问题虽然源于现实，但与企业实际决策问题仍具有一定的差异，模型决策难以较全面地刻画现实决策问题。例如，平台零售商的渠道策略不仅仅受到消费者渠道迁移行为与市场竞争的影响，与库存管理策略、物流服务等也均具有一定的关系，这些因素在决策中没有充分考虑。

13.3 未来研究工作展望

社会经济变革与技术进步不断地推动零售业创新转型发展，商业模式与运营环境不断演化，新的问题层出不穷，从而带来了新的研究挑战与方向。

（1）技术驱动，商业模式格局不断演化。技术进步促使平台经济快速发展，不同领域平台融合创新发展，演化出新的零售平台模式，如直播电商平台、社交电商平台、内容电商平台等。新的商业平台环境下，运营模式、渠道、服务策略，以及物流、库存管理与需求管理等，均与一般意义上的零售平台具有较大的差异，如何构建相应的运营管理决策模型以解决相关问题，有待深入探讨与系统性研究。

（2）服务融合，平台商业边界不断触点。数字技术极大地推动了服务业的创新发展，不断地推动了服务业与零售业融合创新，服务产品化、产品服务化成为一种必然的趋势，逐渐打破了零售业的边界。围绕产品的相关服务创新成为企业破局获得竞争优势的关键，如何推动服务创新以及其与产品零售融合，如产品设计服务、信息服务、营销服务等，助力零售企业提升产品附加值，成为业界与学界共同关注的重要问题。

（3）AI 赋能，平台运营环境日益智能。AI 技术的不断深入发展与应用，机器人技术、自动化技术不断地应用于零售领域，有效地推动了平台零售运营管理由数字化向智能化快速演变，无人零售终端已随处可见，机器人售前售后服务、无人机（车）物流等为零售业发展带来的新的场景，催生出众多亟须解决的管理问题，如人机协同服务、人机协同配送、人机协同销售等，因此亟须新的运营管理理论与方法。

此外，信息爆炸引发的消费者与企业对信息隐私的担忧与高度关注、人口红利增长失效引发的流量经济困局等，均对零售业创新发展产生极大的影响。新的问题、新的挑战，均需要新的管理理论与方法，这值得进一步思考与探索。